现代职业教育研究丛书

崔景贵　夏东民◎主编

新生代农民工职业心理实证研究

谭　明　方翰青◎著

知识产权出版社
全国百佳图书出版单位

图书在版编目（CIP）数据

新生代农民工职业心理实证研究/谭明，方翰青著. —北京：知识产权出版社，2014.5
ISBN 978-7-5130-2715-1

Ⅰ.①新… Ⅱ.①谭…②方… Ⅲ.①民工—劳动心理学—研究—中国 Ⅳ.①D669.2

中国版本图书馆 CIP 数据核字（2014）第 089528 号

内容提要

主要通过高质量的心理测量量表或问卷对新生代农民工进行调查，对他们的职业价值观、就业能力、心理资本、工作压力、职业决策困难、职业生涯阻碍、心理契约、工作满意度、职业流动等职业心理进行实证研究，总结新生代农民工职业心理的特点，提出针对性强、建设性高的策略，为相关部门制定新生代农民工的教育、培训、管理等方面的政策提供依据，为解决新生代农民工的就业问题提供新思路、新方法。

责任编辑：冯　彤　　　**责任出版**：刘译文

新生代农民工职业心理实证研究

XINSHENGDAI NONGMINGONG ZHIYE XINLI SHIZHENG YANJIU

谭　明　方翰青　著

出版发行：知识产权出版社有限责任公司　　**网　　址**：http://www.ipph.cn
社　　址：北京市海淀区马甸南村 1 号　　**邮　　编**：100088
发行电话：010-82000860 转 8101/8102　　**发行传真**：010-82000893/82005070/82000270
责编电话：010-82000860 转 8386　　**责编邮箱**：fengtong@cnipr.com
印　　刷：北京科信印刷有限公司　　**经　　销**：各大网上书店、新华书店及相关销售网点
开　　本：720mm×1000mm　1/16　　**印　　张**：17
版　　次：2014 年 7 月第 1 版　　**印　　次**：2014 年 7 月第 1 次印刷
字　　数：287 千字　　**定　　价**：49.00 元
ISBN 978-7-5130-2715-1

前　言

职业心理素质对全社会所有需要就业的人都是重要的，尤其是对于数量巨大、素质相对较低、地位相对弱势的农民工来说，其职业心理状况可能直接决定他们是否能获得就业并影响他们的职业发展。改革开放以来，在社会转型的进程中，数量庞大的农民离开农村，潮水般地涌向城市，从而形成了我国当代经济社会发展中的一种特定的历史现象，即农民工。他们从农村来到城市，在相对艰苦的生活和工作条件下，为我国的工业化、城市化、现代化做出了巨大的贡献。融入城市、成为城市市民，是新生代农民工的基本行为取向和目标选择。当前，新生代农民工“留不下城，又不愿回到农村”，处于十分尴尬的境遇。在劳动力市场竞争日趋激烈的背景下，农民工作为城市快速发展中的重要人力资源，其职业心理素质水平高低对国家产业结构升级和走新型工业化道路具有重要意义。同时，也是农民工职业向上流动和融入城市社会的关键因素。

针对新生代农民工这一特殊群体的职业心理研究，我们主要从个体的角度将职业心理分为职业准备心理、职业适应心理和职业发展心理三个维度来展开研究。职业准备心理主要包括就业能力、职业价值观、职业决策困难和职业成熟度等；职业适应心理主要包括职业适应性、工作满意度和工作压力等；职业发展心理主要包括职业倦怠、职业生涯阻碍和心理健康等。

全书的撰写分工如下：第一章绪论（谭明）；第二章新生代农民工就业能力研究（方翰青）；第三章新生代农民工职业价值观研究（方翰青）；第四章新生代农民工职业决策困难实证研究（方翰青）；第五章新生代农民工心理资本及其与社会支持的关系研究（谭明）；第六章新生代农民工心理契约的实证研究（谭明）；第七章新生代农民工工作压力与心理健康的关系研究（方翰青）；第八章新生代农民工工作满意度与成就动机的关系研究（方翰青）；第

九章新生代农民工职业生涯阻碍实证研究（谭明）；第十章新生代农民工职业流动实证研究（方翰青）；第十一章新生代农民工职业心理困境与成人心理教育对策研究（谭明）。全书由谭明负责组织撰写，全书的结构框架与撰写思路由谭明、方翰青共同确定。

谭　明　方翰青

2014 年 2 月于江苏理工学院

目录

第一章

绪 论

农民工，这是世界工业化历史上的一个新概念，是中国在特殊的历史时期出现的一个特殊的社会群体。20 世纪 80 年代初其开始出现的时候，因为适应当时中国社会生产力发展的需要，使本来只许从事农业劳动的农民可以从事非农业生产了，虽是冲破了计划经济框框的某种束缚，但又还在计划经济体制的大框架里面（如并没有改变户籍身份等），所以得到了政府、部门、基层和农民等各方面的认同。目前，农民工已经成为我国工人阶级队伍的重要组成部分，而且正在逐渐演变为工人阶级的主力军。农民工为中国的工业化、城市化和社会主义现代化建设做出了功勋卓著的巨大贡献，农民工创造的伟大业绩将永载中国现代化事业的史册。在一定意义上可以说，农民工是新时期我国工人阶级的杰出代表。农民工进城打工，不仅有利于沟通城乡关系，调整城乡社会结构，缓解农村劳动力大量过剩的矛盾，增加农民收入，缩小城乡居民收入差距，而且有利于整个社会的稳定和发展。

进入 21 世纪以来，农民工的问题就逐渐显现出来，本来只是在当时的情况下不得已而为之的一种应对措施，尽管国家的经济社会体制都进行改革后，各方面的条件改变了，但农民工的体制因为种种原因反而逐渐固化了，并产生了种种矛盾，形成了诸多的社会问题和经济问题，直接影响了工农、城乡关系，影响了经济持续健康的发展，影响到社会稳定的大局。新生代农民工群体的出现，进一步凸显了解决这些问题的重要性和迫切性。

融入城市、成为城市市民，是新生代农民工的基本行为取向和目标选择。当前，新生代农民工“留不下城，又不愿意回到农村，也回不了农村”，处于十分尴尬的境遇。在劳动力市场竞争日趋激烈的背景下，农民工作为城市快速发展中的重要人力资源，其职业心理素质水平高低对国家产业结构升级和走新兴工业化道路具有重要意义，同时，也是其职业向上流动和融入城市社会的关键因素。职业心理素质对全社会所有需要就业的人都是重要的，尤其是对于数量巨大、素质相对较低、地位相对弱势的农民工来说，其职业心理状况可能直接决定他们是否能获得就业并影响他们的职业发展。

第一节　农民工与新生代农民工

一、农民工的概念界定

在学术界，对农民工的概念界定迄今为止没有明确、公认的说法。国内很多学者都从不同的角度给出了不同的定义，见仁见智，不一而足。在《中国农民工问题研究总报告》中将农民工界定为："农民工是我国经济社会转型时期的特殊概念，主要是指户籍身份在农村，进城务工和在当地或异地从事非农产业的，依靠工资收入生活的劳动者。广义的农民工包括在县域内二、三产业就业人员和跨地区外出务工人员。狭义的农民工一般是指跨地区外出务工人员。"

以《中国农民工问题研究总报告》中的观点为基础，我们可以从以下四个方面界定农民工：一是身份和职业。在我国，"农民工"表明的不仅仅是一种职业、一种社会身份，而是社会身份和社会职业的结合体。其中的"农民"表明的是他们的社会身份，尽管他们从农村来到城市，从事非农业活动，但他们的户籍身份还是农民，与具有非农户籍身份的城镇居民存在明显的身份差别；"工"代表的是农民工从事的职业。农民工的绝大部分劳动时间从事非农活动。这种非农活动不限于工业领域，还包括商业、服务业等第三产业，与传统的制造业工人在职业上有很大的不同；二是生活来源。他们生活主要依靠工资收入，这一点与城镇居民没有什么不同，但与农民有极大的不同；三是劳动关系。农民工不是雇佣者，而是被雇佣者，雇佣他们的可以是个体户、私营企业主或外企老板，也可以是国有单位或集体单位；四是亦工亦农，流动性强。

二、新生代农民工的概念界定及其特点

（一）新生代农民工的概念

新生代农民工，通常是指20世纪八九十年代出生的登记为农村户籍而在

城镇就业的人群。他们或是生长在农村，初高中毕业后进入城镇就业，或是自幼随打工的父母在城镇长大。据此，有研究者将新生代农民工分为两类：(1) 嫁接的新生代农民工，指从小跟随父母来城市打工的新生代农民工。这些孩子大多由于父母在外打工无暇顾及，很小的时候就辍学进城追随父母，多年龄偏小；还有的在农村长到十几岁学业无成，进城“子承父业”打工挣钱，这部分新生代农民工大多集中在16～20岁，走入了“辍学—打工—挣钱娶媳妇—带孩子打工”的怪圈；(2) 原生的新生代农民工。指20世纪80年代父辈进入城市打工后生下孩子，如今已经长大的新生代农民工。尽管他们出生并成长于城市里，仍被贴上了“农民工子女”的标签。

虽然学术界在一定程度上存在理解差异，但多数人倾向于认为，当“新生代”这个概念用于描述农民工这个社会群体时，大致是指1980年以后出生的年轻人。这种认识的心理依据在于：(1) 改革开放政策是从1980年前后开始的，农民工入城务工的潮流大致自此时出现；(2) 20年对于国人而言，刚好是人完成从出生到成年这一经历的正常过程，人们习惯上将20年左右的时间段视为一代；(3) 2000年是21世纪的开元之年，而1980年前后农村出生的年轻人恰值此时逐渐成为劳动力，陆续入城务工；(4) 21世纪以来，整个中国社会的现代化程度加深，1980年前后农村出生的农民工在2000年以来，展现出了与老辈农民工迥异的人生态度和生活观念。一般来说，“新生代”是个引人向上、朝气蓬勃的词语，当这一概念被置于“农民工”之前，我们希望看到，这个名词所对应的是正在努力向上流动或已经实现向上流动的新社会群体。可是从近年来发生的“富士康跳楼”等事件看来，与第一代农民工相比，新生代农民工的生存处境未有根本性改变。

根据2009年对全国31个省的农民工监测调查，在所有外出农民工中，新生代农民工即改革开放之后出生的外出农民工的比例超过了一半，占到58.4%。按照2009年外出从业6个月及以上的外出农民工数量为14533万人来推算，新生代农民工的数量已经达到8487万人。如果将8445万就地转移农民工中的新生代群体考虑进来，我国现阶段新生代农民工总数在1亿人左右，随着老一代农民工因年龄原因逐渐返回家乡，新生代农民工已经成为我国经济社会发展的主力军。

（二）新生代农民工的特点

在我国改革开放、经济体制转轨、社会结构转型时期成长起来的新生代农民工，与第一代农民工相比，其成长的社会环境和文化背景都发生了巨大变化。因此，无论在人格特征、价值观念、社会认识、行为方式、未来愿景等方面与上一代农民工相比都体现出较大的差异。走近新生代农民工，了解他们身上所具有的不同于第一代农民工的新特点，对于开展新生代农民工相关问题的研究具有十分重要的意义。

由于研究者视角不同，总结新生代农民工的特征也不同。一种是消极取向。如有研究者把新生代农民工的代际特征归纳为“三高一低”，即受教育程度高、职业期望值高、物质和精神享受要求高、工作耐受能力低；一种是积极取向。王兴周通过对珠江三角洲 9 个城市“城市化进程中的农民工问题”问卷调查，结果表明，新生代农民工的群体特性是积极的：他们具有较高的人力资本和个人素质；有理想、有目标；注重市场原则；更有平等意识；独立自主意识更强。吴漾则认为，新生代农民工具有以下几个明显的特征：文化程度相对较高；消费观念更加开放；生活目标明显转移；生活方式差别显著；维权意识不断增强。姚上海则认为，新生代农民工文化综合素质普遍提高、乡土依恋情结逐渐淡化、转移；行为动因凸显发展理性、社会支持网络不断丰富、城市社会认同日渐形成，而这些特征蕴含了现代性元素。

通过梳理前人的研究成果，我们将新生代农民工的主要特点归纳如下。

1. 新生性

新生代农民工朝气蓬勃，年富力强，接受能力和学习能力强，具有青春期的典型特征。他们年龄轻，思维活跃，有强烈的求知欲望。据全国总工会研究室 2009 年的调查，新生代农民工平均年龄在 23 岁左右。他们正处在接受能力最强、思维最活跃、学习效率最高的阶段，对于文化知识、专业知识有极强的探求欲和积极的进取精神。他们不再眷恋土地和技术含量低的纯体力活，更容易接受新事物和学习新技术。中国青少年研究中心日前发布了“中国新生代农民工发展状况及代际对比”研究报告，调查显示，97% 的农民工表示愿意继续学习。他们对文化知识和专业技能知识有着强烈的渴望。当今的社会是一个文明高速发展、竞争异常激烈的社会，青年农民工充分意识到了文化知识在这场激烈竞争中的重要作用，而他们中的大部分又多数因为被动或主动的原因失去了继续在学校里学习文化知识的机会，因此，出于一种补偿性的心理，他们对学习文化知识的渴求非常强烈。而学习掌握更多的专业技能就意味着青年农民工可以获得更多的工作机会以及更高的收入水平，对他们的长远、更高层次的发展同样具有非常重要的意义。同时，许多农民工对学习法律知识有着浓厚的兴趣。正是因为法律知识的缺乏、法律意识的淡薄，才使农民工在自身权利受到侵害时无法有效维护自己的权益。据调查数据显示，新生代农民工在业务学习、文化知识学习的花费远远多于上一代青年农民工，这也是他们新生性的体现。

2. 时代性

新生代农民工处在体制变革和社会转型的新阶段，发展性需求提高，受瑰丽多彩的现代城市文明元素的熏陶，其价值观念、生活方式向城市市民靠拢，公民意识初步觉醒。

首先，随着时代的发展、物质生活的逐渐丰富，新生代农民工的需求层次也由生存型向发展型转变。老一代农民工外出打工的目的就是为了赚钱，而新生代农民工将打工视为改变生活方式和寻求更好发展的契机，追求的是尊严、身份、地位和文化的提升。因此，他们不仅注重工资待遇，而且也注重自身技能的提高和权利的实现。对工作单位的福利待遇、工厂环境、企业声望乃至发展机会等有着更高的期望和要求。当所在单位与自己的诉求存在一定差距时，与老一代农民工的忍气吞声不同，新生代农民工会毫不犹豫地选择“用脚投票”。

其次，新生代农民工的休闲方式具有较强的时代气息。成长于改革开放新时期的新生代农民工，由于时刻受到现代文明和信息时代的熏陶，他们有幸成为各种城市新思维、新事物和新生活方式的接受者和传播者，其文化生活体现出更多的现代性特征。区别于老一代农民工传统的以看电视和读报纸为主要方式，间或打打牌、下下棋或者同工友或老乡在一起聊聊天的休闲生活，新生代农民工的娱乐方式则更为丰富和具有现代性。他们更喜欢的是上网、听音乐、逛街、上酒吧、歌厅等现代娱乐场所。就像媒体描述的一样，他们整天和城市里的孩子一样，“拿着手机、衣着时尚，佩戴着 MP3 逛商场”，他们的生活方式、休闲活动都具有非常浓烈的时代气息。

再次，新生代农民工具有朴素的平等和民主观念，维权意识初醒。新生代农民工受现代文明的影响，对于自由、平等、民主等观念逐渐有了更深刻的理解和追求。在进城务工时，新生代农民工更看重别人对自己的尊重。中国青少年研究中心的调查显示，有 78.6% 的青年农民工认为“尊重比收入更重要”。同时，他们对于自身所面对的城乡生活的巨大差距，二元经济体制的制度歧视，遭受的各种不平等待遇有着更强烈的不满和反抗意识。老一代农民工在权利被侵犯时，大多缺乏维权意识，维权能力也比较弱，所以他们更多的选择沉默或委曲求全的解决方式。而新生代农民工在面临同样遭遇时，追求平等的权利意识则非常强烈，他们对自己应该拥有的在教育、劳动、就业、医疗、社会保障等方面的平等权利有更清楚的意识和更迫切的需求，在维护自己权利时表现得更为积极和勇敢。

3. 矛盾性

作为中国工业化、城市化进程中出现的一个“亦工亦农”而又“非工非农”的特殊群体，新生代农民工身上到处充满了进退两难的矛盾性。

首先，身份认同上的矛盾性。在城乡分割的二元制度体制下，受户籍制度、就业制度、社会保障制度、教育制度等制度的束缚和歧视，新生代农民工在实现了职业非农化转变的同时，其户籍身份仍然是农村的农民，这种“亦工亦农”而又“非工非农”的尴尬身份是农民工在身份的认同上处于矛盾和模糊的状态。他们远离了农村的土地，已经不是从事农业生产的农民，在城市长期务工，却无法成为真正的市民，游离于城乡社会的边缘，新生代农民工陷入了深深的矛盾和纠结之中，无法找到自己的真正归属。

其次，对城乡的感情上的矛盾性。农民工如何看待农村内心充满矛盾，一方面，农村是大部分农民工感情的归宿，他们的亲情网络和血缘关系多在农村；另一方面，由于他们长时间在城市工作生活，他们对城市已经产生了新的感情，特别是农村的相对落后使他们中大多数人不愿重新回到农村工作和生活。在对待城市上，他们也是矛盾的，既爱又恨，感情复杂。一方面，很多人已经适应城市中的工作生活，喜欢城市、渴望城市社会认同；另一方面，因为在城市中屡屡受到不公正待遇，他们对城市社会既有愤恨，也有抱怨和不满。

再次，自我发展的矛盾性。在个人发展前途的规划上，新生代农民工也始终在城市与农村之间犹豫徘徊，陷入了进退两难的矛盾状态。老一代农民工在这个问题上目标比较明确，他们到城市打工的目的就是为了赚钱，在年轻力壮的时候到城市赚取更多的收入，改善家庭生活，年老以后回到家乡安度晚年。而新生代农民工大多没有务农经历，他们中的很多人从小跟随父母生活在城市，对农村社会和农村的生活方式缺乏认同。相比之下，他们对城市生活有着更多的渴望和依恋，他们进城务工的目的不单纯是为了增加收入，他们希望能够最终在城市安定下来，成为城市社会的一员。然而，现实中城市社会对他们的种种排斥与歧视，又使他们的城市梦变得渺茫而无望。城市户籍门槛的高筑，城市就业市场的种种壁垒、城市生活成本的不断提高，如此种种，都使农民工面临在城市去留问题上的两难选择。

4. 边缘性

在农村，由于长期离开土地和农村，对农业生产和农村生活已经非常陌生，加之相对于老一代农民工，新生代农民工在吃苦耐劳方面的能力明显低于父辈，而他们对生活又有着更高的期望，因此，在农村的乡土社会中新生代农民工处于边缘性的社会地位。而在城市，由于城乡分割的二元制度体系，以及新生代农民工自身所拥有的人力资本、社会资本匮乏等因素的制约，新生代农民工与城市同龄青年相比，工资收入少、工作环境差、生活质量低下，经常遭受城市居民的排斥和歧视，难以真正融入城市社会。因此，无论在城市和乡村，他们都处于边缘性的社会地位。具体来说，他们的边缘性体现在以下几个方面。

首先，职业分布边缘性。新生代农民工群体通常在非正规部门或正规部门的非正规岗位就业，因而工作状态十分不稳定。其行业分布多为劳动密集型、技术含量低、缺乏社会保障的边缘性行业。这些行业往往是城市社会中最苦、最脏、最累、最危险的行业，而且工作时间长，工资报酬低。与城镇的工人相比，他们处于“同工不同酬、同工不同时、同工不同权”的边缘性地位。

其次，居住区域边缘性。作为城市的外来人口，新生代农民工在居住区域上的边缘化十分明显。一方面受城市高额的房价、房租的限制，收入低廉的农民工不得不选择离市区较远的城乡结合部或郊区农村的住房租住。另一方面由于进城农民工与城市居民在价值观念、生活方式、文化认同方面的差异，为了避免遭受城市人的歧视，新生代农民工更趋向于选择远离城市居民的城市边远地区，或居住在农民工聚居的“城中村”等地带。这些地区的房屋一般面积小、年代久、质量差，周围环境恶劣，与城市居民的居住条件相比具有明显的边缘性特征。

再次，社会地位边缘性。由于缺乏城市户口，新生代农民工首先在身份上遭受到市民的歧视，并由此引发了这一群体在就业、社会保障、子女教育等方面的不平等待遇。再加上自身文化素质比较低、经济条件比较差等因素的影响，新生代农民工在城市的社会地位明显低于城市中制度内生的同龄人群。而且在政治上缺乏表达自己声音、维护自身权益的组织，他们几乎没有参政议政的渠道。在经济、政治、文化等各方面处于边缘性地位。

此外，社会心态边缘性。经济地位和社会地位的边缘性共同导致了新生代农民工社会心态的边缘性。虽然新生代农民工具有强烈的自尊心，他们渴望过上和城市居民一样的体面而又有尊严的生活，然而在经济地位和社会地位低下的现实面前，对城市居民的歧视，他们不得不选择忍耐和包容。他们对城市高档、时尚的消费品有着强烈的渴望，但受收入水平的限制，他们不得不依靠低档廉价的消费品满足生存需要，消费心态趋于边缘化。他们被排斥在城市的制度体系之外，在经济、政治、文化各个方面难以享受与市民同等的待遇和权利。对城市缺乏归属感和认同感，而更多的是对城市社会的失望甚至憎恨。

第二节 新生代农民工职业心理研究内容

一、职业心理与职业心理学

（一）职业心理

从个体的角度来说，职业心理结构中包含着以下三个相辅相成的系统。

1. 职业导向系统——职业价值观、世界观、职业伦理

该系统中的各种成分引导个体去选择特定的职业、追求特定的职业目标、接受和内化职业价值、建立正确的职业角色期望、评价自己和别人的职业行为、努力争取职业成功。

2. 职业动力系统——需要、动机、兴趣、信念、理想

该系统中各种成分推动和维持个体朝向职业目标的努力，推动个体积极地树立职业目标、去克服各种各样的困难、去坚持不懈地争取职业和人生的完善。

3. 职业功能系统——气质、性格、能力

该系统中的各种成分保证个体在特定职业活动中的胜任，同时，在努力胜任挑战性工作任务的过程中，个体的心理功能也得到磨砺、发展和加强。

（二）职业心理学

职业过程是人与职业组织、与社会文化相互作用的过程，在这三个相互关联的系统中，各种因素构成复杂的相互作用网络，使职业现象充满不确定性和挑战性。从关注职业组织的发展及组织中员工发展的角度出发，职业心理学工作者一般重视下列四个方面的问题。

1. 个体差异、个体职业选择与职业（就业）指导

个体身心特征上的差异既是社会分工的结果，又是社会分工的依据。不同生理素质、心理素质的人适合不同的职业和工作。个体职业选择的过程实质上是在社会文化所提供的可能性的条件下，个体所进行的重大人生决策。任何有效决策都需要充分可靠的信息。在职业决策中，个体决策的成功与否取决于对

自己、对职业的充分了解以及二者之间的合理匹配。在职业分工越来越复杂、内容越来越丰富、素质要求越来越高的当今社会中，了解自己和了解职业成为越来越不容易的事情，于是，职业（就业）指导作为一种帮助人们认识职业、认识自己的社会实践发展起来。职业指导运用心理学原理和技术帮助职业选择和职业发展中的个体提高决策适应的心理能力。

2. 组织的人员选拔

个体职业选择基于职业组织提供的实际的就业机会。从职业组织的现实生产和发展目标出发，职业组织通过工作分析确定人员选拔计划，再通过计划实施，从来自组织内部或组织外的申请人员中选拔出合乎要求的人员，将他们安置在相应的岗位上，并根据岗位支付报酬。职业组织对人员的选择实践是建立在对申请人员职业潜能的预测基础之上的一种工作决策。运用心理学的原理和技术对申请人员的心理素质和心理潜能进行相对可靠的评估可以使选拔决策更科学、有效。

3. 职业生涯、职业适应、职业培训和职业咨询

职业选拔中的一系列程序和技术都是建立在工作岗位要求和申请人身心特征静止不变的基本假设之上的。实际上，新员工进入职业岗位后，岗位环境由于新人员的介入而必定发生变化，新员工进入职业岗位这个新的环境，心理上也要发生变化。实际的工作岗位与原来想象中的岗位总是有一定差距的，需要新员工对职业及自己所做出的选择做进一步了解、评定，探测自己的职业发展方向、途径，以争取自己在职业中的成功。在职业道路中，个人还会碰到职业中的种种变动、职业与家庭生活的协调等许多问题。要解决好这些问题，保证个人积极成长，最终保证在职业组织中的发展。从个人方面来说，涉及职业中的心理适应问题；从职业组织方面来说，涉及为员工提供充分的培训，以帮助员工适应和成长的问题。

在职业生涯发展决策、职业适应与职业培训中，职业组织除采取一般管理措施外，借助职业咨询的理念、方法和技术也是重要途径。

4. 职业环境优化与职业满意感、个人职业成长与职业成就

员工追求职业成功的动机与职业组织的基本发展动机是一致的。职业组织提供适合的岗位工作环境（物质的、技术的、社会的）以及职业文化环境，以激励员工为达到职业组织的发展目标进行高投入、发挥高潜能，涉及职业环境优化与职业满意感、个人职业成长与职业成就等方面的问题。从这个意义上讲，不管是员工个人还是职业组织，了解组织文化、组织变革、激励性工作设

计的原理，以创造良好的组织文化、推动有效的组织变革、参与激励性工作再设计，是确保职业岗位成为提供职业满意感、成就感以及促进职业成长的重要认识前提之一。凡此种种，构成了现代职业心理学的实践出发点。

因此，可以将职业心理学界定为：研究在不断变迁的社会、经济、文化条件下个体职业发展和职业组织发展中的心理现象，揭示个体与职业组织、社会经济文化之间在职业领域内相互作用的心理规律，并通过临床应用，促进个体职业发展、职业适应及潜能开发，进而提高组织效能的应用心理学分支。

二、新生代农民工职业心理研究的内容构成

针对新生代农民工这一特殊群体来说，我们主要从个体的角度将职业心理分为职业准备心理、职业适应心理和职业发展心理三个维度进行研究。

（一）职业准备心理

新生代农民工职业准备心理主要包括就业能力、职业价值观、职业决策困难和职业成熟度等。就业能力主要是指劳动者获得工作和保持工作，并在需要时重新获得就业的能力，在强调劳动能力的基础上，突出职业认同、个人适应性、可转换能力、劳动力市场价值等综合因素的作用。职业价值观主要指个体评价和选择职业的标准，是个体与职业有关的稳定的信念与评价系统，它不但决定个体的职业选择和发展，还影响个体的工作态度、工作行为及工作绩效，是个性倾向范畴中最具有指导性的概念。职业决策困难主要是指个体在职业决策过程中可能遇到的各种难题，或者是指个人在职业选择（进入阶段或职业改变）过程中，面临最后决策时，不知道要从事什么职业或从几个职业中挑选一个时发生的困难。职业成熟度是指个体掌握与其职业发展阶段的相关信息，以及在此基础上做出与其自身相适宜的职业决策的一种准备程度，它是衡量个体职业发展水平的量度标准。

（二）职业适应心理

新生代农民工职业适应心理主要包括职业适应性、工作满意度和工作压力等。职业适应性究其实质来说，是一种职业能力，它是个体与某一特定职业环境交互作用的产物，职业适应性具有层次结构性。它是指个体与某一特定的职业环境进行互动，对自身的职业角色、能力、态度、价值观及人际关系进行评估并不断做出调整以达到和谐的过程。职业适应性的构成要素应包括职业环境适应性、职业角色适应性、职业技能适应性、职业人际适应性、职业心态适应性等。职业适应性的形成与发展是个体社会化的一项基本任务，是每个准备走

上工作岗位、进入社会生活领域的职业人必须解决好的一个重要问题。工作满意度主要指员工在工作过程中和在组织中所扮演角色的感受和情感反应，重点是员工对其工作及与工作有关的环境保持的一种态度。它主要包括内在满意度、外在满意度、一般满意度 3 个维度。工作压力是工作背景下的压力，主要指对个体构成威胁的工作环境的任何特征，两种类型的工作压力可能会威胁到个体，即需求不能被满足，或者满足需求的资源不充分。它是在环境刺激影响下产生的心理和生理反应的综合状态。工作压力是工作环境要求和个体特征相互作用的结果，即在工作环境中，使工作行为受到威胁的压力源长期持续地作用于个体，在个体的主体特性及应对行为影响下，所产生的一系列生理、心理和行为反应的系统过程；工作压力导致工作者积极的或消极的不同工作状态，最终影响到组织绩效。

（三）职业发展心理

新生代农民工职业发展心理主要包括职业倦怠、职业生涯阻碍、职业心理健康等。职业倦怠指的是在以人为服务对象的领域中，个人的一种情绪耗竭、去个性化、低成就感的症状。情感耗竭指的是情感资源过度消耗，疲乏不堪，精力丧失；去个性化指的是个体对待服务对象的负性的、冷淡的、过度疏远的态度；个人成就感降低指的是个体的胜任感和工作成就的下降，即个体的职业态度和行为以负性的形式发生改变的过程。职业生涯阻碍指的是职业生涯发展的历程中，个体所遭遇到的内在冲突与外在挫折，即由于内在或外在的因素造成个体的职业生涯发展历程发生困难的事件或情境。个体如果能了解自己的职业生涯发展障碍并能对其做出适当的控制，则将减少面临职业生涯障碍时的紧张与焦虑情形，从而促使其在职业生涯发展过程中获得满足，进而发展出成功的职业生涯。职业心理健康指的是一种心理状态，即在工作中或者处理与工作相关的事件中所体现出的心理安全感与情绪稳定性，并且能以社会上认可的行为方式适应外部环境，在遇到任何与工作相关的障碍和困难时，能及时调整心理状态，保持心理平衡，勇于克服困难。

第三节 新生代农民工职业心理研究方法

一、新生代农民工职业心理学研究的原则

研究原则是方法论思想的具体引伸，是职业心理学研究应直接遵循的准

则。结合职业心理学科的基本特点，在进行研究时应遵循以下几个原则。

（一）客观性原则

所谓客观性原则，就是实事求是的原则。“实事”就是客观存在的一切事物，“是”就是客观事物的内部联系，即规律性，“求”就是去研究由外部刺激所引起的，并通过一系列生理变化来实现的人的心理变化。对任何心理现象都应按其本来的面目加以考察，而不附加任何外来成分。必须如实反映或记录被研究对象的客观反映，不能把主观体验和客观观察到的事实混淆，也不能用研究者的主观感受替代客观观察到的事实，或者附加到客观观察到的事实上去。人的心理活动无论如何复杂，也不管他做出何种假象和掩饰，都必然会在内部的神经生理过程和外部的行为中表现出来，这是揭示心理发生、发展和变化规律的基础和依据。研究人的心理行为，必须从这些可以观察到的现象中去研究，包括研究设计、资料的搜集整理、结论的得出，都必须贯彻客观性原则。客观性原则，还要求心理现象的研究不能只停留在现象的描述上，还必须揭示其客观存在的规律性，并将所得出的规律性知识回到实践中去检验其正确与否，以确保研究的科学性。

在遵循客观性原则时，我们应该在尊重客观事实的前提下。既不排斥依据客观现象做出科学的猜测、假设，又不片面、机械、孤立地理解客观现实。具体应体现在具有客观的态度、选择客观的研究方法、确定客观的标志，并进行客观的检验。客观的态度即从实际出发，实事求是，对个体职业心理活动及其行为表现都要做出如实的分析，不可主观武断地臆想或弄虚作假。客观的研究方法是保证获取真实、客观资料与数据的关键环节，通过科学的研究设计与统计处理手段，可以准确地反映各种变量之间的关系，为揭示其内在的客观规律提供科学依据。客观的标志即个体职业心理活动的各种外部表现，如行为、活动、言语、各种作品等，通过观察和测量，研究者可以获取各种客观的指标。为保证研究结果的可靠与真实性，还应对有关的研究结果进行科学、客观的检验。

（二）联系性原则

工作在复杂的自然环境和社会环境中，人的心理活动要受到自然与社会诸多因素的影响和制约。它和外部刺激、机体状况和反应活动紧密地联系着。就外部刺激的性质而言，有机械的、物理的、化学的、生物的和社会的；就机体状况而言，有生理因素和心理因素；就反应活动而言，有行为、言语和不明显的生理变化。显而易见，人的心理现象不是独立存在的，它与环境、时间、所在群体的状况等的联系是复杂的、多样化的，具有普遍联系的特点。世界上一切事物都是相互联系的，不能用孤立的、割裂的思维方式来观察一个人、一个群体或一件事。因此，在职业心理学的研究中，不仅要探索、研究职业心理学自身发展的现象、原因和条件，还要研究与之相联系的其他因素的影响，并从相互联系的诸多因素中，全面地、系统地探求和揭示职业心理的规律。

（三）发展性原则

自然界的一切事物都处在运动和发展变化之中，作为客观事实反映的心理现象也不是凝固的、静止的，而是与外部条件紧密联系着的，是随着客观事实、客观刺激的发展变化而不断变化的。因此，发展性原则对人们研究职业心理现象具有特殊的意义。在研究人的心理现象时，不仅要考虑一个人的现实心理状态，还要研究他过去的心理和未来的发展变化的心理；不仅要研究已经形成的品质和行为习惯，还要善于预测和发现那些刚刚出现并且有发展前途的品格；不仅要研究个人的行为和态度发展变化，还要研究与之相联系的情境、群体氛围和人际关系等因素，并依据心理学原理认真地考察和分析，以便更好地把握人的心理发展规律。

二、新生代农民工职业心理学研究的方法介绍

新生代农民工职业心理的具体研究方法多种多样，由于研究的时间、被试、搜集与处理资料的方式等各种条件的不同，致使研究方法也有所不同。

（一）调查法

调查法就是在自然条件下，对所要研究的对象的状况进行实际了解，搜集有关资料的一种方法。调查既可以是直接的，如对调查对象进行观察、测量、访谈等，也可以是间接的，如作品分析、经验总结等。调查既可以是全面的普查，也可以是根据要求进行抽样调查或个案调查。无论何种形式的调查，都不控制、变更或干预调查对象及其所在的环境。

1. 观察法

观察法是应用感官或借助科学的观察仪器，有计划有目的地对被试的言行表现进行考察，从而搜集资料的一种方法。观察法是科学研究中最原始的，但也是应用最广泛的一种方法，几乎从事任何研究时，都离不开观察法。如职业心理学中著名的六种人格类型与职业类型模式，就是霍兰德通过大量的观察研究后提出的。只有在日常工作和生活条件下，对能够直接、系统观察到心理活动的发生和发展的有关研究，均可运用观察法研究。比如，在心理测验兴起之

前，职业咨询师会让来访者列出他们的爱好，说出他们崇拜的人或描绘他们的喜好和厌恶，这也是确定人们兴趣的好方法。运用观察法必须有明确的目的性，要在自然条件下进行，必须按时做详细记录。观察法既可以作为一种独立的搜集资料的方法来单独使用，也可以作为调查的一个开端环节，与其他方法结合使用。

进行观察研究必须首先进行观察设计。观察设计通常包括如下三个步骤：首先是确定观察内容。其次是选择观察策略。常用的观察策略有参与观察策略、取样观察策略以及行为核查表策略等。最后是制定观察记录表。随着观察方法的不断发展，观察技术也日益完善，目前，在制定观察记录表时，通常采用观察代码系统，它们是为观察、记录和随后分析处理的方便而制定出的一些符号代码系统。

与其他方法比较而言，观察法的突出优点是可以在被观察者行为发生的当时，现场进行观察、记录，能够收集到比口头报告或问卷调查更客观、全面、准确、自然和真实的资料。其缺点是研究者只能处于被动的地位、消极地等待有关现象的出现，时机难以把握，观察所得到的资料难以定量分析，因而不能精确了解心理现象发生的原因。有些情况不能自然观察，且观察到的现象很难重复实现。由于所观察到的可能仅是被试所表现出来的行为的一小部分，而且在没有控制的条件下，可能有一些无关变量的干扰，所以，不易从所观察到的资料中得到某种因果关系的推断。但观察法对一些复杂现象的本质特征很难深入了解，因此，最好能与其他方法一起使用，才会具有更大的效益。此外，观察资料的质量在很大程度上受到观察者本人的能力水平、心理因素的影响，主观因素难以控制。

在实际进行观察时，观察者可以有两种不同身份出现：一种是参与观察者，即观察者实际参与被观察者的活动，以被观察者中的一员的身份，将所见所闻随时观察记录。另一种是非参与观察者，即以旁观者的身份，随时观察记录所见所闻。无论以何种身份观察，为了保证观察的效果，均不应暴露观察者的身份。

随着现代科学技术的发展，在新生代农民工职业心理研究中，可以利用各种测量仪器和技术，借助于录音、录像等各种电子技术手段来观察心理现象和过程，从而大大提高了观察的深度、广度和精确度。

2. 访谈法

访谈法是指通过研究者与研究对象的交谈来搜集有关资料的一种方法。应用访谈法，可以获取非常丰富、完整和深层次的信息，对于个案研究非常有用。

访谈法分为结构化访谈和非结构化访谈。结构化访谈是指问题的内容、形式、排列、时间等都事先设计好，访谈过程中严格按照设计好的模式一一呈现。非结构化访谈则相对自由，访谈者仅仅定义出他希望考察的概括性题目，其余谈话由访谈者和受访者自由发挥，形式不拘一格，按照实际需要挖掘研究者想要的信息。对通过访谈得到的数据进行分析是访谈法的重要步骤，其分析方法也有一定的难度，一般有内容分析、语篇分析和会话分析几种形式。内容分析是指将受访者的回答分配到事先规定的一种或者多种类别中，然后对类别编码进行分析。语篇分析和会话分析则进一步考察受访者发言的其他特征，比如发言的顺序、停顿时间、语音语调以及其他可能的非言语行为，通过对这些特征的分析，可以解释受访者如何以某种方式表现他自己。

通过结构化访谈可以了解一个人是否具备与岗位匹配的个性特征或者能力。对于管理者这一职位，现在流行的是测量其是否具备领导者胜任力，对于其中的一些胜任力的测定就可以用访谈法进行。比如，想要了解一个人是否具备制定政策的能力，可以进行行为事件访谈，访谈者设定一个主题，要求受访者谈论与该主题相关的制定政策的工作经验，记录受访者的回答并进行归类、打分。

由于访谈法的基本特征是通过直接的面对面的交谈或间接的电话交谈来获取有关信息的，因此，与其他方法相比，它具有灵活而易于控制。如研究者可根据研究目的随时调整、追加或重新解释有关问题，对重要的问题可以适时强调并导向深入。它能有针对性地收集研究数据，适用范围广。如适用于一切具有口头表达能力的不同文化程度的访谈对象，成人、儿童、文盲等都可以接受访谈调查。同时，具有较问卷法更高的回收率和有效率。访谈法的局限性首先在于访谈结果的准确可靠性受访谈者自身的素质影响较大，与其他研究方法相比费时费力，而且访谈所得资料不易量化。另外，访谈效果也受环境、时间和访谈对象特点的限制。这是由于访谈是谈话人之间的一种社会交往过程，谈话双方的心理特性与行为等相互影响，这给研究工作带来了复杂性，也对访谈者提出了更高的要求。再有就是对访谈内容的分析也不可避免地带有主观性和片面性，影响结果解释，因此，运用访谈法时要格外小心。

3. 问卷法

问卷法是将严格设计的系统问题或表格以书面形式发给（或寄给）研究

对象，请求如实回答，进而搜集资料和数据的一种方法。问卷法适用的研究问题非常广泛，越来越引起职业心理学研究者的重视，并加以充分利用。如张厚粲等人（2004）采用问卷法对我国当代高中生的职业兴趣类型进行了研究，将我国高中生的职业兴趣类型分为：艺术型、事务型、经营型、研究型、社会型、技术型和自然型。龙立荣运用自我选择测验（SDS）研制了大学专业搜索量表。

问卷法的主要特点有下面几点：第一，不受人数限制，样本可大可小。既适合小范围的调查，也适合大规模的调查，取样范围广泛，有利于搜集丰富、充分的材料。但有时因各种原因使问卷回收率较低，达不到预期效果；第二，适用范围较广泛。问卷调查所涉及的内容几乎不受限制，无论是内隐的心理活动还是外显的行为都可使用问卷法。但有时难以辨别、证实答卷内容的可靠性，从而影响所得资料的真实性与结论的科学性；第三，资料易于整理和统计分析。由于大部分的问卷调查是可以按照标准化的方式回答的。所以对这些资料便于做数量化处理。目前，这些定量分析工作可以借助计算机进行，不仅方便而且准确，所以，问卷法在职业心理学的研究中有着广阔的应用前景；第四，对问卷的编制有较高的要求。编制一份良好的问卷的难度较大，在问题的数量与顺序、问题的措辞、问题种类与复杂性等方面都有相应的要求。

需要指出的是，由于问卷法在职业心理学研究中占有非常重要的地位，但绝不可滥用或误用，否则，将产生不正确的结论，误导他人，产生不良后果。为此，应采取谨慎和科学的态度使用问卷法。具体应注意以下几个关键问题。

（1）依据研究目的来构建问卷框架。根据有关理论和研究的目的与假设，确定研究的内容与范围，主要包括确定问卷的形式（开放式、封闭式或综合式）、调查对象的选择与取样、问卷内容与范围的界定、所欲采取的统计分析和解释的方法等。问卷框架构建不合理，直接影响其结果的可靠性。其中问卷的内容尤其重要，应将那些能全面、客观、正确地反映和说明调查现象的材料作为问卷的内容。内容若有偏差，则整个问卷都会发生偏差。

（2）编制合适的问题。问题是问卷的主干结构，要调查研究的内容是通过一系列的问题来体现的，因此，问题编制水平的高低直接决定研究的成效。这也是使用问卷法的关键环节之一。问题的措词应简洁明确、易于理解，避免使用诱导性或情绪化的字句；问题的数量和回答时间应适中；问题呈现的顺序应依据先易后难、先简后繁的原则。必要时，还应编制一些测谎题和校正题，以保证其科学性。

（3）对问卷进行试测与修订。在正式试测问卷之前，应先进行小范围的试测或预测。通过试测，可以检查问卷所存在的缺陷，修改那些含糊、容易引起混乱的问题。应对问卷进行项目分析，考察其效度与信度，检查是否达到所要求的质量。根据试测的结果，再次修订问卷，以保留、删除或补充某些题目。

4. 测量法

测量法就是应用某种测验研究心理活动规律与特性的一种方法，即按照一定的规则与程序，对心理现象进行数量化测定。智力测验、个性测验、特殊能力测验、职业兴趣测验、职业价值观测验、职业决策困难测验等都是职业心理学研究中常用的测量手段。通过测量，可以为进一步的诊断、评价、甄选和有效的职业生涯规划指导提供依据。这种方法是职业心理学研究的重要方法。

与上述各种研究方法一样，测量法也具有适用范围广、所得资料较客观真实且易于整理和分析、施测简便等特点。但心理测量又具有特殊性，主要表现在以下几点。第一，以测验作为研究的工具。通过考察个体在测验题目上的得分来评定、推断其心理过程或心理特质，这与通过观察、访谈等获取信息的研究方式是不同的。第二，测量的结果具有相对的稳定性，并经常以类别、等级和顺序关系加以表示。好的测验能够测量出表现于一个人行为方式上的稳定的心理特质。正因如此，使用测量法才具有实际意义。当然，由于心理特质也会随条件的变化而发展、变化，所以测量所得结果的稳定性也是相对的。第三，对测验的编制、选用具有较高的要求。要想测量出学生的真实心理状况，测验本身应该可靠、准确、具有实用性。同时，对于某些测验而言，还应该由受过专门训练的工作人员来进行施测、记分和解释等。

有效使用测量法应注意以下几个问题。

（1）确立对待测量的正确态度。心理测量方法在实际工作和理论研究中具有非常广泛的用途。但由于研究手段和测量工具的不完善，使用这种方法时必须慎重，以防止测验的乱编滥用。使用测量方法是必要的、有效的，但又必须加以适度的控制，以保证测验的编制、实施、解释等诸环节的科学性。避免因误用、滥用测验而导致的不良后果。

（2）编制符合要求的测验。测验的编制是一项严肃的、要求较高的任务，测验编制水平的高低直接决定了测量的效果。为此，研究者提出了一系列的编制测验的基本原则、一般步骤和方法（郑日昌，1987；周谦，1994），并确立了鉴定测验优劣的标准，如测验的信度、效度、实用性等。测验编制者不仅对心理与职业领域的有关问题要具有较深的造诣，而且还要通晓测验的基本原理和编制技术。

（3）保证测验的严格施测与客观评估。一般而言，应该由具有一定资格的专业人员按严格的规范来实施测验，并对测验的结果进行客观准确的评分、解释和诊断。对于某些心理测验而言，还要求测验的使用者恪守职业道德。

问卷调查和心理测量是职业心理学研究中最常用的方法之一。问卷调查通常用于评价一个人的态度、意见、信念和经验等，编制相对简单。而心理测量量表通常用于测量人格或能力，比如五大人格量表、智商量表、职业能力量表等。如20世纪90年代初，时勘等人研制完成的《职业心理测试系统》中就包括职业人格、职业能力测试子系统。

（二）实验法

实验法就是从某种理论或假设出发，有计划地控制某些条件，以促使某种或某些现象的产生、从而对其结果进行分析研究的一种方法。实验法是职业心理学研究的主要方法。它的主要优点是：（1）研究者处于主动地位，可以选择方便的时间、地点使某种心理现象发生，而非消极等待它的偶然出现；（2）研究者能够有意识地使某种心理现象在相同条件下重复发生，反复观察，作出确切的科学结论，他人也可以在相同条件下加以验证；（3）研究者可系统地改变条件，观察条件的变化和心理现象变化之间的关系，从而揭示某种心理现象产生的原因。

实验既可以在实验室条件下进行，也可以在自然条件下进行；既可以对动物进行实验，也可以对人进行实验。与调查法相比，实验法要人为地控制或创设实验情境，以揭示各种变量之间的关系。职业心理学研究中常用的实验法主要有实验室实验和自然实验两种。

1. 实验室实验

实验室实验是指在特别创设的条件下（通常指实验室）进行的实验。它的主要特点有：第一，对实验情境和实验条件进行严格控制。通过对实验场景、实验刺激（自变量）、被试选取及反应等多种因素的人为的主动控制，可以排除无关变量的干扰，探讨在其他条件下无法研究的种种现象，揭示各变量之间的因果关系。但由于实验的人为控制，有时难以将实验室内得到的结论直接推论到现实中。另外，在指导职业生活实践上也有一定的局限性；第二，实验结果的记录、统计比较精确、客观。借助于实验仪器和统计学技术来准确测定、记录和处理资料，使结论的科学性与精确性有所增强。

有效进行实验室实验应注意的问题。

（1）科学、合理地进行实验设计。实验设计是在实验之前对如何操纵自变量、控制无关变量以及如何检测因变量的一种扼要的计划，它是保证实验顺利进行的一个非常重要的先决条件。由于研究目的、变量类型及其关系等的不同，实验设计有多种多样的方式（维尔斯曼，1997；舒华，1994；周谦，1994）。研究者应该根据所要研究的问题，来确定、选择自变量与因变量，识别无关变量，并确定具体的实验设计类型。

（2）控制无关变量。无关变量虽然与实验目的无关，但若不加以控制，将影响实验结果，使实验半途而废或达不到预期效果。无关变量的控制是实验室研究中非常关键的一个问题，也是研究者极为关注的。控制无关变量的方法有许多种，一般是通过合理的实验设计和统计处理（如协方差统计分析）来实现的。

（3）选择和利用恰当的实验仪器。由于实验室实验的特殊性，往往要利用特定的仪器来帮助呈现刺激、控制环境、测量或记录实验过程、处理实验结果等。现代化仪器的使用，使职业心理学研究的水平大大提高。但在选择和使用仪器时，应该使其性能符合研究的目的与要求，比如具有相应的灵敏、准确性，可以自动搜集大量复杂的信息等，同时，又不能干扰实验的正常进行。

2. 自然实验

自然实验称现场实验、实地实验，是指在实际情境下进行的实验。这种方法越来越受到研究者的重视与认可。自然实验与实验室实验相比，有以下两个特点：第一，与实际联系密切，易反映真实情况。在实际情形中进行研究，既进行了适度的控制，又不失其真实情境的特性。因此，可以获得较为真实、可靠的资料，研究的结果具有普遍性和实用性。但自然实验一般花费较高，所需的研究技能也较复杂。第二，研究中涉及的变量较多。由于是在真实的自然情境中进行的研究，被试的取样与分配、实验处理等都不是随机的，而是以符合实际条件的方式来操作的，有许多变量参与到实验中，影响实验结果。这一方面意味着研究结果比较符合实际，但另一方面也说明不易做出变量之间的因果分析。这就需要应用不同的方法，在不同的时间对变量之间的关系进行多次检验，以确定其结果是否一致。

有效进行自然实验应注意以下问题。

（1）详细制定实验计划。由于自然实验涉及的变量较多，因此，更应在实验之前周密考虑，依据研究的目的确定要考察和控制的变量、所选用的实验设计方案。同时，也应确定所选被试的类型与数量、实验规模与时间、实验结果的统计与分析方法，等等。最好是将实验的各项步骤编成进度表，以便严格控制执行。

（2）尽量控制无关变量与误差。与实验室实验一样，自然实验也要对无关变量进行最大限度的控制，以保证实验结果的真实、有效性。这主要是通过实验设计，尽可能地将实验控制在基本合理的范围内。而在实验的实施过程中，也会不可避免地出现许多影响实验的意外事件和干扰因素，致使实验结果产生误差。比如被试的中途退出、各种实验者效应（如期望效应）、被试效应（如霍桑效应、安慰剂效应）等。针对这种情况，应该在实验之前充分考虑，采取预防措施；实验过程中采取及时的补救措施，以将误差减至最小。

上述列举的几种方法各有其特点，在新生代农民工职业心理的研究中，往往是多种研究方法的合理的综合应用，或者以某种方法为主，辅之以其他方法，这样才能获得多方面、丰富、客观的数据资料。而非某种单一方法即可奏效，应该根据研究的目的，选取恰当的方法。

第二章

新生代农民工就业能力研究

党和国家一向重视“三农”问题。党的十八大高度重视“三农”问题，高瞻远瞩地指出，解决好农业农村农民问题是全党工作重中之重，城乡发展一体化是解决“三农”问题的根本途径。加强社会建设，必须以保障和改善民生为重点。提高包括农民工在内的人民物质文化生活水平，是改革开放和社会主义现代化建设的根本目的。推动实现更高质量的就业，重点之一就是做好农村转移劳动力就业工作，根本途径就是加强职业技能培训，提升劳动者就业创业能力，增强就业稳定性。

农民工已经成为工人阶级队伍的重要组成部分，而且正在逐渐演变为工人阶级的主力军，为工业化、城市化和社会主义现代化建设做出了巨大贡献。新生代农民工已成为农民工这一群体的生力军。在经济全面转型、产业不断升级的历史时期，不断提升新生代农民工的就业能力，是提高其就业质量，使其获得体面的工作，过上有尊严生活的主要途径，是加快我国城市化进程，促进现代化建设可持续发展的关键所在，也是解决社会发展矛盾、维护社会稳定的重要举措。

第一节　就业能力的内涵演变及结构框架

一、就业能力内涵演变

就业能力的研究最早出现在 20 世纪 50 年代，其内涵随着社会和经济的发展不断演变，直到20世纪90年代成为研究的热点，引起广泛关注。20世纪50～60年代就业能力关注的是不利人群如残疾人在劳动力市场的位置，注重不利人群的就业态度和自我形象，主导思想是如何解决失业者的就业问题，实现终身就业。20世纪70年代，就业能力的研究越来越关注个体的职业知识、技能以及个体在劳动力市场的价值，开始注重“可迁移技能”的重要性。可迁移技能包括一些社会和关系技能，它能够使劳动者在不同的工作情境中维持其价值，以免在劳动力市场中受到伤害。20世纪80年代，就业能力的研究转移到公司或组织层面，关注员工职能的灵活性，以及雇主对员工的“元特征”（meta－characteristic）的需要。“元特征”是雇主对员工态度、知识和技能方面的要求，它决定员工在劳动力市场的潜能。20世纪90年代，随着知识经济的来临和经济全球化，个人的职业生涯越来越具有不可预测性，进入无边界职业生涯时代。这个时期的就业能力关注的是个体在内外劳动力市场保持工作的能力。从90年代开始，就业能力研究成为热点问题，学术界从不同的角度和学科进行探讨，导致了这个概念的模糊和多样化。

二、就业能力结构框架

Hillage和Pollard（1998）认为，就业能力是指通过在劳动力市场内的充分流动和可持续的就业实现自我潜能的能力。对于个体来说，就业能力包括以下相互作用的组成部分：一是能力特性，包括基本、中级和高级三个层次；二是个人展示能力；三是运筹能力，主要包括职业管理、工作寻找技能等一系列能力；四是环境因素，认为外部社会经济状况会对劳动者就业能力产生影响。Gazier（2001）进一步提出了“互动”版的就业能力分析框架，强调个体主动性的同时，认为就业能力与劳动力市场机会、制度和规则有关，雇主和劳动需求在决定劳动力就业能力上发挥一定的作用。这一框架的视角聚焦于长期失业人员，关注对这一群体劳动力市场干预政策的结果。Forrier和Sels（2003）则把就业能力更严格地定义为“个体在内部和外部劳动力市场获得就业的机会”。他们认为，一方面，工作机会依赖于个体的能力与意愿；另一方面，能否实现就业也受环境因素影响。与Hillage和Gazier研究的不同在于，他们就业能力的概念模型作了新的维度划分，其中包括：劳动力市场处境、个体流动资本、流动的难度、环境、转换、流动意愿、突发事件等。但总体上，Hillage等人（1998）、Gazier（2001）、Forrier和Sels（2003）等都是在强调劳动力供给面因素决定就业能力的同时，提到了需求等外部环境因素的作用。Fugate、

Kinicki 和 Ashforth（2004）把就业能力定义为工作特有的一种积极适应性，它使雇员能够识别和实现职业机会，促进工作之间、工作内部及组织之间的流动。他们认为，就业能力是一个心理社会建构，包括“职业认同、个体适应性、人力资本和社会资本”四个构成维度。而 Van der Heijden（2006）把就业能力定义为通过能力的最优使用，持续的实现、获得或创造就业。他发展了一个以雇员为基础的个体操作化概念，把就业能力分为五个维度：（1）职业专长；（2）期望与优化；（3）个人灵活性；（4）公司意识；（5）雇员与雇主利益的平衡。与前面几位学者分析角度不同，Ronald W. Mc－Quaid 和 Colin Lindsay（2005）提出了“全面的就业能力”概念，认为从广义就业能力的视角更能帮助研究者识别影响个人获得工作可能性的全景性因素。相应地，他们认为就业能力包括三个相互关联的组成部分：（1）以个人就业技能、幸福状态、工作搜寻、适应性等为主的个体因素；（2）由工作文化和资源可及性等构成的个人环境因素；（3）由当地劳动力市场特点、宏观经济需求因素与政策等构成的外部因素。总的来说，他们提供了一个超越传统供给面与需求面争论的关于就业能力的分析框架。

上述就业能力分析框架的研究最终表述各异，学者从管理学、心理学、人力资源管理、教育学等不同学科领域研究就业能力理论，但几乎没有人试图将这些不同角度的研究整合起来，因而，“就业能力”至今仍没有统一的定义。尽管如此，学者们肯定了就业能力理论对解决就业问题的积极意义，并将对就业能力理论的关注聚焦于最终实现就业、稳定就业和再就业上，他们对就业能力理论的核心意义和内容描述也具有一致性，即就业能力是指劳动者获得工作和保持工作，并在需要时重新获得就业的能力。我们还可以看到他们基本上都是在强调劳动能力的基础上，突出职业认同、个人适应性、可转换能力、劳动力市场价值等综合因素的作用。需要指出的是，Fugate 把就业能力理解为一种嵌入个人特性的心理社会结构（psycho－social construct），这种心理社会结构包括职业认同、个人适应性、社会资本和人力资本。职业认同是指个人对职业生涯的自我解释，包括职业目标、个性特质、价值观、人际交往和时间观念。个人适应性是指改变个人因素（如知识和技能）和个人行为以满足环境需要的意愿和能力，包括乐观主义、学习意愿、接纳变化、内控特质及自我效能。社会资本是指个人拥有的、可以用以拓展个人身份和实现职业生涯机会的社会网络。人力资本是指影响个人职业生涯进步的一系列变量，例如教育背景、工作经历和情商等。当下社会，为了维持组织的灵活性和弹性，更多的雇员必须在组织内部的不同岗位和角色之间转换，以及在不同的组织之间流动，即出现了无边界职业生涯（boundaryless career）现象。在这个时代，雇员的就业能力（employability）对职业生涯的成功就显得极其关键。雇员从追求终身就业保障转而追求终身就业能力保障。本研究认为，在无边界职业生涯时代，对新生代农民工的就业能力进行分析时，以 Fugate 的就业能力的心理社会结构（psycho – social construct）作为框架（如图 2 – 1 所示），更容易理解且易于被人们接受。

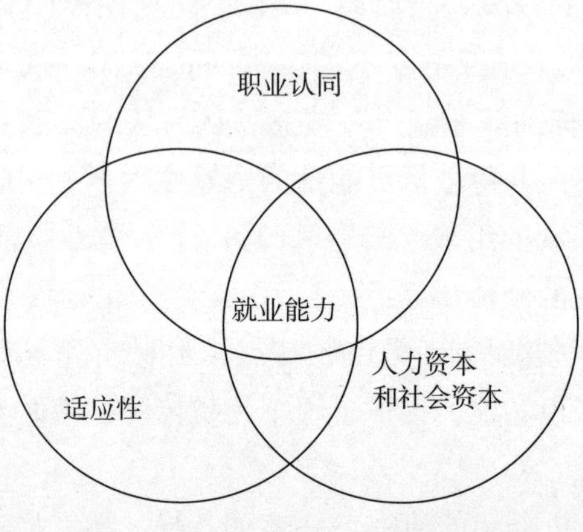

图 2 – 1　Fugate 就业能力结构框架模型

就业能力是指劳动者获得工作和保持工作，并在需要时重新获得就业的能力。为了理解方便起见，本研究将就业能力主要分为就业准备能力、就业胜任能力、就业发展能力和就业选择能力。

第二节　新生代农民工就业能力现状分析

本研究主要对苏南地区的新生代农民工的就业能力现状进行实证调查，调查对象选择范围涉及苏州、无锡和常州等苏南地区，主要采取区域调查和产业人事部门调查相结合的方式，共发出问卷 1805 份，回收有效问卷 1750 份。调查方式主要有问卷调查和结构访谈。问卷发放分别为直接到企业发放和随机调查。第一种在工业区和企业发放问卷，共选择 60 家企业发放问卷，在选择企业时适当考虑企业性质和规模，并兼顾行业类型。在每个企业抽样数量不超过 30 份，在企业共发放问卷 1500 份，回收 1468 份。第二种是随机抽样调查，在苏南 10 个商业繁华区进行抽样调查，发放问卷 305 份，回收 282 份。在进行科学规范的数据统计分析基础上，再通过专家咨询，对新生代农民工进行田野调查研究，并对培训机构领导和骨干教师进行个案访谈，得出以下基本结论。

一、新生代农民工就业能力现状分析

（一）新生代农民工就业准备能力

就业准备能力主要包括就业信息处理能力、就业区域选择能力、职业自我认知能力和就业情感支持系统等。

1. 就业信息处理能力：就业信息来源不广

就业信息处理能力，主要是关于就业信息来源、收集和判断能力。在进入竞争压力日趋激烈的劳动力市场、寻找适合自己生存发展的城市时，新生代农民工与传统农民工面临相似的社会境遇。调查表明，新生代农民工在获取就业机会的时候，最重要的渠道来自“同乡和亲友介绍”，占 52.4%，“通过中介机构或参加人才交流会”占 23.2%，“自己到单位或打电话询问”占 15.2%，“其他求职路径”的占 9.2%（如图 2－2 所示）。数据显示，地方政府在就业信息服务方面仍存在薄弱环节。

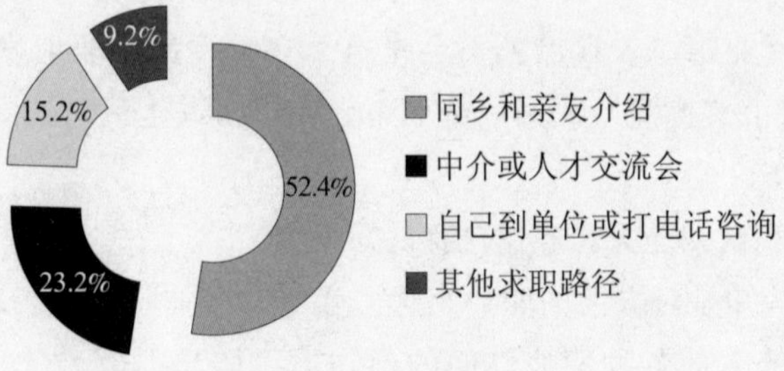

图 2－2　新生代农民工获取就业机会的渠道

在田野调查中，被访新生代农民工表示，由于就业信息相对贫乏，信息更多的是通过同乡和亲友的介绍与传递，制约了自己信息收集和判断能力的提升，对于地方政府、正规媒体能够提供更多、更有效的就业信息服务寄予较高的期待。在访谈中，他们“希望家乡的政府部门能为准备外出就业的农民免费提供政策咨询，发布准确、及时的务工信息”；“期待就业城市要有完善用工信息发布渠道，所有职业介绍机构向农民工免费开放”。

2. 就业区域选择能力：就业区域指向不明

就业区域选择能力主要是关于就业区域、就业领域的选择判断能力。由于新生代农民工的就业渠道主要以同乡及亲友介绍为主，在选择就业目的地时，“随亲友带领”占 53.2%，“自己有目的的流动”占 26.8%，“学校毕业推荐”

占9.6%，“其他途径”占10.4%（如图2-3所示）。可见，新生代农民工能根据自己职业性向进行理性选择就业目的地的尚属少数。

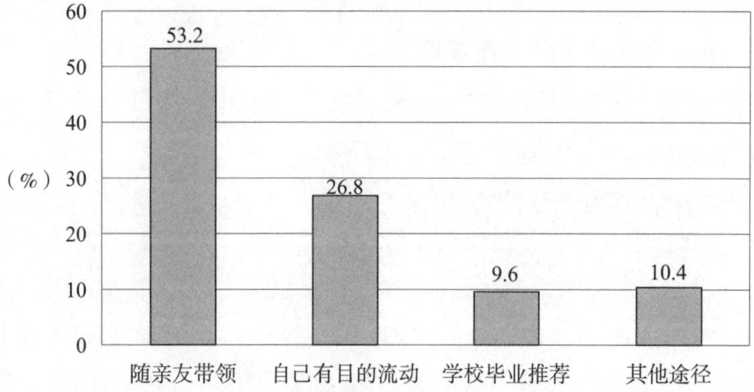

图2-3　新生代农民工选择就业目的地的途径

在访谈中，农民工在谈及如何选择苏南地区就业时，大多数都表示“曾辗转多地工作，通过亲友带领、同学介绍，来到江南工作”，“如果一开始就能获悉准确的就业信息，自己就不会走这么多的弯路，职业发展也会更加理想”。从一个城市“漂流”到另一个城市，在丰富人生阅历的同时，他们还承受着生活的无奈。

3. 职业自我认知能力：职业自我认知不清

职业自我认知是对自己的职业兴趣、爱好、职业价值观、职业人格特征、职业能力倾向等方面各种职业性向的预知、评估与推论，对于“人职匹配”目标的实现，具有决定性的作用。通过问卷调查发现，在新生代农民工中，对自己的职业性向“了解很清楚”的占6.8%，“了解比较清楚”的占12.8%，“了解一般”的占20.4%不够，“基本不了解”的占26.0%，“很不了解”的占34.0%（如图2-4所示）。可见，大部分被调查对象对自己的职业性向了解不够，认识模糊，职业洞察力低下就在所难免。

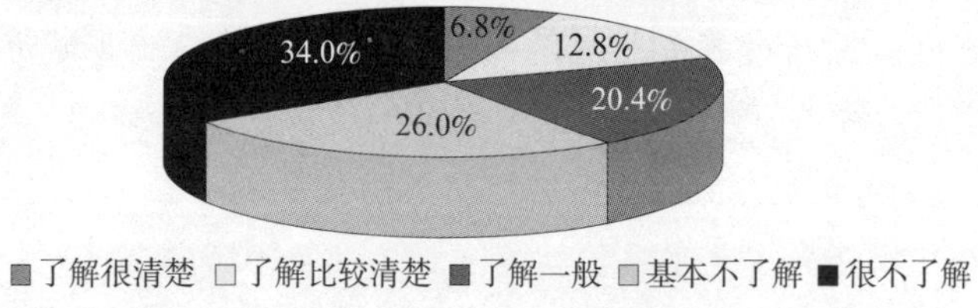

图2-4　新生代农民工职业性向自我了解程度

在访谈中，被访新生代农民工对于职业兴趣、爱好、职业价值观、职业能力倾向等职业性向难于理解，认为“在职业生涯的初始阶段，不是自己去选择工作岗位，而是工作岗位选择了自己”，“自己根本就没有选择职业的权利，职业兴趣、爱好根本上就是水中月，镜中花”，“职业能力只能通过在‘做中学’来提升”。新生代农民工“只能接受被选择的命运”，从“被就业”到“主动就业”其路漫漫，无奈之情溢于言表。

4. 就业情感支持系统：就业情感支持孱弱

就业情感支持系统主要是指亲属、乡缘、业缘、社区及其他因素所构成的社会支持系统等。问卷调查发现，新生代农民工在就业过程中，情感支持主要来源于“亲友、同学、老乡”支持的占45.6%，来源于“家人支持的”的占25.6%，来源于“就业所在地社区支持”的占5.2%，来源于“家乡政府相关部门支持的”占2.4%，来源于“其他方面支持”的占1.2%，表示“感受不到任何情感支持”的占20.0%（如图2－5所示）。数据显示，新生代农民工就业情感支持主要来自本身也处于弱势地位的“亲友、同学、老乡”等打工者，来自“家乡政府部门和就业所在地社区”的支持极其孱弱，甚至有高达20.0%的新生代农民工感受不到任何的情感支持，在遇到“生活事件”时，容易积攒负面情绪，久而久之，难免抑郁，甚至做出伤害自己的行为，或者出现反社会的倾向。

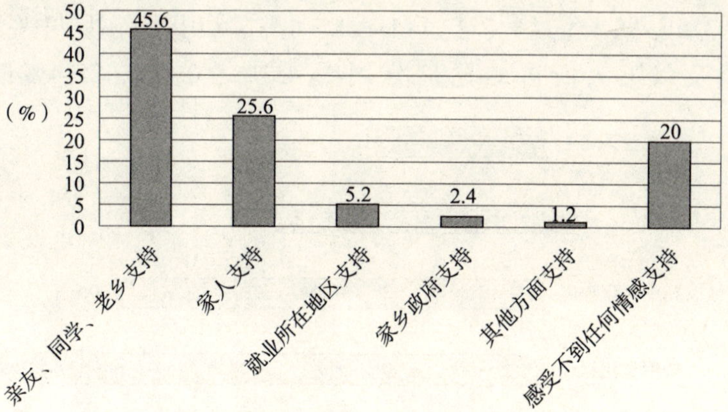

图2－5 新生代农民工情感支持来源

在访谈中，被访新生代农民工表示，“在打工的过程中，最难熬的不是工作的艰辛，生活的艰苦，而是情感的空虚，情绪的抑郁”，“在遇到不愉快的生活事件时，不知道向谁诉说”，“渴望亲情，渴望爱情，渴望理解，渴望融人”。他们还表示，经常感受到“来自城市人的白眼、鄙视、歧视、排斥”，觉得自己和城市人口属于两个“不同的世界”，很难融入社区生活之中。对于新生代农民工来说，父母和亲人远在故乡，城市人又“高高在上”，家乡政府部门的支持无从感受，暂时居住的社区支持极其微弱。他们就这样怀揣梦想“漂”在城市的边缘，在城市的有色眼镜中生活，所造成的心理失衡、情感孤独现象非常严重。

作为活生生有血有肉的人，新生代农民工不单单追求物质方面的满足，对幸福感的需求更加强烈。他们更渴望在外出就业的同时，能够收获爱情，交流思想，倾诉困扰。新生代农民工群体的“感情孤独”，影响的不仅是这一群体本身，更关乎每一个城市的“幸福指数”。

（二）新生代农民工的就业胜任能力

就业胜任能力主要包括学历水平、职业技术技能、岗位胜任能力、与企业发展匹配能力、稳定就业能力等方面。

1. 学历水平：有所提升，但依然处于弱势地位

本次调查研究表明，在苏南就业的新生代农民工的学历层次比第一代农民工有了显著的提升。“小学文化及未上过学”的占1.2%，“初中文化程度”的占36.8%，“高中文化程度”的占30.8%，“中专/职高/技校”占19.2%，“大专及其之上”的占12.0%（如图2－6所示）。其他研究者调查结果是，第一代农民工中，从未上过学、上过扫盲班、小学、初中、高中、中专/职高/技校、大专及以上人所占的比例分别为4.3%、0.8%、25.4%、50.2%、

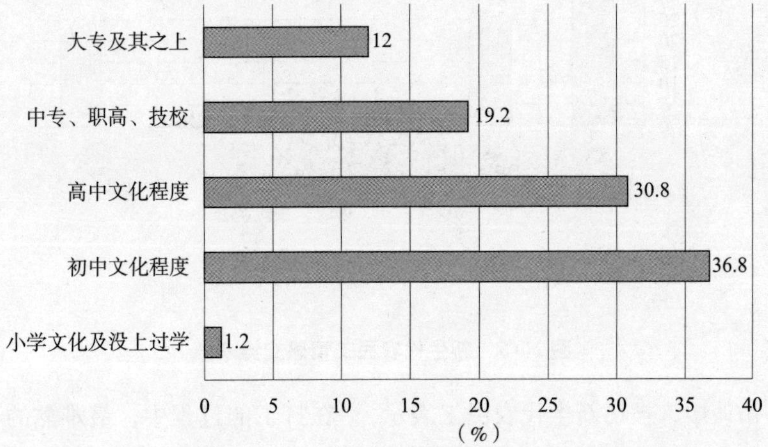

图2－6　新生代农民工学历构成

15.8%、2.2%、1.1%，新生代农民工的比例依次为0.5%、0.3%、7.8%、57.1%、20.3%、9.9%、4.2%。由此可以看出，在苏南就业的新生代农民工的学历层次显著高于第一代农民工和其他区域的新生代农民工。但是，相对于城市人口来说，他们的学历层次依然不高，处于劣势。在普遍竞争的城市职场，他们的职业选择必然处于弱势地位。

在访谈中，被访新生代农民工也表示，“学历层次较低，势必会导致自己的职业适应能力不足”，在经济转型，产业升级的今天，“文凭不是万能的，但没有足够高的文凭也是万万不能的”，“知识和智力资本远比体力型劳动力价格昂贵”，“如果能重新回到学校，一定会好好学习，努力获取更高的文化水平”。因此，他们已经清醒地认识到，学历中蕴含职业素养，学历层次直接影响他们职业岗位胜任能力的高低。

2. 职业技能：水平低下，难于满足岗位需求

本次调查表明，在苏南就业的新生代农民工的职业技术技能水平依然不尽如人意，难以适应就业岗位的需要。在入职前，“受过专门的技能训练”的占19.6%，“受过简单操作训练”的占36.8%，“从未受过职业技能训练”的占43.6%（如图2－7所示）。苏南地区是“中国制造”主要基地之一，对于操作工人的专业技术技能要求相对较高，产业结构调整升级对劳动力的素质要求也越来越高，缺乏职业技术技能的农民工，其转移就业领域将受到很大的限制。

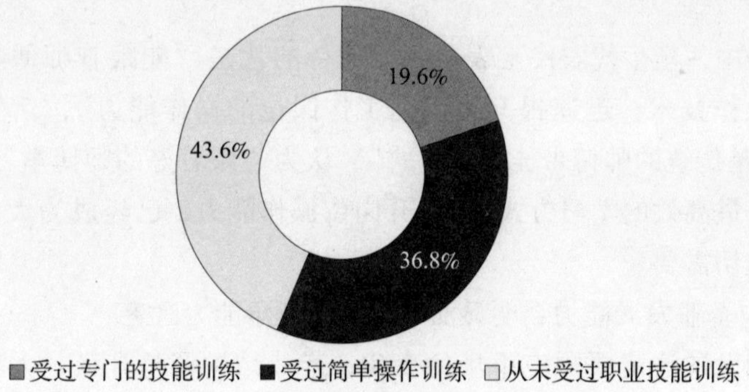

图2－7 新生代农民工入职前专业技能训练情况

在访谈中，被访谈新生代农民工感到自己最缺乏的就是“应对职业岗位要求的，足够的职业技术技能”，最期待的就是“接受更高层次的职业技术教育，拥有足够强的技术”，“有技术才有话语权，才有底气提出更高薪水要求”。新生代农民工对职业技术技能的渴望，激发他们学习掌握职业技术

的积极性，也必然会促使其通过各种渠道进修学习，不断提升自己的“劳动品质”。

3. 岗位能力：明显缺失，职场适应能力薄弱

本次调查表明，在现在的工作岗位上，感到自己的岗位工作能力“很强”的占10.8%，“较强”的占25.6%，“一般”的占30.6%，“较差”的占24.8%，“很差”的占8.2%（如图7所示）。岗位胜任能力是职业自我效能感的具体体现，但在这一方面的情况不够理想。有一些新生代农民工“闪离”，即来到苏南之后，由于自己的岗位胜任能力不足，不得不迅速离开，或回到家乡，或到其他地区寻找技术含量更低的工作岗位。

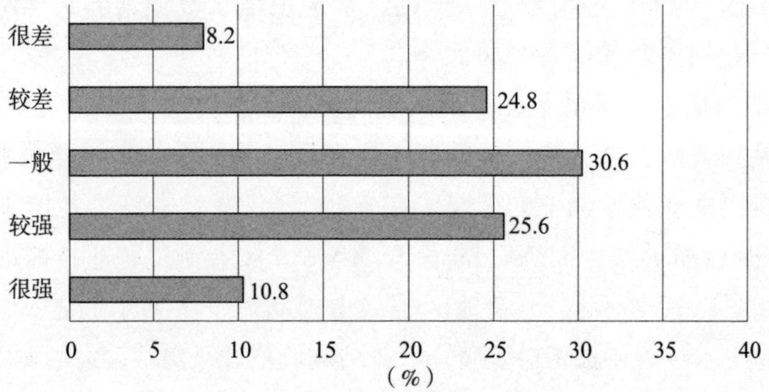

图2-8　新生代农民工现有岗位适应能力

在访谈中，新生代农民工表示，最期待的就是“能跟着师傅学习实用性强的岗位操作技术，迅速提升自己的工作岗位的操作能力”，新生代农民工“最喜欢的是传统的师傅带徒弟的方式”，认为“跟着好的师傅学习岗位技术，是最直接、最高效的学习方式”。提升岗位操作能力，已经成为大多数新生代农民工的迫切需要。

4. 顺应企业发展能力：明显滞后，职场竞争能力匮乏

企业的发展注定要顺应市场的变化，产业结构调整升级是大势所趋，因此，带来的直接影响是，要求在岗的新生代农民工必须要拥有足够强的应对能力。本次调查结果显示，在企业不断调整产业结构的过程中，自己的工作匹配能力“很强”的占12.4%，“较强”的占22.4%，“一般”的占30.4%，“较差”的占25.2%，“很差”的占9.6%（如图2-9所示）。从调查结果可以看出，新生代农民工顺应时代变化，适应企业发展的工作能力不能令人乐观。

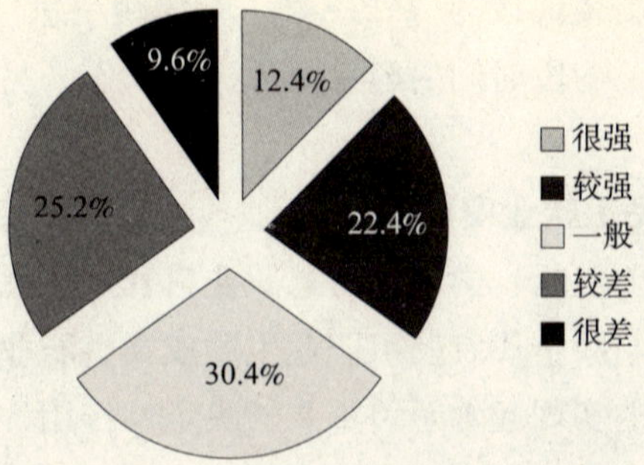

图 2-9　新生代农民工与企业发展匹配的能力

在访谈中，新生代农民工表示，“每当工作单位进行转产时，因为自身的能力不足，总是很担心自己会被裁减”，“在一轮又一轮的经济危机或金融危机的冲击下，自己的内心充满了恐惧感”，“职场的竞争，有时会让自己无所适从，喘不过气来”。新生代农民工只有具备较强的与企业发展匹配的能力，才能勇敢面对职场竞争，才能处于不败之地。

5. 稳定就业能力：就业稳定性不足，职业生涯成长动力缺失

调查中，近半数新生代农民工以“短期合同工”（27.6%）、“临时雇佣员工”（17.2%）等形式从业，受雇为“正式员工”的仅占 44.4%，自由职业者（3.2%）。此外，有 1.8% 的被调查者为无业状态，5.8% 的被调查者选择“其他”（如图 2-10 所示）。新生代农民工就业稳定性不足可想而知。有其他研究者将新生代农民工与老一代农民工的就业稳定性进行对比，从最长工作年限来看，老一代农民工在一个单位最长工作年限的平均值为 7 年，新生代在一个单位工作年限的平均值为 3 年；从更换工作的频率来看，新生代每年平均更换工作 0.63 次，老一代平均每年更换工作 0.26 次，新生代农民工更换工作更加频繁。

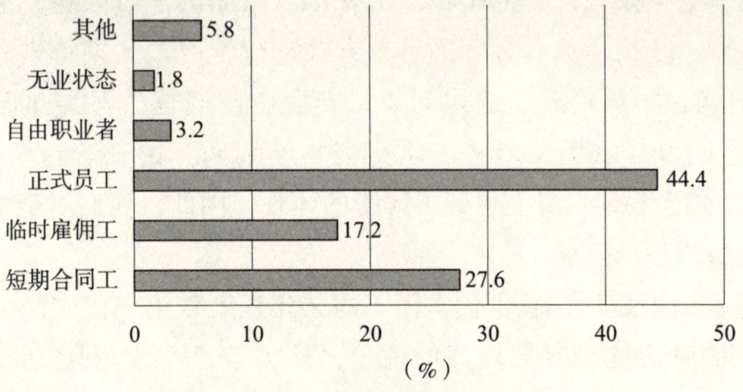

图 2-10　新生代农民工就业形式

在访谈中，有的新生代认为“守一家，不如跳三家”，一方面，导致他们在结束上一份工作后，一段时间内容易落入失业状态，另一方面，导致他们职业生涯发展缺乏动力。

（三）新生代农民工就业发展能力

就业发展能力主要包括：学习能力、职业自我效能感、现代性元素、就业软技能等方面，它对与新生代农民工职业生涯成长、职业价值观提升、职业动机的体现和职业声望的实现起着至关重要的决定性作用。

1. 学习愿望强烈，自主学习能力提升

问卷调查结果显示，新生代农民工的学习愿望较第一代农民工有了长足进步。有“强烈的学习愿望”的占 32.4%，有“较强烈学习愿望”的占 42.4%，有“一般水平学习愿望”的占 10.8%，有“较弱学习愿望”的占 8.4%，“没有学习愿望”的占 6.0%（如图 2 – 11 所示）。

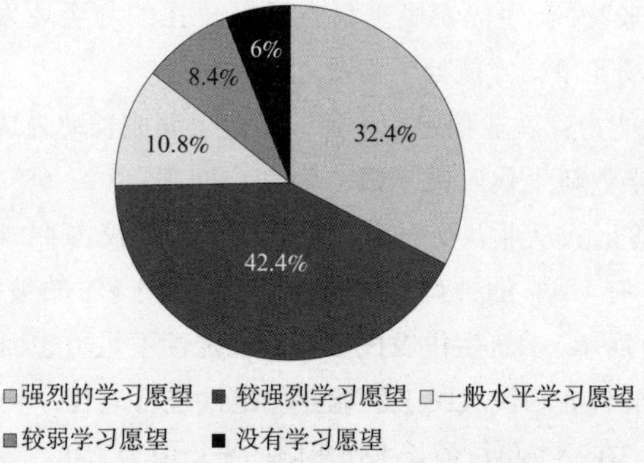

图 2 – 11　新生代农民工学习愿望

在田野调查中发现，新生代农民工有比较浓厚的学习兴趣，他们“愿意通过现场教学、夜校、远程教育等各种方式进行学习”，“期待学习的内容依次为职业技能、学历提升、法律知识、安全生产规范、人文知识和生活知识”，大多数新生代农民工对于“活到老，学到老”的观念持赞同的态度，“终身学习”理念在他们身上得到了鲜明的体现。因此，他们对于学习和继续接受教育有着强烈的需求。

问卷调查结果显示，新生代农民工的文化程度较第一代农民工要高，他们对于自己的学习能力有着较高的评价，认为自己“学习能力很强”的占 18.4%，“学习能力较强”的占 36.8%，“学习能力一般”的占 28.4%，

“学习能力不足”的占14.4%，“学习能力很不够”的占2.0%（如图2－12所示）。

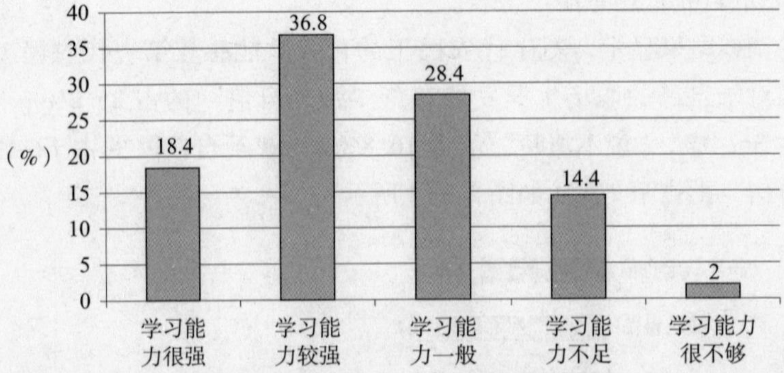

图2－12　新生代农民工学习能力

在田野调查中发现，新生代农民工“变在学校学习期间的‘要我学’为在职期间的‘我要学’，学习的主动性、积极性明显提高”，“只要有学习的机会，我一定会主动争取”，“哪怕要自己承担学习费用，也在所不惜”，由于新生代农民工的学习自我效能感大幅提升，因而对于自己的学习能力的评价更为积极。

2. 自我依赖感强烈，自我效能感增强

问卷调查结果显示，新生代农民工对于自我有着强烈的自我依赖感。他们在遇到工作问题或生活事件时，表示“完全靠自己”的占28.4%，“基本靠自己”的占39.6%，“适当寻求他人帮助”的占25.2%，“完全依赖他人”的占6.8%（如图2－13所示）。

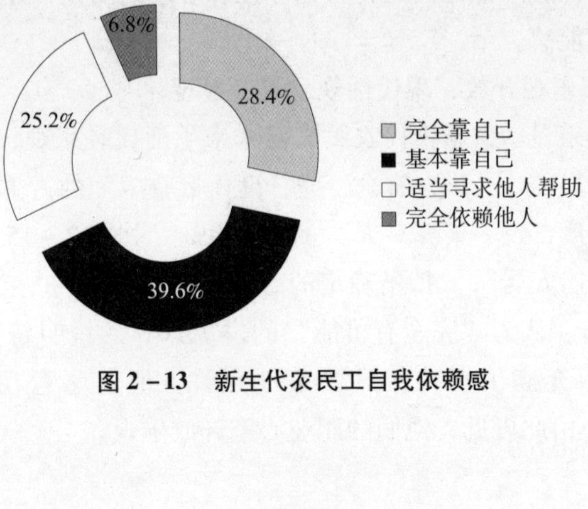

图2－13　新生代农民工自我依赖感

在田野调查中发现，新生代农民工远离家乡，远离亲人，“在遭遇一些工作和生活问题时，应该对自己有信心”，“他人帮得了一时，自己才帮得了一世”，强烈的自我依赖感溢于言表。

问卷调查结果显示，新生代农民工的自我效能感较第一代农民工明显增强。他们对于自己的职场生涯发展有着“强烈自信”的占25.2%，“比较自信”的占36.4%，“说不清楚”的占16.8%，“缺乏自信”的占12.4%，“非常缺乏自信”的占9.2%（如图2－14所示）。

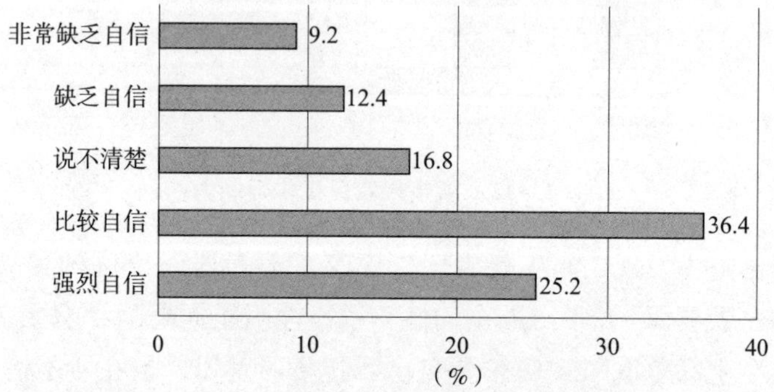

图2－14　新生代农民工对职场生涯发展的自信心

在田野调查中也发现，新生代农民工认为“自己只要努力，就能有较好的前程”，“一切会越来越好，只要我们努力争取和进取”。他们对于自己的职业前程充满了信心与期待。

对于新生代农民工来说，流动以及因流动而获得的社会阅历能够帮助农民脱离土地的束缚，开阔他们的眼界，增加他们对新生事物的接受性，尤其是对异己事物的宽容性，降低他们的行为保守性和心理封闭性，并增加他们的自我依赖感和自我效能感。

3. 职业心态乐观开放，现代性观念日渐显现

问卷调查结果显示，新生代农民工对未来生活比较乐观，“认为未来会越来越好”的占80.4%，“认为前途渺茫，没什么希望”的占11.6%，“对未来持有无所谓的态度，过一天算一天”的占8.0%（如图2－15所示）。对“是否可以在城市买房安居”，“持不确定的态度”的占56.4%，认为“完全不可能”的占18.0%，认为“完全有可能”的占25.6%。说明新生代农民工对未来城市职场生活充满了期待，只要条件允许，他们愿意在城市生活（如图2－16所示）。由此可见，他们的职业心态开放乐观。

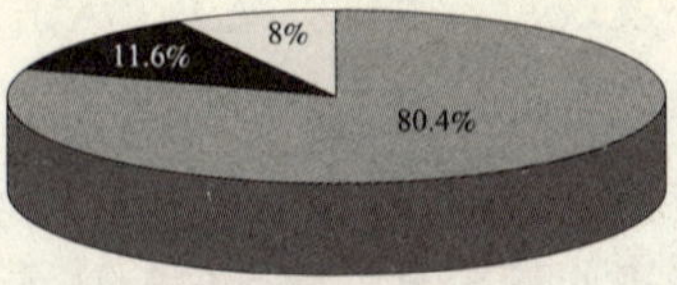

图 2 – 15　新生代农民工对未来生活的态度

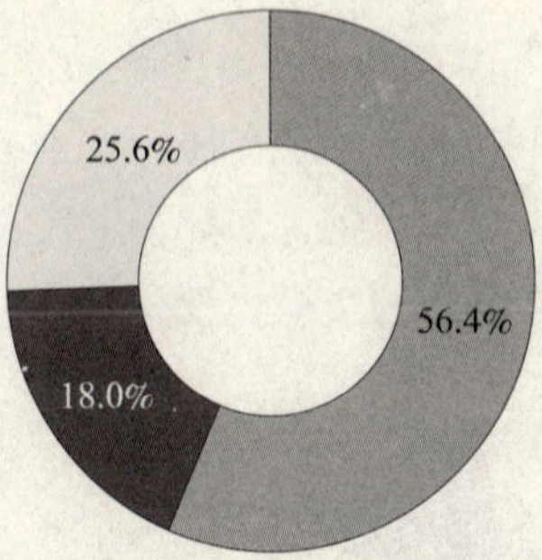

图 2 – 16　新生代农民工对在城市买房安居的态度

在田野调查中，我们发现，新生代农民工为城市社会进步、经济发展贡献了自己的智慧和汗水，在长期的城市建设中，培养了对城市的感情，在长期的城市生活中，逐渐适应了城市的生活方式和生存环境，特别是部分“打工精英”的示范效应，更强化了新生代农民工融入城市的意愿和对城市的归属感，培育了一种开放的现代性心境。新生代农民工群体特征中蕴涵着日渐增强的现代性元素，特别是“自信心”、“时间感”、“重视技术技能”、“渴望融入城市社会，成为城市市民”等现代性观念更加突出，新生代农民工逐渐意识到在城市生活中，“不敢面对竞争，将永远无法摆脱贫困命运”。

4. 就业“软技能”明显缺失，个人适应性水平不高

在田野调查中，我们发现，新生代农民工的就业“软技能”与职场要求有着较大的差距。目前，雇主看重新生代农民工的工作态度、职业道德、职业操守、人际关系处理、自尊自爱等心理品质，用人单位也非常重视员工的团队合作意识、人际沟通能力、责任心和吃苦耐劳精神等就业“软技能”。不少企业管理者认为，新生代农民工“工作责任感与合作意识差，不注重细节，心理承受能力差，人际关系处理能力差”。

在田野调查中，我们还发现，新生代农民工个人适应性水平不高。他们心气高能力不足，工作期望值高与自身能力不够形成强烈反差；耐受力低，新生代农民工普遍要经历1～3年时间才能完全适应，有超过10%的人一直觉得不能很好地适应，时时有被城市职场繁重劳动压垮的感觉；耐挫性弱，新生代农民工没有经历过传统社会的深刻磨难，一旦遇到现实生活的不如意，工作的挫折，就容易垂头丧气，一蹶不振。这些不足之处在某些个体身上不恰当地放大，容易形成职业枯竭。

5. 职业生涯规划能力缺失，职业发展指向性不明晰

问卷调查结果显示，新生代农民工“有明确的职业生涯规划”的占2.8%，“有暂短的职业计划”的占14.2%，“没有任何职业打算”的占83.0%（如图2－17所示）。从调查结果可以看出，绝大多数新生代农民工并没有任何职业生涯规划，他们如水上浮萍，漂在城市的边缘，没有明确的职业目标。

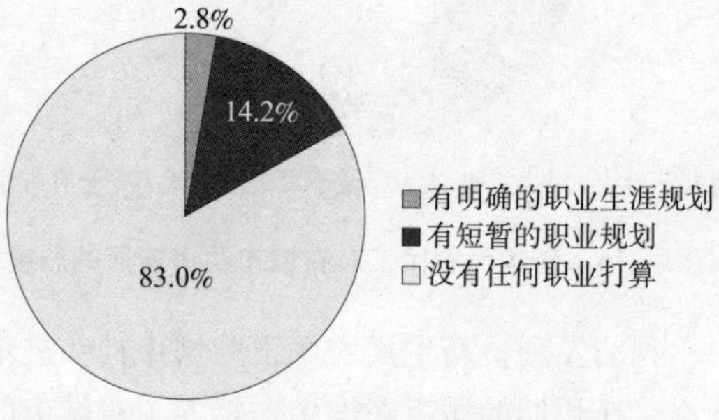

图2－17　新生代农民工制定职业生涯规划情况

在田野调查中也发现，大多数新生代农民工甚至不知道什么是“职业生涯规划”，对于未来没有清晰明确规划。职业心理学告诉我们，职业目标是把需要转化成职业动机的诱因，目标的内在化必然导致动机的内在化、持久化。因此，没有职业生涯规划的新生代农民工，职业发展指向性不明确，势必陷入职场人生的迷茫之中。

（四）新生代农民工就业选择能力

就业选择能力主要包括职业动机、职业声望、职业理想、创业意识和跨行业（企业）就业能力等，它对于新生代农民工职业生涯发展起着导向性作用，这也是他们获得体面的工作，过上有尊严的生活的保证因素。

1. 职业动机内容丰富，职业选择机会较多

问卷调查显示，新生代农民工的职业动机和老一辈农民工有很大的不同。

从他们求职时所关心的内容（多项选择）来看，新生代农民工注重工资和福利待遇（80.4%）、是否有发展前景（47.2%）、职业培训（33.6%）、工作时间和休息休假（28.4%）、社会保险（19.6%）、劳动安全与卫生（17.6%）、是否受到尊重、劳动合同期限（12.8%）、工作内容和地点（11.2%）、能够和老乡朋友在一起（2.4%）。新生代农民工进城务工绝不仅仅只是为了挣钱，更是为了谋求自身的发展。待遇是他们关注的一方面，但是更吸引他们目光的，是自身技能的提高和权益的实现。就职业动机来说，他们更看重自己“事业的发展”，是抱着干事业、开阔眼界的理想进入城市的。他们不仅要解决生存问题，更重要的是追求城市的现代化生活方式，职业动机兼有“经济型”和“发展型”。

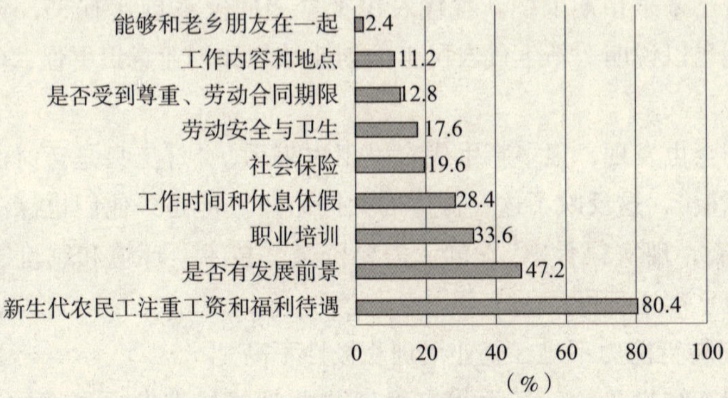

图 2－18 新生代农民工求职时关心的内容

在田野调查中，新生代农民工在谈及更换工作的原因，除了“由于工资低、希望有更高的薪水”之外，他们还非常注重“工作是否有发展机会”，这更充分说明新生代农民工将工作与未来职业生涯发展结合在一起，更注重工作的前景。对于新生代农民工而言，就业背景、家庭环境和个人文化技能水平等较老一辈农民工有所不同，为他们外出就业创造了相对宽松的环境，他们对劳动权益的诉求向更高层次发展。用他们的话来说，“那种工资不高、吃住不包、合同不签、保险不上、发展不大的单位，只有傻瓜才去”。他们就业选择“不仅看重工资，更看重福利待遇、工厂环境、企业声望以及发展机会等”。当就业目的不再以金钱为唯一标志，他们也就有了更多选择的机会，即“体验生活，实现梦想”。

2. 职业声望明显向上，职业选择动力增强

在田野调查中发现，新生代农民工对职业声望有更多的追求。相比第一代

农民工，新生代农民工拥有较少的传统观念，具备更多的市场取向，在社会地位的获得和实现自我价值上有更多的期望；新生代农民工表示“自己的乡土依恋情结逐渐淡化和转移”，对城市的认同感较高，强烈的市民化意愿使其成为急需市民化且易于市民化的群体。从事职业声望高的工作是这个劳动者群体的美好愿望。新生代农民工有希望从事声望较高职业的“偏好”，这是发展的需求和自我实现的需要，这种愿望是合情合理的。职业声望的变化是促使新生代农民工进行职业选择的一种重要动力。

3. 职业理想高远，创业欲望强烈

问卷调查显示，有38.4%的新生代农民工希望在未来一年中能够创业当老板；在所需要的培训中，有55.6%的新生代农民工希望获得创业知识的培训；在对自己未来预期上，新生代农民工希望回家乡创业有37.6%。以上三个调查结论足以说明，新生代农民工的创业欲望和创业意识更强，他们的职业理想更加高远。

田野调查也发现，很多新生代农民工也表示，“打工只是暂时的，自己的目标是做老板”，这反映了这一群体的共同心声。但是，他们也深深地感知到“理想很丰满，现实很骨感”，创业需要资金、技术、环境和制度支持，这一切离他们似乎都遥不可及。

4. 转岗转行能力不足，企业培训积极性不高

问卷调查结果显示，新生代农民工“总是想寻求发展更好的工作机会”的占58.4%，“有时会想寻找发展更好的工作机会”的占22.4%，“只想老老实实干好眼下的工作”的占19.2%（如图2－19所示）；同时，新生代农民工又表示，跨行业变换工作，让自己“感到很大压力”的占49.6%，“感到压力一般”的占32.4%，“感到压力很小”的占18.0%（如图2－20所示）。由此可见，大部分新生代农民工转岗转行的愿望很强烈，希望能找到待遇更优，发展前景更好，职业声望更高的工作，但是，在经济转型、产业升级的紧要关头，对于转岗转行，却又感受到很大的心理压力，深感自己能力不足，总是纠缠于这种矛盾心态之中，不能自拔。

田野调查也发现，有部分新生代农民工乐于主动“跳槽”，认为“只要有真本事，就会拥有更多更好的就业机会”，甚至自信满满地认为“此处不留爷，自有留爷处”，对于自己的跨行业（企业）的就业能力深信不疑。但大多数新生代农民工依然希望能做好眼下的工作，保住自己的“饭碗”，不敢轻举妄动，主动离职，另寻工作。这说明，他们对于自己的转岗转行能力缺乏自信。

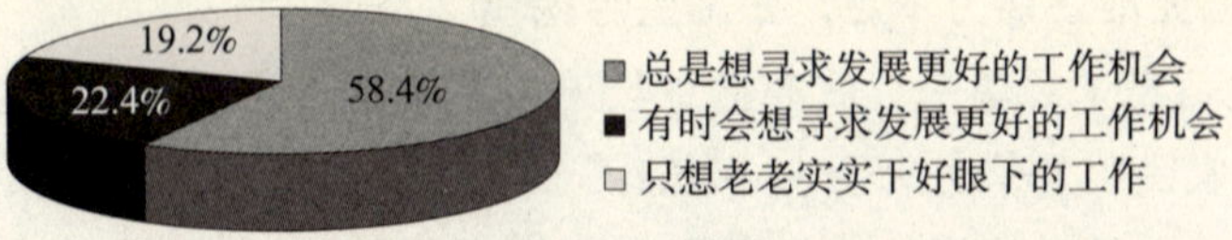

图 2－19 新生代农民工寻找更好的工作机会情况

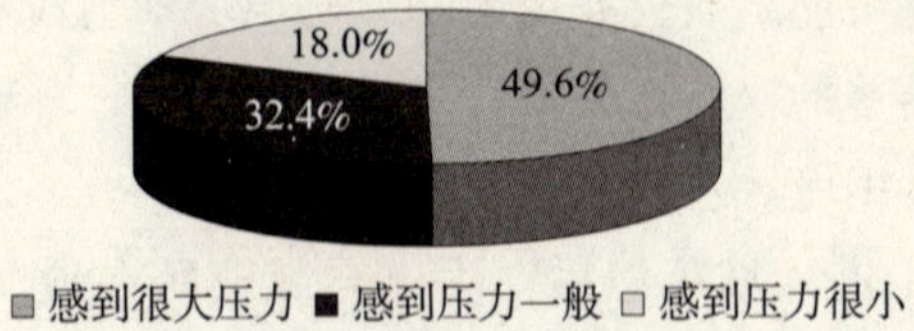

图 2－20 新生代农民工跨行业就业压力

对于新生代农民工而言，他们在接受自己身份的同时，有了更多的追求，比如职业认同感、职业声望、职业理想等。他们希望从事自己认可、受人尊敬、具有前途的职业，希望在工作中带来高度的心理满足感，如自尊、荣耀、充实、希望等美好的情感因素。在无边界职业生涯时代，他们有更多的机会，不再是在某一个企业里固定地工作，而是不断地从一个企业到另一个企业去寻求对自己最有利的机会，职业发展呈现出跨企业、跨行业的自我发展倾向，这不能不说是一个“打工者”时代变迁的缩影。

但是，在田野调查中也发现，企业主和人力资源主管却并不认可新生代农民工的转岗、转行能力，甚至认为他们“眼高手低”，“这山望着那山高”，在强化新生代农民工职业技术培训中，心存疑虑，“担心自己企业花钱培训技术工人，却落得替他人做嫁衣的下场”，因此，对于进一步加大新生代农民工职业技术培训的积极性不高，投入的力度不大。

二、新生代农民工就业能力存在的主要问题

新生代农民工就业能力随时代发展变化而不断提升，较第一代农民工而言，他们的就业准备能力、就业胜任能力、就业发展能力和就业选择能力都有了长足的进步，这是令人欣慰的讯息。但是，经济转型、产业升级已成为江苏经济社会发展的主旋律，相对于城市人口来说，新生代农民工的就业能力依然处于劣势地位，这也是毋庸讳言的事实。经前文的梳理和分析，我们认为，新生代农民工的就业能力主要存在以下问题。

（一）就业准备能力不足，面临生存困境

1. 就业信息来源单一，就业信息收集、整理能力低下，导致生存困境

新生代农民工的信息来源、寻找工作的方式等，更多地依赖亲缘地缘社会关系网络。势必导致他们就业范围狭窄，主要集中在建筑业、制造业和低端服务型行业。当下，一则因为经济转型、产业升级，大部分农民工缺乏足够强的就业转移能力，很有可能陷入失业境地；二则因劳动力成本不断上升，机器人代替人力资源从事简单的操作性劳动，已是大势所趋，导致从事简单劳动的新生代农民工陷入生存困境。

2. 新生代农民工进入城市以后，由于与就业所在地文化的不适应，出现“闪离”现象，导致生存困境

他们来到城市后，主要面对的是一个不熟悉的、充满“陌生人”的世界。他们在乡土社会中所建立的那些社会联系大都被远远地抛在了家乡；他们在那个社会所遵循的那些规范和观念，也在这个充满陌生人的城市社会中变得越来越不适应。他们原来的那些社会联系由于他们外出打工的行为而被无可奈何地、强制性地割断。因此所造成的一个直接后果是，农民工自身在城里形成了一种社会的和心理上的结构性紧张和危机。于是，从城市“闪离”，成了部分新生代农民工最无奈的选择。

3. 职业自我认知能力不足，择业容易出现随意性，难于实现“人职匹配”，导致生存困难

对于职业兴趣、爱好、职业价值观、职业能力倾向等职业性向，新生代农民工或者闻所未闻，或者认识模糊，势必影响他们自己的职业洞察力，陷入“就业—失业—再就业—再失业”的怪圈，他们在一个个自己并不熟悉且不相匹配的职业间“流浪”，生活陷入困顿就在情理之中了。

4. 情感支持系统的缺失，容易引发严重的心理问题，导致生存困难

对于在城市务工的新生代农民工来说，亲情无从享受，城市难以融入，社区支持微弱，情绪失衡、情感孤独。特别要指出的是，新生代农民工在城市遭受的社会排斥十分严重，使他们仍与城市有很大的社会距离，不能完全融入城市。农民工群体与城市市民群体之间存在严重的“心理隔阂”，形成农民工城市生活的另一种“内卷化”状态和“心理孤岛”现象。农民工在城市居住“有居所没有家园”、在城市工作“有职业没有事业”、与城市市民共同生活“有交往没有交流”，农民工在城市处于一种“镶嵌式”状态，基本上被排斥在城市主流社会支持网之外，社会资本匮乏。

在社会人格方面，对农民工的“污名化”过程相当普遍地存在。肮脏、粗鲁、野蛮、偷盗、不礼貌、不文明等这些人性低劣部分，似乎天然正当地加在农民工身上。于是，当新生代农民工满怀希望进入城市以后，他就不再可能作为一个自主的人，而是必须作为受歧视群体、劣等群体的一份子开始与城市居民的日常互动，他们必须要面对甚至接受、固化对这些先于他们形成，而实际上可能与他们并没有直接关系的歧视、排斥和“污名”。

另外，新生代农民工始终奔波在城乡之间。在城市中工作，又不能在城市中安家居住，“拆分式”的生活方式虽然使企业支付了较低的工资，但另一方面又使新生代农民工保留了对城市和工厂、农村和土地的二元忠诚，使农民工成为一个独立的、流动的群体。他们长期在城乡之间奔波，始终处在城乡的摇摆之间，无法形成熟练的技术工人阶层，影响了企业长远发展和产业升级，同时，也带来了其他的社会问题。

（二）就业胜任能力不适，面临成长困境

1. 新生代农民工学历层次不高，职业迁移能力孱弱，导致职业成长困境

前文已述，新生代农民工的学历层次相对于老一辈农民工而言，已经有了长足的进步。但是，相对于城市就业人群来说，他们的学历水平依然处于劣势。学历水平是职业迁移能力的主要体现，在就业竞争日趋激烈的今天，很多企业在设置就业门槛时，学历层次是基本要求。2009 年，中国人力资源市场信息检测中心发布的统计显示，从用人单位的要求看，87% 的用人单位对求职者文化程度有要求。要求高中文化程度的比重为 38. 3%；要求初中及以下文化程度的比重为 26. 8%；要求大专以上文化程度的比重为 21. 8%。在田野调查中，我们发现，由于苏南地区的产业结构以先进的制造业为主，对于员工的学历层次的要求则更高，外资企业、台资企业、规模较大的民营企业在招聘新员工时，超过 50% 的岗位要求是高职和大专及之上的学历水平。在这种用工背景之下，新生代农民工的学历层次明显不合要求。在江苏省率先实现现代化的进程中，新生代农民工必然会陷入职业成长困境。

2. 新生代农民工职业技术不强，岗位胜任能力薄弱，与企业发展匹配能力明显滞后，导致职业成长困境

前文已述，在新生代农民工中，“受过简单操作训练”的占 36. 8%，“从未受过职业技能训练”的占 43. 6%。即便是受过职业技术培训的新生代农民工，在经济转型、产业升级的时代背景下，他们的职业技术水平也难以适应岗位需求，与企业发展匹配能力明显滞后，职场竞争力薄弱。因此，顺应时代发

展潮流，不断与时俱进，加强新生代农民工职业技术的培养培训，提升他们的“劳动力品质”，已成为不二选择。否则，新生代农民工的职业岗位胜任能力只会越来越薄弱，导致其职业成长困境。

3. 新生代农民工就业稳定性不够，企业培训愿望缺失，导致职业成长困境

前文已述，新生代农民工就业稳定性较低，相对于老一辈农民工来说更换工作更加频繁。他们在变换工作的过程中，试图体现自己的人生价值，本来无可厚非。但是，对于企业管理者来说，则会打击其培训员工的积极性。从发达国家的经验来看，稳定的雇佣关系是在职培训得以开展和延续的前提。德国模式正是“低辞职率 + 高培训水平”的均衡形态，稳定的雇佣关系是企业弥补培训成本的前提。德国企业愿意提供职业技术技能培训的动力在于以下的激励机制：“长期稳定的雇佣关系—当前企业对员工具有的信息优势—当前企业对员工形成买方垄断势力—利用这种垄断势力当前企业可以通过压缩工资结构获得人力资本投资的回报”。目前，新生代农民工的高流动性使企业在职培训投资的外溢效应十分明显，严重抑制了企业培训的发生，这样势必又会导致其职业成长困境。

从根本上说，目前新生代农民工总体文化程度依然不高，职业技能缺乏，是造成其收入低、保障差，职业选择和就业空间狭小，以及就业竞争力不强的主要原因。从长期来说，限制农民工提高就业地位和进入更高层次职业的主要障碍将是新生代农民工自身的人力资本。

（三）就业发展能力不强，未来无方向感

1. 就业“软技能”不足，阻碍了新生代农民工城市职场的适应和人格的完善，导致未来无方向感

在苏南地区，城市化、工业化和现代化进程发展迅猛，受体制和自身素质的约束，新生代农民工生存和发展的机会与挑战并存，理想与现实交织碰撞，在心理上往往处于尴尬的境地，极易出现各种心理问题：相对剥夺感和不满情绪强烈、过客心态和抵触情绪蔓延、自卑心理和孤独情绪明显，务实精神不足，敬业精神较差；工作持久性差，职业流动率较高。新生代农民工在如何处理人际关系（特别是与雇主的关系）方面经验明显不足。因此，他们感到前途迷茫，心力憔悴，职场发展前景暗淡，未来无方向感，直至感受到职业枯竭。

2. “身份认同”处于尴尬境地，既不能融入城市社会，又无法回归农村

社会，未来发展无方向感

新生代农民工并不是真正的产业工人，产业工人可以通过劳动在城市中居住生活，但新生代农民工虽然工作在城市，拥有的却是残缺的生活，社会地位处在城市社会分层结构的最下层，他们被边缘化，被排除在城市的政治、社会、经济和文化生活之外。对老一代农民工而言，外出打工不过是增加家庭收入的手段，而非改变身份的途径，即使在城市中遭遇挫折或是失败，还有家庭和土地作为退路，土地为他们解除了后顾之忧、化解了外出的社会风险，所以在经济上对城市没有产生依赖，在心理上对城市没有归属感，比较认同他们的农民身份。相反，务农经历越少，对农村规则、乡土观念的认同不那么强烈的新生代，已经接受和习惯了城市的生活方式，希望在城市中生活的愿望要比老一代清晰明确，但面临的现实问题是他们在户籍上依然是农民，面对着既不能融入城市社会，又难以回归农村社会的现状，他们处在“农民”与“市民”之间的尴尬处境。有的新生代表示出了无奈的情绪：“城市的繁荣有我们的功劳，却没能留下我们的脚步，我们只是无奈的打工一族。”未来的不确定，是他们“心中永远的痛”。

3. 职业生涯规划能力不足，导致未来无方向感

前文已述，问卷调查结果显示，新生代农民工职业生涯规划能力明显不足，而职业生涯规划是贯穿职业全程的渐进性的安排过程。由于新生代农民工大多是刚从学校出来的年轻人，他们对于自己的职业性向不了解，人生观和职业价值观尚未定型，实际职场经历匮乏，不了解社会职业环境，易受各种外界因素的干扰，对职业发展没有坚定的信念和勇气，致使职业目标不明确，难以实现职业实践与职业目标结合，严重影响就业竞争力和职业空间的拓展，于是“只能漂在城市，过着没有未来的生活”。

（四）就业选择能力不够，工作无话语权

1. 转岗转行就业能力明显不足，就业岗位适应能力有限，工作行业选择权利不强，导致工作无话语权

前文已述，新生代农民工以学历水平、职业技能等因素为主要标志的人力资本依然处于劣势，以城市融入水平、情感支持系统等因素为主要标志的社会资本匮乏，新生代农民工就业稳定性低下导致企业培训的积极性不高，他们获得职业培训的机会较少，因而，“被就业”理所难免，在经济转型、产业升级的今天，新生代农民工的工作没有话语权就成为其职场生涯的必然遭遇。

2. 创业愿望强烈与创业基础薄弱的矛盾，创业理想难于实现，导致职业

生涯发展无话语权

新生代农民工在极少数“打工精英”的示范作用下，他们有比较强烈的创业愿望，或者希望自己能在就业所在城市通过自己的打拼，获得创业的机会，或者希望自己通过在城市的职场经历，在条件允许下回到家乡进行创业。但是，先天的素质制约，后天的教育培训机会缺失，新生代农民工难以积累足够多的资金、工作经验、市场意识、经营理念和管理能力等，为自己创业提供保障，导致他们的职业理想难以实现，职业生涯发展没有话语权。

第三节　提升新生代农民工就业能力的对策

就业能力将个人特点和个人适应性与劳动力市场的情况和动向连接在一起，就业能力建设也演变成为一种由政府、用人单位和劳动者共同分担的责任。毋庸讳言，新生代农民工就业能力提升是一个系统工程，因而，必须由教育、人力资源和社会保障、发展改革、财政等部门、用工企业和社会各界共同努力，协调推进。但是，教育培训是提升新生代农民工就业能力的最主要、最有效途径之一。为此，本研究从政府部门承担责任、用工企业主动担当、新生代农民工自觉参与等角度，深入探讨教育对策，以期形成合力，达到开发和提升新生代农民工就业能力的目的。

一、政府部门承担责任：提升新生代农民工就业能力的前提保障

（一）明确战略地位，打造品牌意识

为了响应党的十八大“全面建成小康社会”的伟大号召，推动江苏“率先实现现代化”的宏伟目标，江苏省应把基于提升新生代农民工就业能力的教育培训上升到“江苏战略”。在苏锡常等苏南地区活跃着数以千万计的、来自苏北及外省的新生代农民工，他们为当地的经济建设、社会发展贡献着自己的聪明才智。当下，苏南地区的各个城市都在着力打造“幸福城市”，新生代农民工理应享受经济、社会发展带给他们的福祉。但是，在经济转型、产业升级的重要关头，他们的就业准备能力、就业胜任能力、就业发展能力和就业选择能力明显不足，因此，针对新生代农民工就业能力的教育培训应上升为“江苏战略”的高度。从发达国家的经验来看，教育培训能起到直接培养迁移性人口生产力的作用，是直接促进社会稳定和产业升级、实现经济腾飞的利器。特别是德国通过发展职业教育培训，最大限度地提升了劳动力的就业能

力，实现了优质就业，确保了德国人民的安居乐业、社会和谐。目前，新生代农民工就业能力不足，就业质量不高，是推动“加快转型升级、建设幸福江苏”的重要瓶颈。因此，建议提高定位，及时把基于提升农民工的就业能力的教育培训上升为“江苏战略”，把加强新生代农民工的教育培训作为主要的经济、社会政策，摆在各级政府工作的突出位置，并将其纳入国民经济和社会中长期发展规划及年度计划，纳入市县两级党政领导工作目标和考核指标，使这一战略目标落到实处，取得实效。通过这些超前的、创造性的工作，在全国率先打造提升新生代农民工就业能力的品牌。

（二）强力推动“十二年制”义务教育

义务教育强调普及性、强制性、公共性，它的实施和发展是人口素质提高的必然途径，也是衡量一个国家或地区现代文明程度的最基本标志之一。长远来看，适当延长义务教育年限不仅是经济由“汗水经济”向“智力经济”转型的现实要求，也是一个国家社会各阶层能够实现充分流动、推进社会公平的最合理途径。延长义务教育的年限，从而奠定社会进步的基础，是政府的一种责任和努力的方向。江苏的经济社会的发展水平已经为延长义务教育年限奠定了良好的基础，为了真正实现率先基本实现现代化的宏伟目标，适时颁布江苏省的地方性法规，强力推行“十二年制”义务教育，是缩小苏南苏北之间的地区差别和城乡差距的重要手段，是促使城乡教育由“非均衡发展”向“均衡发展”迈进的根本举措，是提升农村潜在劳动力就业胜任能力的坚实基础，也是实现党的十八大提出的“权利公平、机会公平、规则公平”的合理途径。

（三）强化优化职业技术教育

毫无疑问，加强江苏省的农村职业技术教育，是实现农村劳动力转移的重要手段。当前，我们要做好的工作重点之一就是促使职业技术教育由“数量扩张”向“质量提升”发展，提高农民工的潜在“劳动力品质”。为此，从政府层面来说，我们要从宏观的、超前的角度，花大力气做好两项工作。第一，开展劳动预备制职业培训，实施学历后的职业教育。为了避免那些完成了“十二年制”义务教育，但未继续升学的农村青年过早进入劳动力市场，解决由于低年龄、低技能新生代农民工就业后产生的文化冲突、心理冲突等问题，有目的地开展以核心技术、技术技能、职业认识、职业生涯规划等为主要内容的全面系统的职业教育培训，时间定为6~12个月为宜，帮助其在就业前掌握一定的初级职业技能，掌握在职场生活中必需的人际交往能力、自控能力、城市生活能力，掌握就业必备的“软技能”，为其实现体面就业打下基础。第二，推动建立“职业培训联盟”。为了顺应江苏经济转型、产业升级的需要，为建设现代产业体系提供技能人才支撑，为了最大程度地提升新生代农民工的职业适应性水平，建议江苏省大力推行“职业培训联盟”，设立以政府为导向，企业为责任主体，多种社会团体参与的职业培训体系，制定并出台“江苏省职业培训联盟实施办法”，采取省市共建、单独组建、行业协会构建等多种模式，苏南苏北协同互动一盘棋，促进职业培训区域协调和城乡协调发展，以达到不断提升新生代农民工就业胜任能力的目标。

（四）构建完善职业培训信息及职业咨询服务平台

新生代农民工职业信息来源单一，就业信息收集、整理、判断能力低下，职业自我认知能力不足，是制约其就业准备的基本因素。为此，从政府层面来说，应构建完善的职业培训信息及职业咨询服务平台，以提升新生代农民工的就业准备能力。第一，建立由政府完全投资的职业培训信息平台，由人力资源管理部门牵头，建立职业培训信息预测预警机制，专门负责收集、发布劳动力市场需求信息，并在此基础上发布有针对性地、可能提供的职业培训信息，使新生代农民工在流入地能及时获得准确的就业岗位需求和职业培训信息，不至于“盲流”、“盲动”，不至于“隐身”、“闪离”，可以极大地提升他们的就业准备能力。第二，建立公益性的职业咨询服务平台。职业咨询在国外已经相当普及，但在国内还属新生事物。为此，我们建议江苏省要敢为人先，由政府牵头，在省、市、县的人力资源管理部门成立职业咨询机构，专业职业咨询师可以为新生代农民工提供下述相关服务。（1）职业心理咨询。职业心理咨询是通过一对一的方式了解新生代农民工的职业心理困惑，经过平等协商，探讨解决其职业心理问题的方法，使新生代农民工能清楚地认识自我，认识职业社会，使他们能更好地适应城市职场生活。（2）职业心理素质拓展。主要是培训新生代农民工个体的职业心理素质，弥补其自身能力和学识方面的不足，着重培养其积极心态、交往能力、抗挫折能力、心理调整能力和健全人格等，以增强其职业自信心。（3）职业心理测评。主要是测量新生代农民工的心理健康、职业兴趣、职业价值观、职业能力、职业能力倾向、职业人格特征等，对测评结果进行个体分析，出具职业测评报告，并建立心理健康档案和职业心理档案。（4）团体心理辅导训练。主要是运用团体辅导的手段和方法对团体进行训练，着重训练培养新生代农民工的职业道德、自主意识、团体意识、沟通技能、意志力、适应力、领导力和信任感。（5）职业规划指导。职业咨询师协助新生代农民工设计好职业规划，使其明确自己预期的目标，并以此为依据不断主动开发潜能，提高综合职业素养。（6）职业心理危机干预。在新生代农民工陷入心理危机时，进行及时、高效、规范、科学的危机干预。通过这些职业咨询服务，可以解决新生代农民工的职业心理问题，提升他们的就业发展能力。

（五）充分发挥行业协会的作用，制定“行业入职标准”

发达国家的经验告诉我们，行业协会在职业人群的就业能力的培养过程中应该起着无可替代的作用。1994 年美国国会成立的国家技能标准委员会（NSSB）督促政府、企业界、教育界和各种劳工组织重视就业能力并制定技能标准，还推动了 1998 年的“劳动力投资法”和“卡尔·D. 帕金斯职业技术教育法”的出台。这对于我们的启示是，在我国尚无先例的前提下，江苏省政府要利用发挥自身的优势，以行业协会为主，联合企业界、教育界的力量，制定具有强制性的“职业技能标准”，行业协会做好“行业入职标准”，这样做的好处是，可以激发新生代农民工用人单位的培训热情，遵照相关规定培训在职新生代农民工的职业技能，对于新入职的新生代农民工则能有依据地设定入职门槛，间接地促进他们自我提升就业能力的意愿，以达到提升新生代农民工就业胜任能力的目的。

（六）形成具有江苏特色的开发和提升新生代农民工就业能力的法规政策体系

围绕《中华人民共和国职业教育法》等重要法律，国家先后出台了一系列重要政策文件，首次以国务院名义印发《关于加强职业培训促进就业的意见》，中组部和人社部联合制定并颁发《高技能人才队伍建设中长期规划》，教育部、农业部等九部门联合颁布《关于加快面向农村的职业教育的意见》等。江苏省也先后出台了颁布相关法律法规，如《江苏省人民政府关于大力发展职业教育的决定》、《江苏省实施〈中华人民共和国职业教育法〉办法》、《江苏省教育厅关于实施江苏省职业教育创业行动工程的意见》等。这些政策将职业能力建设纳入到全省社会发展规划的部署中。但是，针对新生代农民工的就业能力培养的相关法律法规尚是空白。为此，我们建议，要尽快出台针对性、操作性强的地方法律法规，对新生代农民工就业能力培养培训资金筹措、责任主体、监督管理、考核评价、各利益方的权利义务等方面进行明确规定，形成具有江苏特色的新生代农民工就业能力开发和提升的法规政策体系，使新生代农民工就业能力提升具有强制性的法律保障。

（七）加快建立专家咨询制度

为了更加科学、高效地开展新生代农民工职业培训，不断提升新生代农民工的就业能力，江苏省政府人力资源管理应该建立专家咨询制度，充分发挥“智囊团”的作用，设立由政府、省内外职业教育专家、经济学家、企业管理者、社会学家、心理学家、行业协会等有关代表组成专家委员会，对基于江苏省新生代农民工就业能力开发和提升的职业培训发展方向、制度设计、重大政策及标准审定进行研究，提供决策咨询，提出科学化的建议，督促相关部门实施。

二、用工企业主动担当：新生代农民工就业能力培养的主体力量

（一）企业应成为培训的责任主体

从德国、美国、英国和韩国等发达国家的经验来看，解决转移劳动力职业培训，提升其就业能力问题，首先要以企业作为培训的责任主体，政府的公共政策（包括培训投入）不可动摇的理念旨在促进高效的企业培训，而不是取而代之。德国的学徒制长期以企业为核心提供在职培训，由企业招募和筛选学徒，由企业组织实施培训内容，由企业承担大部分的培训费用，实践结果表明，企业和员工都从职业培训中获益。有些研究者将职业培训视为和学校教育一样的公共物品或者准公共物品，因此，主张由政府直接供给培训的产品和服务，但是从上述各国的实践经验来看，这种做法并不可取。Parson（1990）的分析指出，政府直接提供培训常常出现效率低下的弊端，主要是因为政府的集中决策难以处理成千上万的技能需求和工作培训的供给机会，政府要认识到需要提供或减少哪些培训，这是一项艰巨的协调工作。英国在对培训制度改革的过程中曾经以政府培训作为缓解技能短缺的对策之一，结果由于培训内容缺乏吸引力，反而降低了员工参与培训的兴趣。这对于我国解决旨在提升新生代农民工就业能力的职业培训问题，具有重要的启示作用，即要坚定一个信念——企业才是新生代农民工职业培训的责任主体。

（二）确定培训目标

在我国全面建成小康社会的宏观背景下，在江苏率先实现现代化的区域背景下，在经济转型、产业升级的社会背景下，我们应该紧紧围绕新生代农民工的“身份转变”，提升其就业能力这个根本点，来确定培训新生代农民工的基本目标。即通过以企业为主的各种培训，促进新生代农民工实现“农民—农民工—工人—技术（技能）工人—市民”的“身份转变”，这样，通过培训，使新生代农民工感受到自己的职业愿景和生活愿景在逐步实现，能“融入企业、融入社区、融入城市”，能不断提升自己的就业胜任能力、就业发展能力、就业选择能力，能获得体面的职业，过上有尊严的生活。

（三）建立“联合培训”的工作机制

企业作为培训的主体，只有在政府的指导协调下，在政策指引指导下，联合社区大学、行业协会、培训机构和高职院校，共同开展新生代农民工就业能力的培养培训。(1) 联合“新市民学校”和社区大学，立足于培养新生代农民工面向现在和未来生活所必需的认知能力、文明素养和职业道德等综合性市民素质，不断提升他们的就业“软技能”，建立起情感支持系统，迅速“融入企业、融入社区、融入社会”，提升其就业准备能力；(2) 联合行业协会，针对新生代农民工分门别类地进行职业技术技能的培养与培训，不断提升他们的就业岗位胜任能力；(3) 联合高职院校，针对企业骨干进行高层次学历教育，促进新生代农民工不断学习新技术、新技能，不断提升文化水平，不断提高企业管理水平，加强培养创业能力，使这些“打工精英”成为其他新生代农民工的示范榜样，为其将来创业创造条件，真正提升其就业选择能力。另外，在高职院校生源不断萎缩的现实状况下，通过注册制入学已成为必然选择。具有高中文化水平的新生代农民工，在其有一定的经济条件之后，应该成为高职院校的主要生源，对于企业、高职院校、新生代农民工三方来说，应该能形成多赢的局面。

这里需要特别指出的是，具有传统特色的“师傅带徒弟”的方式，应该是当下培养新生代农民工就业岗位胜任能力的有效途径之一。

（四）科学考评培训效果

作为培训主体的企业，当然应该成为各种培训质量的评价主体。不过，在评价过程中，企业应聘请政府职能部门、行业协会组织、培训机构等相关利益方共同参与，制定考核标准，严格考核程序，得出令人信服的考评结论，为新生代农民工颁发相应的职业技能等级证书，并将其作为获得政府专门设置的农民工专用培训费用的依据。

三、新生代农民工自觉参与：新生代农民工就业能力培养的内生动力

（一）树立并践行终身学习观念

经济转型、产业升级的时代对新生代农民工的就业能力提出了更高的要求，也要求新生代农民工必须树立并践行“终身学习”的理念，“终身学习”蕴含着“乐于学习”的内涵，而“乐于学习”正是伏吉特（Fugate）教授所提出的“适应性”组成要素之一。活到老，学到老，不断提升自己的就业发

展能力和就业选择能力，持续提高自己的职业适应性，不断提升自己的转岗、转行工作能力，促使自己在竞争日益激烈的社会背景下立于不败之地。

（二）持续提升自我“学习力”

学习力不够是制约新生代农民工就业能力提升的重要原因之一。对于新生代农民工来说，学习力主要由目标要素、经验要素、意志力要素和成就要素构成，各要素的质量相互影响着个体学习力的强弱，四种要素有机联系构成了个体的学习力体系。明确而合理的学习目标能够为经验的获得与吸收、意志力的养成与发挥提供方向性支持，为新生代农民工的职业发展指明前进的方向；丰富的经验能够强化学习目标和学习意志力，让新生代农民工具备完成工作所需要的能力；坚强的意志力能够为目标和经验提供动力支持，让新生代农民工能够迎难而上，直面职业发展中的困难与挑战；效率要素是学习力的外在表现，明确而合理的学习目标、丰富的经验、坚强的意志力共同作用推动新生代农民工学习效率的提升，学习效率的提升又使他们的学习目标更加明确而合理、经验更加丰富、意志力更加坚强。

为此，新生代农民工不断积极进行自我学习，在当今科学技术迅猛发展的时代，知识和信息的获得主要靠学习者本人。自学是人们取得知识和技能的重要途径。诺尔斯（Knowles）认为，只要个体存在，就必须从事自我学习，而且个体也具备自我学习的能力。新生代农民工应在工作中学习，在学习中工作，才能与时俱进，使学习成为一种消费，成为生活的一部分。在学习的内容上，不应仅限于职业岗位所要求的知识，必须重视与职业岗位相关性较强知识的学习。

同时，新生代农民工还要积极参与团队学习。彼得·圣吉指出：“当团体真正在学习的时候，不仅团体整体产生出色的成果，个体成长的速度也比其他学习方式为快。”团队学习可以推动个体学习的发展，新生代农民工之间应该形成学习合作的团队，共同计划学习，相互观摩、讨论，共同提高。新生代农民工结成团队进行学习，可以减少他们之间的“孤立”状态，促进新生代农民工之间的沟通、协调与合作。团队学习可以使他们建立起共同的学习目标，共享知识和经验，知识只有得到共享才能得到充分利用，集体的反思和集体的创造有助于创新型团队的形成，切实提高新生代农民工的创新能力。

（三）发展职业生涯规划能力

随着无边界职业生涯时代的到来，新生代农民工必须自觉提高职业生涯管理能力，在职业生涯发展方面自愿承担起更大的责任。合理的职业生涯规划为他们职业适应性培养指明方向，提供方法论指导。只有制定科学合理的职业生涯目标，才能有针对性地提高自身的就业能力。具体来说，新生代农民工在充分考虑社会需求的前提条件下，结合自身的职业兴趣、职业人格、职业价值观和职业技能等因素综合考量并制定职业生涯规划，并能随着职业环境的变化及时调整自己的职业生涯目标。而实施职业生涯规划需要新生代农民工进行自我管理，最大限度地根据自己的职业生涯发展规划来约束自己的行为，这就要求他们必须提高自我管理的能力，将自己的职业生涯规划落到实处。新生代农民工在实现职业生涯的过程中，应根据理想和实际工作环境的变化而做出调整，要学会动态地制定、管理和调整自己的职业规划，在日常的工作和生活中要不断学习和提高自己各方面的能力，找到实现自己目标的正确途径。另外，还要善于抓住机遇，促进自我发展，实现自己的目标。有意识、有目的、有针对性地提高与之相匹配的就业发展能力，保证自己的就业能力能得到持续性的提升和发展。

第三章

新生代农民工职业价值观研究

在心理学领域，职业价值观属于个性范畴，是价值观体系的有机组成部分，是人们对职业活动的价值判断，是人们事业追求的具体体现。职业价值观的核心是职业需要，它通过职业评价、职业动机、职业愿望、职业态度、职业理想等形式表现出来，对人们职业选择、工作目标、努力程度、自我实现等产生重大影响。但是目前国内职业价值观研究侧重于青年学生，而在职人员研究较少，其他社会阶层的研究更少。新生代农民工是社会弱势群体，研究这一人群的职业价值观，可以填补职业价值观相关研究方面的空白，也可以为用工单位制定用人决策、各级劳动部门制定相关政策提供科学依据。

第一节　职业价值观一般概述

价值观是个体观念系统的核心，那么它也能够指引个体采取决定和行动，在日常生活中体现为对个体的学习、生活和工作的指引。而体现在工作中，就成为决定个体职业行为的重要因素。

在国外，工作价值观（work values）和职业价值观（professional values）是有一定区分的。工作价值观一般用于指已参加工作人员的价值观念；而职业价值观更多的指未参加工作学生的价值观。尽管二者有所区别，但它们所反映的基本价值倾向是一致的，这也是由价值观是一种稳定的个性倾向性性质决定的。在国内，一般情况下职业价值观与工作价值可以不做严格区分。本书关注的则是参加工作的新生代农民工的价值观，关注在职人员的职业行为及其相关因素，因而采用“职业价值观”术语。

一、职业价值观的概念

职业价值观作为整个价值观念系统的一部分，它也具有一般价值观的一切属性，与一般价值观相互影响。职业价值观研究也是从 20 世纪二三十年代开始，到五六十年代逐渐发展成为心理学研究的热门话题之一。时至今日，人们的兴趣有增无减，国内外皆是如此。随着社会发展进入后现代与后工业时代，多元与变化成为社会的常态；在全球化的发展浪潮中，价值文化的强烈冲突与变革的快速剧烈，导致社会中的个体感觉无可依循，从而使价值观及职业价值观的研究主题持续受到关注。而在职业价值观研究中，首当其冲的仍是如何理解职业价值观，尽管经历几十年的研究和发展，人们对职业价值观的界定仍然难以取得一致。

从西方的研究来看，早期影响较大的，如 Super（1970）认为，职业价值观是个人所追求的与工作有关的目标，亦即个人的内在需求及从事活动时所追求的工作特质或属性。Zytowski（1970）则认为，职业价值观是介于个人的情感取向以及可提供与此情感取向相似满足感的各种外在目标间的一组概念。Kalleberg（1977）将职业价值观定义为“个体从工作有关的活动中得到想要的事物”。Pryor（1979）以“工作偏好”代替职业价值观，认为它是个体所喜欢的，而不是好的或应该做的。Elizur（1984）指出，职业价值观就是个体认为某种工作结果的重要程度。Hofstede（1998）把职业价值观看成是一种选择特定工作、工作环境的成果和特性的趋势。Ross（1999）则认为，职业价值观就是人们从某种工作中所能取得的终极状态或行为方式的信念。Schwartz（1999）认为，职业价值观是指人们通过工作达到目标或取得报酬，它们是更一般的个体价值观在职业生活中的表现。Duane（2002）指出，职业价值观是个体对自己在工作中所扮演角色满意的信念。国外的研究大多围绕在职人员展开，而且工作价值观概念具有较为明确的操作性特征。

从国内的研究来看，近些年来，工作价值观的研究也逐步兴起，涌现出了不少职业价值观方面的研究成果，学者也提出了各自对职业价值观的看法。赵喜、楼静波（1990）等认为，职业价值观是关于职业选择、职业生活的意义、职业等级等的价值评判，主要表现在职业价值取向、职业选择原则、职业活动报酬的期望等问题上。宁维卫（1991）则指出，职业价值观是人们衡量社会上的各种职业优点、意义和重要性的内心尺度，它属于个性倾向性范畴。黄希庭（1994）认为，职业价值观是人们对社会职业的需求所表现出来的评价，它是人生价值观在职业问题上的反映，是人生价值观的一个重要方面。吴铁雄等（1995）指出，工作价值观是个人与工作有关的持久性信念与标准，个人据此表现工作行为、追求工作目标。俞文钊（1996）认为，职业价值观是个人对职业乃至整个人生所产生的比较稳定的个性倾向性。凌文栓等（1999）认为，职业价值观是人们对待职业的信念和态度，或是人们在职业生活中所表现出来的一种价值倾向，它是价值观在职业选择上的体现。于海波等（2001）则提出，职业价值观是人们依据自身和社会的需要对待职业、职业行为和工作结果的比较稳定的、具有概括性和动力作用的一套信念系统；它是个体一般价值观在职业生活中的体现；它不但决定了人们的职业选择倾向，而且决定了人们的工作态度；它是个体在长期的社会化过程中所获得的关于职业经验和职业感受的结晶；它是属于个性倾向范畴的概念。

无论是国外注重操作性的概念，还是国内以理论分析为主的概念，目前人们对职业价值观的理解仍然是停留在各自发展的彼此相似却又不同的取向上，而难以看到整合性的研究。同样称为“职业价值观”研究，人们的概念界定可以说是“一个概念各自表述”。如有研究者（Macnab & Fitzsimmons，1987）将职业价值观看作选择工作的依据，这类研究主要关注职业选择与发展；有研究者（Ravlian & Meglino，1987）侧重于工作行为价值，包括工作中的偏好行为；也有研究（Wo11ack 等，1971）从工作本身的重要性着手，关注“抽象”的工作本身的意义。另外，还有一类职业价值观的定义——职业锚，Schein（1978）在其《职业动力论》一书中首次提出关于职业生涯管理的职业锚概念，并把它看作是一种职业自我观，包括三个部件：一是自省的才干和能力（以各种工作环境中的实际成功为基础）；二是自省的动机和需要（以实际情境中的自我测试和诊断的机会以及他人的反馈为基础）；三是自省的态度和价值观（以个体和组织以及工作环境的准则和价值观之间的实际遭遇为基础）。职业锚概念实际比工作价值观更为宽泛，也可以看作工作动机及工作价值观，它对于个体的工作满意度等有显著影响。

国内研究针对职前人员的较多，职业价值观的定义更加一般化，具有抽象性特征。作为已经入职的新生代农民工，他们的职业价值观可以理解为“作为工作者、在工作中、对工作所持的价值评价系统，职业价值观价即是新生代农民工对实际“工作”的价值观取向。而“工作”则是具体的、独特的、有着自己特征的活动。

二、职业价值观的结构

职业价值观结构探讨一直是该领域的研究热点。基于对职业价值观的理解和研究方法的不同，研究者提出了各自不同的看法。尤其以西方学者的研究起步较早，而且成果也比较丰富和系统，具体见表 3 - 1。

表 3 - 1　西方学者的工作价值观维度

研究者（年份）	维度类型
Ginzberg（1951）	工作伙伴、工作活动、工作报酬
O'connor 等（1961）	独立性和多样化、工作条件和同事关系、社会和艺术、安全与福利、名望与创造性
Herzberg（1966）	内在价值、外在价值
Super（1970）	内在价值、外在价值、外在报酬
Zytowski（1970）	内在机制、外在价值、伴随价值
Adlerfer（1972）	内在价值、社会价值、外在价值
Holland（1973）	探索型、艺术型、社会型、习惯型、现实型、企业型
Perron（1974）	风气、冒险、自由、地位、现实
Gomez - mejia（1981）	任务相关：工作自主性、挑战性、能力发挥、成就、责任；内容相关：人际关系、安全、工作环境、公司政策与组织
Elizur 等（1982）	自由、成就、利他、地位、舒适、安全
Elizur 等（1984）	情感、认知、工具
Surkis（1992）	内在价值、社会价值、威望价值、外在价值
Rone（1994）	自我实现、社会、自尊、安全
Ros（1999）	内在价值、外长价值、社会价值、威望价值

综合分析国外学者的职业价值观结构，主要体现为三类观点：（1）两分法。最早由职业心理学家 Herzberg（1951）提出的职业价值观包括内在价值和外在价值两类，后来 Wollack 等（1971）也有相同的看法。尽管人们对这一划分持全面的怀疑态度，但它在职业价值观的研究领域有着广泛而深远的影响。（2）三维度划分法。这是 Super（1972）在实证研究的基础上提出来的，它把职业价值观分为内在价值、外在价值和社会报酬三类。后来 Alderfer 则简化为内在价值、外在价值和社会价值三种。另外 Elizur 所划分的情感、认知、工具三维度与 Alderfer 的看法比较类似。（3）四维度划分法。这是最盛行和最著名的划分维度，是由 Surkis 在实证研究基础上得出的，包括内在价值、外在价值、社会价值和威望价值。

在国内，赵喜顺（1984）首先把职业（工作）价值观划分为兴趣爱好型、社会利益型、声望舒适型和经济型等四类；宁维卫（1991）在研究中抽取出五个因素：进取心、生活方式、工作安定性、声望、经济价值；黄希庭等（1994）则认为包括职业目标、实现职业价值的手段、职业评价三因素；凌文栓（1999）从大学生职业价值观中分析出发展、声望和保健因素三类；顾雪英（2001）则提出了在职人员的交往、义利、挑战等 11 个因子；金盛华等（2005）从个人—集体和维护—发展角度将职业价值观分为家庭维护、地位追求、成就实现和社会促进四个因素。国内学者对工作价值观结构的理解具体见表 3－2。

表 3－2　国内学者的工作价值观维度

研究者（年份）	维度类型
赵喜顺（1984）	兴趣爱好型、社会利益型、声望舒适型、经济型
寸草（1988）	表现型、贡献型、衣食型
宁维卫（1991）	进取心、生活方式、工作安全、声望、经济价值
黄希庭等（1994）	职业目标、实现手段、职业评价
郑伦仁（1996）	进取心、自主性、工作安全、声望、经济价值
凌文铨（1999）	发展因素、声望因素、保健因素
余嘉元（1999）	按与结果的关系：内在、情感、工作信仰、外在； 按与完成任务的关系：资源、报酬
廖泉文（2000）	独立经验型、自我实现型、志愿型、才能型、支配型、
余华等（2000）	自尊型、自由型、家庭中心型、经济经营型
刘广珠（2001）	内在职业价值、外在职业价值、外在职业报酬
	自主、进修、升迁、学以致用、环境、待遇、同事、福利、休闲
顾雪英（2001）	交往、义利、挑战、求新、成就、责任、环境、归属、体认、权利、创造
于海波（2001）	提高、愉悦、人际关系、贡献、物质、环境、威望、家族
王立新等（2003）	人际关系、自我发展、贡献、威望、家族、物质生活
赵辉（2005）	尊重声望、工作生活平衡、自我发展、物质回报、工作行为、和谐愉悦
金盛华等（2005）	家庭维护、地位追求、成就实现、社会促进
张顺华等（2005）	创新发展、人际互动、成就声望、组织安全

从目前研究来看，国外研究以管理心理学和组织行为学为主，研究领域主要集中于企业员工及管理者；而国内大部分研究比较拘泥国外的工具和理论，早期的研究几乎未考虑到中国的实际情况。如中国人的“社会关系”在职业价值观中占据非常重要的位置，虽然国外的研究没有涉及这一点，而国内的相关研究却不能不给予关注。而且研究对象以大学生为主，在职人员工作价值观

的研究较少。

三、职业价值观的研究方法

由于人们将工作（职业）价值观看做是个性的范畴，因此，心理学界对职业心理相关问题的研究更多采用人格测量的方法，其中问卷调查又是最主要的一种方式。关于职业价值观的问卷，比较有代表性并被广泛使用的有 Super（1970）编制的职业价值量表（Work Values Inventory，WVI）；明尼苏达重要性问卷（Minnesota Importance Questionnaire，MIQ）；高登职业价值观量表（Occupational Values Inventory，OVI）。国内有宁维卫对 Super 作价值观量表的修订；张厚璨等人对爱丁堡职业测验的修订；凌文栓针对大学生的职业价值观量表。这些工作价值观量表都具有一定的信度和效度，也得到了一些研究的证实。但研究过于依赖自陈式量表测量，很难避免出现社会期望效应，因此，需要其他方法的补充。

关于职业价值观的研究方法，近年来，人们正在逐步尝试摆脱单一问卷测量的模式，国内如于海波等人就以投射的方式来补充问卷测量的不足。这方面我国台湾地区的学者作了较多的有益尝试，比如可以透过古籍文献回顾尝试整理出国人的文化根源，或使用历史及社会结构分析的方式，以掌握较为宏观层次的社会结果与价值变量，这些都是可行的。如王业桂（1995）以小学课本进行内容分析，以了解台湾地区传递给下一代的工作与家庭价值观。因为内容分析法能够根据各种渠道收集的资料大概了解宏观层次的价值观，甚至可以分析长时间的文化价值变迁。另外，也可以透过个案分析，采用心理传记的方式，深入个体的生活与心理发展、环境的互动等，从而整理出个人价值观体系的形成历程，并可以反映出个体所处社会文化等。而在问卷测量的方式上，除了直接测量法还可以使用间接测量法（杨中芳，1993），即通过被试对一些具体问题或生活方式的选择去推测个人所持有的价值体系，这种方法也可补救直接测量法过于抽象的问题。当然在量表的使用中也开始采用一些新的分析方法以弥补传统因素分析的不足，如层面理论及 SSA 方法、多级估量法以及探索因素分析和验证因素分析的整合。这些新的研究思路和方法推动了职业价值研究的深入发展。

四、职业价值观的影响因素

职业价值观研究大多涉及探讨影响因素问题，重点在于分析前因变量对职业价值观的影响。其中主要包括性别、年龄、受教育程度、个人工作经验等因素个体特征变量。

性别是人们在研究中关注的首要因素。Diaz - Guerrero（1972）在比较7国青少年职业价值观时发现，女孩偏重内在的价值观，男孩偏重外在的价值观；也有研究在非西方文化背景下比较了职业价值观的差异，发现在美国、日本和苏联三个不同文化背景的国家中，工作价值观的性别差异与文化差异比较微不足道（Elizur，1994；Morinaga，Frieze & Ferligo，1993；Singh，1994）；Dinnah（1997）研究表明男性与女性在职业价值观的创造性方面存在显著差异，性别因素对在职人员的职业价值观的影响较大。国内来看，吴念阳（1998）的研究表明男女教师职业价值观存在一定的差异；何华敏（1998）对内地四类企业职工职业价值观的研究发现，男性比女性更重视职业价值观的外在报酬。凌文铨（1999）对大学生的研究则发现性别没有显著差异；郑伦仁（1999）的研究也有类似的结果。在我国台湾地区，也有许多关于工作价值观性别差异的研究，且有一个趋势，即女性较男性更重视内在报酬，包括内在价值、成就感、自我成长等（余朝权，1995；吴铁雄等，1996；李元墩等，2001）。

年龄方面，由于经验问题，职业价值观也出现较大的差异。Susman（1973）、Adlag & Brief（1975）两个研究显示年龄和职业价值观有显著正相关：Jurgensen（1978）的研究显示，年龄的增加影响某些职业价值观；Satvir & Sing（1994）对印度管理者的调查发现，职业价值观在年龄上没有显著差异。国内的何华敏（1998）研究发现，企业职工的年龄越小，越重视职业价值观，择业时更多考虑个人的主观感受。郑伦仁、窦继平（1999）研究表明，对学生而言，低年级更重视美感和创造性，而高年级更重视经济报酬和声望。马剑虹等人的研究也表明，中年（30岁以上）职工考虑问题更多元化，更注重现实因素。我国台湾地区的研究者也有类似的结果（黄同圳，1993；李元墩等，2001）。个体受教育程度的差异，也会影响职业价值观。Lindsay & Knox（1984）研究指出，教育程度会影响内隐或外显性的职业价值观；也有研究证实，教育程度的提高促进了内在职业价值观的形成（Jack & Steven，1993）。国内何华敏（1998）研究发现，文化程度较高的人，职业需求也较高，这些人的抱负较高，在职业发展中注重内在价值，希望在工作中能施展自身才能，发挥自己的潜力，实现自身价值。我国台湾学者余朝权（1995）研究发现，高、中级主管倾向于晋升价值；但黄同圳（1993）研究显示，高中以下学历工作者较不重视外在的工作期望（名望、收入），并认为教育的高低带来价值观培养的多寡，造成高学历被试大部分职业价值观都较高。但也有不同的研究结果，洪瑞斌（1998）研究表明，除成长价值学历愈高得分愈高，以及公平没有差异外，其他维度都有学历愈低得分愈高的趋势。关于教育背景与工作价值观的关系，可能还与工作性质等其他因素相关。另外，人们还对工作经验、婚姻状况、职位、地域等个体背景因素进行了探讨。这些研究表明，个体背景变量可能对工作价值观造成不同的影响，但对它们具体如何影响工作价值观却没有达成共识，也还需要进一步的研究。

第二节　新生代农民工职业价值观实证研究结果

一、研究对象与工具

（一）研究对象

根据本研究的目的，对常州某些新生代农民工共随机发放了500份问卷，回收487份，有效问卷370份，有效回收率为75.98%。被试分布情况见表3－3。

表3－3　被试分布情况

项　目	类　别	人　数	百分比（%）
性　别	男	155	41.89
	女	215	58.11
年　龄	16～22岁（90后）	194	52.43
	23～27岁（85后）	137	37.03
	28～32岁（80后）	39	10.54
学　历	初中及以下	101	27.30
	高中（职校、中专、技校）	155	41.89
	大专及以上	114	30.81
婚姻状况	已婚	78	21.08
	未婚	289	78.11
	离异	3	0.81

续表

项　目	类　别	人　数	百分比（%）
工作年限	1 年及以下	95	25.68
	1～3 年	185	50.00
	4～8 年	75	20.27
	8 年以上	15	4.05

（二）研究工具

此次研究采用的职业价值观量表，由金盛华、李雪编制。该量表由 34 个条目构成，其中包含 16 个项目 4 个维度的目的性职业价值观问卷，18 个项目 6 个维度的手段性职业价值观问卷。

目的性职业价值观问卷的 4 个维度分别为：家庭维护（1～3）、地位追求（4～8）、成就实现（9～13）和社会促进（14～16）。手段性职业价值观问卷的 6 个维度分别为：轻松稳定（17～19）、兴趣性格（20～22）、规范道德（23～25）、薪酬声望（26～28）、职业前景（29～31）和福利待遇（32～34）。

量表采用 5 级评分法，5 = “很重要”、4 = “较重要”、3 = “一般”、2 = “较不重要”、1 = “很不重要”。

科隆巴赫系数分别为 0.80（目的性职业价值观问卷），0.86（手段性职业价值观问卷），0.89（总量表），该量表具有较高的信度。

二、研究结果

（一）新生代农民工职业价值观各因子得分基本情况（见表 3－4）

表 3－4　新生代农民工职业价值观各个因子结果统计

因　子	*M*	*SD*
目的性职业价值观	3.4856	0.60547
家庭维护	3.5638	0.89635
地位追求	3.2328	0.79889
成就实现	3.8178	0.75008
社会促进	3.2748	0.83235
手段性职业价值观	3.4110	0.55913
轻松稳定	3.0825	0.73508
兴趣性格	3.3664	0.84081

续表

因子	*M*	*SD*
规范道德	3.6385	0.80165
薪酬声望	3.0458	0.75997
职业前景	3.8445	0.76745
福利待遇	3.4884	0.80885
职业价值观（总量表）	3.4461	0.52312

由表3－4可知，新生代农民工职业价值观均值为3.45，标准差为0.52；新生代农民工目的性职业价值观均值为3.49，标准差为0.605；手段性职业价值观均值为3.41，标准差为0.56。各因子分由高到低排列为：职业前景、成就实现、规范道德、家庭维护、福利待遇、兴趣性格、社会促进、地位追求、轻松稳定、薪酬声望。

（二）人口学变量均数差异显著性检验结果

1. 性别对新生代农民工职业价值观的影响（见表3－5）

表3－5　性别在职业价值观上得分差异分析

因子	性别	均值	标准差	*t*	*P*
目的性职业价值观（分量表）	男	3.52	0.57	0.859	0.391
	女	3.46	0.63		
手段性职业价值观（分量表）	男	3.33	0.56	－2.239	0.026
	女	3.47	0.55		
职业价值观（总量表）	男	3.42	0.52	－0.792	0.429
	女	3.46	0.52		
家庭维护	男	3.58	0.82	0.297	0.767
	女	3.55	0.95		
地位追求	男	3.27	0.78	0.473	0.637
	女	3.21	0.81		
成就实现	男	3.83	0.71	0.311	0.756
	女	3.81	0.78		
社会促进	男	3.37	0.80	1.793	0.074
	女	3.21	0.85		
轻松稳定	男	3.03	0.76	－1.243	0.215
	女	3.12	0.71		

续表

因子	性别	均值	标准差	t	P
兴趣性格	男	3.28	0.84	-1.622	0.106
	女	3.42	0.84		
规范道德	男	3.55	0.75	-1.894	0.059
	女	3.71	0.83		
薪酬声望	男	3.01	0.79	-0.827	0.409
	女	3.07	0.74		
职业前景	男	3.81	0.76	-0.816	0.415
	女	3.87	0.77		
福利待遇	男	3.34	0.79	-3.035	0.003
	女	3.60	0.81		

由表3-5可知，男女性别在手段性职业价值观、福利待遇上有显著差异，在手段性职业价值观方面，女性新生代农民工得分显著高于男性新生代农民工；在福利待遇方面，女性新生代农民工得分显著高于男性新生代农民工。

2. 学历对新生代农民工职业价值观的影响（见表3-6）

表3-6　学历在职业价值观上得分差异分析

因子	初中及以下		高中（职校、中专、技校）		大专及以上		F	显著性
	M	SD	M	SD	M	SD		
家庭维护	3.461	0.921	3.454	0.915	3.804	0.805	6.096	0.002
地位追求	3.099	0.790	3.139	0.802	3.480	0.752	8.235	0.000
成就实现	3.598	0.799	3.821	0.672	4.008	0.760	8.338	0.000
社会促进	3.183	0.881	3.291	0.761	3.335	0.881	0.938	0.392
轻松稳定	3.076	0.769	3.078	0.685	3.094	0.776	0.019	0.981
兴趣性格	3.140	0.804	3.308	0.804	3.646	0.852	10.911	0.000
规范道德	3.513	0.878	3.685	0.780	3.687	0.754	1.722	0.180
薪酬声望	2.998	0.775	2.977	0.768	3.182	0.724	2.692	0.069
职业前景	3.730	0.815	3.803	0.765	4.003	0.706	3.846	0.022
福利待遇	3.467	0.892	3.502	0.805	3.488	0.741	0.057	0.945
目的性职业价值观	3.339	0.600	3.439	0.580	3.679	0.600	9.643	0.000

续表

因子	初中及以下		高中（职校、中专、技校）		大专及以上		F	显著性
	M	SD	M	SD	M	SD		
手段性职业价值观	3.321	0.604	3.392	0.526	3.517	0.549	3.491	0.031
职业价值观	3.329	0.532	3.414	0.490	3.593	0.530	7.555	0.001

由表3－6可知，学历在对家庭维护、地位追求、成就实现、兴趣性格、职业前景的影响显著。学历对目的性职业价值观、手段性职业价值观、职业价值观总体均具有显著性影响。

经事后q检验发现，在“家庭维护”、“地位追求”、“兴趣性格”、“职业前景”因子上，“大专及以上”学历者得分显著地高于“高中”和“初中及以下”学历者，而“高中”学历者与“初中及以下”学历者得分之间不存在显著性差异；在“成就实现”因子上，“大专及以上”学历者得分显著地高于“高中”和“初中及以下”学历者，而“高中”学历者得分则显著地高于“初中及以下”学历者；“目的性职业价值观”、“手段性职业价值观”和“职业价值观总分”都体现共同的特征，即“大专及以上”学历者得分显著地高于“高中”和“初中及以下”学历者，而“高中”学历者“初中及以下”学历者得分之间不存在显著性差异。

3. 婚姻状况对职业价值观的影响（见表3－7）

表3－7　婚姻状况在职业价值观上得分差异分析

因子	已婚		未婚		t	P
	M	SD	M	SD		
职业价值观	3.482	0.438	3.432	0.545	0.847	0.398
目的性职业价值观	3.566	0.534	3.460	0.624	1.512	0.168
手段性职业价值观	3.407	0.481	3.407	0.580	0.007	0.994
家庭维护	3.577	0.805	3.555	0.923	0.195	0.846
地位追求	3.406	0.741	3.181	0.810	2.222	0.027
成就实现	3.907	0.667	3.789	0.772	1.235	0.218
社会促进	3.254	0.831	3.280	0.837	－0.240	0.811
轻松稳定	2.970	0.705	3.109	0.744	－1.479	0.140

续表

因子	已婚		未婚		*t*	*P*
	M	*SD*	*M*	*SD*		
兴趣性格	3.321	0.845	3.376	0.844	−0.512	0.609
规范道德	3.611	0.670	3.641	0.836	−0.291	0.741
薪酬声望	3.197	0.672	2.997	0.778	2.063	0.040
职业前景	3.937	0.684	3.815	0.789	1.246	0.213
福利待遇	3.406	0.785	3.507	0.816	−0.973	0.331

注：由于离异者人数太少，不具有统计分析意义，该组数据舍弃不计。

由表3－7可知，婚姻状况对地位追求、薪酬声望有显著影响，“已婚”者得分都显著高于“未婚”者。

4. 工作年限对职业价值观的影响（见表3－8）

表3－8　工作年限在职业价值观上得分差异分析

因子	一年以下		一至三年		四至八年		八年以上		*F*	*P*
	M	*SD*	*M*	*SD*	*M*	*SD*	*M*	*SD*		
职业价值观	3.44	0.53	3.45	0.54	3.43	0.48	3.56	0.53	0.242	0.867
目的性职业价值观	3.48	0.57	3.46	0.63	3.52	0.60	3.65	0.58	0.530	0.662
手段性职业价值观	3.40	0.57	3.43	0.58	3.36	0.51	3.48	0.52	0.369	0.776
家庭维护	3.48	0.79	3.59	0.96	3.55	0.91	3.84	0.63	0.794	0.498
地位追求	3.27	0.74	3.18	0.79	3.26	0.91	3.53	0.60	1.040	0.375
成就实现	3.80	0.76	3.80	0.78	3.88	0.66	3.84	0.77	0.214	0.887
社会促进	3.32	0.83	3.23	0.86	3.33	0.76	3.31	0.98	0.411	0.745
轻松稳定	3.10	0.67	3.09	0.81	3.08	0.63	2.87	0.72	0.467	0.705
兴趣性格	3.32	0.77	3.39	0.89	3.30	0.80	3.62	0.85	0.760	0.517
规范道德	3.64	0.82	3.65	0.83	3.58	0.74	3.73	0.67	0.228	0.877
薪酬声望	3.05	0.76	3.04	0.77	3.02	0.74	3.25	0.69	0.401	0.752
职业前景	3.78	0.90	3.88	0.72	3.83	0.73	3.93	0.65	0.444	0.722
福利待遇	3.51	0.77	3.53	0.83	3.36	0.82	3.47	0.73	0.882	0.450

由表3－8可知，工作年限在职业价值观、职业价值观分量表以及各个因子上的差异均不显著。

5. 年龄对新生代农民工职业价值观的影响（见表 3－9）

表 3－9 年龄在职业价值观上得分差异分析

因子	16～21 岁		22～27 岁		28～33 岁		F	P
	M	SD	M	SD	M	SD		
职业价值观	3.40	0.54	3.49	0.52	3.54	0.43	2.02	0.135
目的性职业价值观	3.41	0.61	3.53	0.59	3.69	0.56	4.09	0.017
手段性职业价值观	3.38	0.58	3.45	0.56	3.41	0.44	0.58	0.561
家庭维护	3.44	0.91	3.67	0.87	3.82	0.84	4.53	0.011
地位追求	3.13	0.82	3.30	0.75	3.51	0.78	4.66	0.01
成就实现	3.75	0.76	3.87	0.76	3.95	0.66	1.66	0.191
社会促进	3.29	0.85	3.22	0.84	3.40	0.73	0.79	0.457
轻松稳定	3.12	0.71	3.07	0.80	2.94	0.63	0.97	0.382
兴趣性格	3.32	0.82	3.43	0.90	3.37	0.72	0.71	0.494
规范道德	3.63	0.84	3.62	0.80	3.72	0.65	0.25	0.777
薪酬声望	2.96	0.78	3.12	0.74	3.23	0.68	3.14	0.044
职业前景	3.77	0.82	3.94	0.71	3.87	0.69	2.13	0.121
福利待遇	3.50	0.84	3.51	0.80	3.35	0.66	0.64	0.527

由表 3－9 可知，年龄对目的性职业价值观、家庭维护、地位追求、薪酬声望有显著影响。

经事后 q 检验发现，在“家庭维护”“地位追求”因子上，“28～33 岁”组得分显著高于“22～27 岁”组和“16～21 岁”组，而“22～27 岁”组得分则显著高于“16～21 岁”组；在“薪酬声望”因子上，“28～33 岁”组和“22～27 岁”组得分显著高于“16～21 岁”组，其他组别得分之间不存在显著性差异；在“目的性职业价值观”分量表上，“28～33 岁”组得分显著高于“22～27 岁”组和“16～21 岁”组，“22～27 岁”组和“16～21 岁”组之间则不存在显著性差异。

第三节 新生代农民工职业价值观实证研究结果分析

一、新生代农民工职业价值观总体状况分析

本研究结果表明，新生代农民工的职业价值观各因子分由高到低排列为：职业前景、成就实现、规范道德、家庭维护、福利待遇、兴趣性格、社会促

进、地位追求、轻松稳定、薪酬声望。这是一个很有趣的结论，和前人的研究结果有很大不同。郑全全等人通过调查发现，工资因素仍是大多数农民在选择职业时最看重的因素，选择比例合计为23.2%，待遇公平次之，比例为14.6%，工作的稳定性、兴趣爱好等也是农民比较注重的因素，而对于单位的规模、知名度等，农民的关注程度则较低。王宏伟为了了解北京市职工（农民工）在选择工作时看重的因素，问卷中从9个方面调查了职工职业价值倾向，其中，排在前四位的是工资高福利好、工作稳定有保障、较高的社会地位、能发挥特长，后五位是工作环境舒适、工作不紧张压力小、贡献大、人际关系良好、能提供受教育机会。本研究发现，新生代农民工最看重的因素是职业前景，然后依次是成就实现，规范道德、家庭维护，福利待遇和薪酬声望则排在第五和第十位。这不能不说是很大的进步，说明新生代农民工在职业价值观方面，更注重自己的职业前程，寻求满足自我实现的需要，尊重职业道德规范，具有强烈的家庭责任感，而薪酬福利不再是他们重点考虑的因素。结合前人的观点来考察，我们认为，新生代农民工的职业价值观由功利性价值取向逐步转向为非功利性价值取向，即越来越注重内在精神追求。

二、性别对新生代农民工职业价值观的影响分析

本研究结果表明，在“手段性职业价值观分量表和“福利待遇”因子上，女性新生代农民工得分显著高于男性新生代农民工。福利待遇是手段性职业价值观的一个重要方面，说明女性新生代农民工在职业选择和评价职业时，比男性新生代农民工更看重福利待遇。这和前人的研究结果完全相反。究其原因，我们认为，随着时代的不断进步，男女受教育的机会和权利基本一致，新生代女性农民工也许更注重同工同酬，追求经济独立，以此来体现自己的价值，谋求更高的家庭地位和社会地位。

三、学历对新生代农民工职业价值观的影响分析

本研究结果表明，学历在对家庭维护、地位追求、成就实现、兴趣性格、职业前景的影响显著。学历越高，这几方面职业价值观的水平也越高。具有“大专及以上”学历的新生代农民工不仅注重事业的发展，追求职业成就感，追求更高的社会地位，注重自己的职业前程，注重内在价值和社会声望，希望通过获得成就体现自身价值。不仅如此，他们也更愿意担当家庭的责任，注重自己的兴趣爱好与从事的职业岗位相统一。这一结果还说明，高层次的学校教

育对新生代农民工的职业价值观有较大影响，因此，对于学历层次较低的新生代农民工，在进行学历补偿教育、岗位培训和职业技术培训的同时，要加强其职业价值观的教育和引导，促进其更高层次的职业心理需要的满足。

四、婚姻状况对新生代农民工职业价值观的影响分析

本研究结果表明，在地位追求、薪酬声望两个因子上，已婚的新生代农民工的得分显著高于未婚的新生代农民工。男女一旦以婚姻的方式来约定双方的关系，就意味着担当和责任。已婚的新生代农民工的家庭重担，经济负担是未婚者所无法比拟的。因此，就不难理解已婚者对于“薪酬声望”的渴望和追求。社会地位是人们衡量配偶、选择婚姻的重要标准，“围墙”内的男女都试图提高自己的社会地位，一则能带来经济上更大的实惠，二则能带来更高层次需要的满足感，从而使自己的家庭生活更幸福，夫妻关系更和谐。

五、年龄对新生代农民工职业价值观的影响分析

本研究结果表明，年龄对目的性职业价值观、家庭维护、地位追求、薪酬声望有显著影响。年龄越大，家庭责任感越强，越看重地位追求、薪酬声望。当新生代农民正处于职业生涯的初始阶段时，他们的社会阅历和个人经验往往比较贫乏，在择业时往往比较理想化，更愿意承担一定程度的风险。随着年龄的增长，他们逐渐担负起来自家庭、生活等各方面的责任，残酷的社会经历、城市体验也使他们趋于现实和追求稳定，因此，在职业价值观上也发生了较大的变化，从理想变得更加讲求实际。

六、研究结论

（1）新生代农民工职业价值观各因子得分从高到低依次排列为：职业前景、成就实现、规范道德、家庭维护、福利待遇、兴趣性格、社会促进、地位追求、轻松稳定、薪酬声望。

（2）男女性别对手段性职业价值观、福利待遇的影响显著。

（3）学历因素对家庭维护、地位追求、成就实现、兴趣性格、职业前景的影响显著。

（4）婚姻状况对地位追求、薪酬声望的影响显著。

（5）年龄因素对目的性职业价值观、家庭维护、地位追求、薪酬声望的影响显著。

第四章 新生代农民工职业决策困难实证研究

Super 和 Erikson 指出，对于青少年和即将进入成年期的人来说，人生发展任务主要包括：探索、选择和承诺于某个职业（Emmanuelle，2009）。然而，在职业决策过程中，各种难题使得很多人无法做出明智的职业决定（Gati，Crausz，& Osipow，1996）。鉴于职业决策困难问题的突出性，以及对于优化人力资源、提高个人生活质量的现实意义，国内外研究人员对职业决策困难进行了广泛研究，其一直是生涯心理学当中非常重要的研究主题。新生代农民工在实际择业时会遇到许多职业决策困难，例如，对就业岗位信息的缺乏、对自身缺乏正确的认识、就业意向与亲友的分歧较大、就业意向与社会提供的就业机会之间存在巨大落差，等等。诸多不利因素都会严重影响新生代农民工做出合理的就业决策。此外，由于人力资源高消费的误区、人力资源配置不合理、新生代农民工期望值过高，以及当前国际经济形势的影响等因素，新生代农民工就业问题甚至演绎成了社会问题。如何根据人力资源市场的要求、状态和个人特有属性，合理地确定所进入的职业，是新生代农民工不得不面对的问题。

第一节 职业决策困难一般概述

一、职业决策困难的含义

关于职业决策困难（career decision - making difficulties）这一概念的界定，众多学者的观点很不一致，特别是职业决策困难的维度到底有几个、职业决策困难的结构是什么，以及发生职业决策困难的前提条件有哪些等，还没有得出明确的结果（Bezt，1992）。有代表性的观点主要包括：

克里特斯（Crites，1969）认为，职业决策困难是个体无能力挑选或是承诺于一个特殊的即将准备或进入特定职业的行动过程。克鲁姆波兹（Krumboltz，1976）认为，职业决策困难的实质是对决策不满意，或是由于与职业相关的学习经验不够，或是由于个体还没有学会或运用一套职业决策的系统方法所导致的一种决策状态，是没有学会某种学习经验的自然结果。盖蒂和奥西波（Gati & Osipow，1996）认为，职业决策困难是个体在做职业决策过程中可能遇到的各种难题。

《心理学百科全书》则认为，职业决策困难表示个体在特定的时间里，无能力做出一个特定的决策。龙立荣和彭永新（2000）将职业决策困难定义为个人在职业选择（进入阶段或职业改变）过程中面临最后决策时，不知道要从事什么职业或从几个职业中挑选一个时发生的困难。

从以上对职业决策困难的种种界定来看，职业决策困难的争论主要集中在三个方面：职业决策困难的实质是没有能力做出决策，还是对决策结果不满意？抑或决策整个过程中所遇到的所有困难？综合国内外研究者提出的职业决策困难的概念，我们认为，职业决策困难可以定义为：在职业选择过程中个体所面临的各种难题，导致决策者无能力做出一个特定的决策或做出的决策不满意。

二、职业决策困难研究进展

为了帮助人们更好地应对遇到的职业决策困难，探索职业决策困难的结构，寻求职业决策困难的测量和干预方式，就成为当前职业心理学的一大重要议题。国外对职业决策困难的研究始于20世纪60年代，我国在这方面的研究才刚起步。总体来说，在近半个世纪的时期内，很多学者对职业决策困难的结构和测量、职业决策困难的根源以及困难的干预方式进行了大量研究，并取得了丰硕成果，产生了很多著名的理论和研究进路。总的来说，从研究策略上看，职业决策困难研究具有三条路：一是自下而上从经验入手，通过对职业决策困难与无困难者差异的比较研究，获得职业决策困难的核心因素；二是从职业决策过程的理论入手，通过检测职业决策的核心要素的发展状况，确定职业决策水平或职业决策困难程度；三是将理论与经验相结合开展研究（Gati 等，1996）。

（一）职业决策困难的经验性研究

早期关于职业决策的研究往往通过对职业决策困难与无困难者差异的比较，获得职业决策困难的核心因素，遵循的是一种自下而上的方法进路。这类研究所选取的对象，主要是在职业选择或主修专业已做出决定的或未做出决定的大学生。研究主要关注两大问题：如何区分已决定与未决定的大学生，未做决定的大学生占有多大比例。关于未做决定的大学生占有多大比例问题的研究，尽管研究者使用的测量方法和选取的样本各有不同，但研究结果基本趋于一致，认为20%～30%的大学生无法做出决定。戈登（Gordon）认为，这可能是比较保守的估计，因为这些研究结果是以那些愿意承认自己是未决定者为样本的。不管这些估计保守与否，它们确实可以说明，对大学生来说，职业决策困难是一个值得关注的问题。尽管有大量研究试图找出已决定的与未决定的大学生之间的差异，但并没有得出一致的结论，有时结果之间是矛盾的（Osipow 1998，1996）。

职业决策困难的经验性研究主要通过研制相关测量工具来检验职业决策困难中的个体差异。奥西波等（1976）从对职业或专业是否做出明确的决策入手，考察区分两者的方法。他们主要以有无决策困难作为筛选项目的依据，编制了职业决策量表（Career Decision Scale，CDS）。CDS包括3个部分共19个项目：第一部分是职业和专业确定性量表，包括2个项目；第二部分是职业决策困难量表，包括16个项目；第三部分是一个开放式量表，用以采集个体特有的职业决策难题，让被试陈述自己所关心、担忧之事，采用“完全不符合—完全符合”的李克特式四点记分方式。第一部分的得分越高，表明职业与专业的确定程度越强。第二部分的得分越高，表明职业决策困难越大。两部分呈负相关。CDS的基本思想是先了解个人对职业和专业的确定性程度，然后了解个人职业决策困难的干扰因素，通过探讨职业决策困难的情况，反映职业决策过程中的各个方面，也反映决策困难情况。CDS是最悠久的、也是目前使用最广泛的职业决策量表，既可用于职业决策困难和其前（antecedents）的评估，也可用于对职业选择和职业发展所做干预效果的检测。CDS的适用对象为高中生、大学生，个人测量和团体测量均可实施。该量表内部一致性信度为0.80，重测信度为0.70～0.90（Osipow 等，1976），具有较好的同时效度与结构效度。我国台湾地区修订并试用过（刘姿君，1994）CDS，其信度和效度基本可以满足要求，说明CDS还具有跨文化的特点。但是CDS有三个技术问题需要引起重视：首先，没有足够的项目可以有效地测量多个子项目；其次，一些项目是复杂的或者说是两可的（double－barreled）。这些项目要求被试填写第一栏的表格，完成第一栏之后再填第二栏。这些项目的因子负载是不稳定的；最后，奥西波指出，以其目前的形式，CDS 不能用作多因素指标，最好用作职业咨询和治疗有效性的单因素指标。

（二）职业决策困难的理论性研究

对职业决策困难的理论研究主要集中在两个方面：一是职业决策过程本质的探讨；二是在此基础上对职业决策困难的结构要素或影响职业决策的因素的解析。对职业决策困难结构要素实质的揭示，为诊断和检测职业决策困难提供了基础。为了解决职业决策困难问题，许多学者从理论上做了有益的探讨，每一种理论都各有侧重，主要包括生涯发展论、类型论、社会学习与认知行为论、特质论以及心理动力论等观点。

生涯发展论注重从职业生涯发展阶段的角度来研究职业困难，将生涯划分为成长、探索、建立、维持及衰退五个阶段，在职业决策过程中出现的典型困难与职业发展的正常阶段一致，尤其强调职业成熟这一概念。在职业进入期，选择合适的职业是主要困难；在职业巩固期，适应和加强自己的职业素养是主要问题；在职业维持期则主要需保持自己已经取得的地位，不断获取新知识和技能；在职业衰退期则主要是为退休后的生活做计划和安排（Super，1953）。

霍兰德（Holland，1980）的职业兴趣理论（Osipow，1999）对职业决策困难的类型和水平做了分类，这种分类反映出了从表面的到更深层的可能性原因，并且根据其理论编制了《职业情境量表》（*My Vocational Situation Scale*，MVS），用来评估职业决策困难，为职业决策辅导提供诊断依据。根据其理论分析，霍兰德等假定职业决策困难是由以下因素引起的：（1）职业认同（identity）困难；（2）缺乏关于工作或训练的信息；（3）环境或个人的障碍。MVS 用于测量以下内容：（1）职业认同（个人目标、兴趣、人格、天赋）；（2）对职业信息的需要；（3）做出选择的现实困难。

持社会学习与认知行为论的理论家也对职业决策做出了解释。克里特斯（1978）的职业成熟理论主张职业选择过程变量包括两个主要的因素群：职业选择能力和职业选择态度。据此，泰勒和贝兹（Taylor & Betz，1983）编制了《职业决策自我效能量表》（*Career Decision Making Self－EfficacyScale*，CDMSE），用于测量个人需要成功地做出职业决策时的自信程度。CDMSE 具体包括 5 个成分：（1）自我评价能力；（2）获得职业信息的能力；（3）目标筛选；（4）职业规划能力；（5）问题解决的能力。每一部分由 10 个项目组成，总共有50个项目。每个项目采用10点计分量表，即从0到9，程度最高计量9分。得分越高，表示越有信心成功地做出职业决策。

特质论认为，对职业性质和环境的了解，对自我爱好和能力的认识，以及这两个因素之间的协调与匹配是在职业决策的过程中涉及的三大因素。因此，该理论强调职业决策困难的原因是由于个体对自我和职业环境缺乏充分的认识与了解，以及缺乏解决自我与环境之间冲突的经验所造成的。以此理论为基础，恰特兰德（Chartrand，1990）等人对罗宾斯（Robbins，1987）等人的研究进一步明确化，定义了4个职业决策困难的影响因素：（1）对职业信息的需求；（2）对自我认知的需求；（3）职业选择焦虑（career choice anxiety）；（4）性格上的犹豫不决。根据这4个因素，恰特兰德等人（1990）设计了职业因素问卷（CFI），他们运用CFI帮助咨询员识别信息的需求、内部冲突及干扰当事人决策的情感问题。

心理动力论认为，如果个人有自由选择的机会，必定会选择以自我喜好的方式来寻求满足需要而避免焦虑的职业。在选择的过程中，每个人早期经验所形成的适应体系、需要等人格结构是最重要的心理动力来源。威廉姆森（Williamson，1939）提出职业决策困难的四种原因分别是：对缺乏能力的恐惧、对无法取悦父母或亲友的恐惧、对失败的恐惧和情绪的不稳定。鲍尔丁（Bordin，1946）则归纳出依赖、缺乏信息、自我冲突、选择焦虑、缺乏保证五类。因此，从心理动力观点探讨职业决策困难的原因，关注较多的是导致困难的心理困扰，尤其是“冲突”和“焦虑”。

从以上介绍可以看出，生涯发展理论将职业决策困难看做生涯发展历程的一个正常阶段。霍兰德类型论、特质论、心理动力论等理论强调个体与职业的匹配关系，认为自我、职业以及这两者的关系是导致职业决策困难的根源。而社会学习与认知行为论则从个体知觉自己进行职业选择的能力的角度来看待职业决策困难。职业决策困难的实质可以从这些不同理论角度去解释，但由于这些理论本身都只侧重职业决策过程的某一部分，因此，对于理解职业决策困难的实质不够全面和深入。

（三）职业决策困难的整合性研究

从经验出发的思路实证效度很高，能有效区分出被试，但可能出现的问题是难以建立系统的职业决策理论，不利于职业决策理论的发展。而理论性探索关注职业决策困难的特征、维度以及原因，每一种理论只集中关注职业决策过程的一个侧面，既没有综合性，也没有包容性（Rounds，Tinslye，1984）。为此，许多研究者致力于将两者结合，相互取长补短，解决对职业决策困难理论与实证研究脱节这一问题。

盖蒂、科瓦兹（Kuarsz）和奥西波于1996年提出了一个理想的职业决策者模型，主张最好的决策就是最有助于个人目标实现的那个决策，将理想的职业决策者定义为认识到自己需要并愿意做决策，且能够做出正确的决策（所谓正确是指决策方法正确且与个人的目标和资源相兼容）。任何与理想决策相违背的行为都可认为存在潜在的决策困难，进而按职业决策的不同阶段将职业决策困难加以归类。

在此基础上，盖蒂等人（1996）通过对职业辅导者与来访者进行调查，编制出《职业决策困难问卷》（*Career Decision - making Questionnaire*，CDDQ）。该问卷的职业决策困难分类基于三个层次：第一个层次的区分是困难出现在决策过程开始之前，还是在决策过程中；第二层次的划分是将决策开始前的困难归结为缺乏职业决策的准备，分为两个类型：由于缺乏信息和由于信息不一致而导致的困难，并且共分为三大类困难；第三层次是进一步将三大类困难各自细分，从而产生“十小种困难”。第一大类：缺乏准备，发生在职业决策前期。具体包括4小类困难：（1）缺乏职业决策动机；（2）对进行职业决策犹豫不决；（3）在职业决策方面存在不合理的信念；（4）缺乏职业决策过程的知识。第二大类：缺乏信息，发生在职业决策中期。它涉及3个小类的困难：（1）缺乏对职业自我的了解；（2）缺乏各种职业信息；（3）缺乏获取信息的方式。第三大类：不一致的信息，在职业决策过程后期出现。它包括3个小类的决策困难：（1）认识职业自我和职业特征中出现的不可靠的信息；（2）职业决策过程中出现的内部冲突；（3）外部的冲突。问卷的内部一致性信度为0.87，并与职业决策量表呈正相关，具有较好的结构效度。美国和以色列被试的聚类分析支持了职业决策困难的分类的假设。最初版本经过盖蒂和萨卡（Gati&Saka，2001）的修订适用于中学生（中学版）。盖蒂和萨卡于2001年又做了修订，使之适用于网络（网络版），并把网络版和纸笔测验进行了对比研究，结果发现网络版和纸笔版（原版）的一致性信度系数非常接近，分别为0.87和0.88。两者的结构也非常相似，斯皮尔曼等级相关系数为0.87，而且都和理论构想（Gati，Krausz和Osipow，1996）一致。目前CDDQ最新版本由34题构成（简版），简版的信度和效度和原版基本一致。CDDQ量表是在决策理论的基础上发展起来的，用来测查职业决策困难的理论分类。该量表在两个方面超越了CDS和CFI量表：第一，它是基于决策理论形成的，这给咨询者清楚确切地表述咨询干预提供了引导。运用 CDDQ，咨询者能帮助当事人缩小或放大潜在的备选项的范围，获得每个备选项的相关信息，识别和评估他们的职业选择和职业偏好的相关方面；第二，CDDQ 量表对各种决策问题能够进行快速系统的评估。

然而，CDDQ 量表也有三个局限。第一个局限是，在运用决策理论发展该量表时，作者更多地关注了职业决策困难的认知方面，而忽略了情感方面，最明显的就是对焦虑的忽略。这个忽略是很致命的，因为焦虑会影响咨询的准备，也会影响有关自我方面和职业选项的信息的处理过程。没有考虑焦虑使得 CDDQ 作为一个诊断工具的实用性受到限制，也限制了 CDDQ 作为来自对职业决策困难结构构建的实证研究的结果的作用。第二个局限是子量表的内部一致性系数不高。以往的研究多次证明动机不足、优柔寡断、不合理信念这些子量表的内部一致性系数都不是很高。最后，CDDQ 没有考虑到未决策的学生，也没有涵盖职业决策困难的所有主要特征。同时，CDDQ 也没有满足为了临床的运用和研究的需要对职业决策困难问题进行全面测量的要求。

第二节　新生代农民工职业决策困难实证研究结果

一、研究方法

（一）研究工具

以我国台湾学者田秀兰（2001）在 Career Decision – Making Difficulties Questionnaire（Gati & Osipow，1996）的基础之上修订的中文版 CDDQ 为基础，从中选取了 44 个项目，测量因子主要包括：尚未准备就绪（缺乏动机、犹豫不决、错误观念、不清楚决策步骤）、信息不足（对自己的认识不足、职业资料不足、不知该如何获取资料）、信息不一致（资料来源不可靠、内在冲突、外在冲突）。计分方式为 5 级计分，1 ~5 分别表示从“非常不符合”到“非常符合”。得分越高，表明个体面临的职业决策困难越大。克伦巴赫 a 系数分别为 0.77（尚未准备就绪），0.91（信息不足），0.83（信息不一致），0.92（总量表），该量表具有较高的信度

（二）研究对象

本研究以江苏省常州市新生代农民工为调查对象，采用随机取样的方法，共发放问卷 500 份，收回问卷 487 份，剔除无效问卷，获得无缺江苏省问卷

370 份，有效问卷率为 76%。有效被试分布如表 4－1 所示。

表 4－1 有效被试分布

		频　数	百分比
性别	男	155	41.89
	女	215	58.11
年龄	16～20 岁	119	32.22
	21～25 岁	170	45.95
	26～30 岁	71	19.19
	31 岁及以上	10	2.64
学历	初中及以下	101	27.30
	高中、职校、中专、技校	155	41.89
	大专及以上	114	30.81
婚姻状况	已婚	78	21.08
	未婚	289	78.11
	离异	3	0.81
工作年限	1 年以下	95	25.68
	1～3 年	185	50.0
	4～8 年	75	20.27
	8 年以上	15	4.05
总数	N	370	100

二、研究结果

（一）新生代农民工职业决策困难的描述统计

以职业决策困难量表（CDDQ）总分与十个因子为自变量进行描述，对新生代农民工职业决策困难的总体情况有了初步的了解，具体情况如表 4－2 所示。

表 4－2 新生代农民工职业决策困难的描述统计

因　子	*M*	*SD*	排　序
缺乏动机	3.1036	0.85738	2
犹豫不决	2.8257	0.85084	8
错误观念	3.1811	0.86864	1

续表

因　子	M	SD	排　序
不清楚决策步骤	2.7090	0.91246	10
对自己认识不足	2.7557	0.85540	9
职业资料不足	3.0088	0.90976	5
不知该如何获取资料	2.9770	1.01018	6
资料来源不可靠	2.9685	0.78312	7
内在冲突	3.0247	0.68487	3
外在冲突	3.0243	0.89946	4
职业决策困难（总）	2.9578	0.56068	

由表4－2可知，新生代农民工在所有的因子上的均值都已经超过了2.70，呈现出中等以上强度的职业决策困难，其中“错误观念”的得分最高，其余依次为缺乏动机、内在冲突、外在冲突、职业资料不足、不知该如何获取资料、资料来源不可靠、犹豫不决、对自己认识不足、不清楚决定步骤。

（二）职业决策困难性别差异显著性检验

以新生代农民工性别为自变量，职业决策困难量表（CDDQ）各因子均分和总均分为因变量进行独立样本 t 检验，具体情况如表4－3所示。

表4－3　不同性别新生代农民工职业决策困难情况

因子	性别	均值	标准差	t
缺乏动机	男	3.1806	0.83159	1.470
	女	3.0481	0.87320	
犹豫不决	男	2.7145	0.84488	−2.144*
	女	2.9058	0.84805	
错误观念	男	3.1806	0.82637	−0.008
	女	3.1814	0.89979	
不清楚决策步骤	男	2.6624	0.90930	−0.835
	女	2.7426	0.91538	
对自己认识不足	男	2.7516	0.82903	−0.079
	女	2.7587	0.87583	
职业资料不足	男	3.0129	0.88539	0.074
	女	3.0058	0.92897	

续表

因子	性别	均值	标准差	t
不知该如何获取资料	男	2.9355	0.96482	-0.671
	女	3.0070	1.04287	
资料来源不可靠	男	3.0086	0.80600	0.837
	女	2.9395	0.76679	
内在冲突	男	3.0359	0.72526	0.268
	女	3.0166	0.65582	
外在冲突	男	3.1194	0.85534	1.730
	女	2.9558	0.92589	
职业决策困难	男	2.9602	0.56292	0.069
	女	2.9561	0.56036	

注：* 表示 $p<0.05$（下同）。

由表4－3可知，在"犹豫不决因子"上，男女新生代农民工之间存在着显著的差异，女新生代农民工在该因子上的平均得分要显著高于男新生代农民工，说明女新生代农民工在职业选择困难上的犹豫不决情况要比男新生代农民工更常见。在其他因子及总分上男女性别之间并不存在显著性差异。

（三）职业决策困难年龄差异显著性检验

以新生代农民工年龄情况为自变量，职业决策困难量表（CDDQ）各因子均分和总均分为因变量进行一元方差分析，具体情况如表4－4所示。

表4－4　不同年龄新生代农民工职业决策困难情况

因子	年龄	均值	标准差	F
缺乏动机	16～20岁	3.1513	0.82993	0.304
	21～25岁	3.1039	0.86364	
	26～30岁	3.0329	0.91053	
	31岁及以上	3.0333	0.76093	
犹豫不决	16～20岁	2.8634	0.81417	1.755
	21～25岁	2.8897	0.82264	
	26～30岁	2.6338	0.93238	
	31岁及以上	2.6500	1.04881	

续表

因子	年龄	均值	标准差	*F*
错误观念	16~20岁	3.0644	0.93506	2.219
	21~25岁	3.3020	0.80779	
	26~30岁	3.0751	0.89478	
	31岁及以上	3.2667	0.66295	
不清楚决策步骤	16~20岁	2.8347	0.83008	2.661*
	21~25岁	2.7216	0.90487	
	26~30岁	2.4554	0.98760	
	31岁及以上	2.8000	1.18842	
对自己认识不足	16~20岁	2.8550	0.71659	5.493**
	21~25岁	2.8390	0.88914	
	26~30岁	2.3944	0.87924	
	31岁及以上	2.7250	1.05705	
职业资料不足	16~20岁	3.0504	0.83905	1.651
	21~25岁	3.0603	0.92250	
	26~30岁	2.7958	0.94426	
	31岁及以上	3.1500	1.15590	
不知该如何获取资料	16~20岁	3.0210	0.90991	1.282
	21~25岁	3.0176	1.02901	
	26~30岁	2.7746	1.07168	
	31岁及以上	3.2000	1.31656	
资料来源不可靠	16~20岁	2.9636	.70849	1.472
	21~25岁	3.0422	.78511	
	26~30岁	2.8169	.84944	
	31岁及以上	2.8500	1.03771	
内在冲突	16~20岁	2.9376	0.69704	3.944**
	21~25岁	3.1008	0.66384	
	26~30岁	2.9155	0.68110	
	31岁及以上	3.5429	0.61279	
外在冲突	16~20岁	2.9790	0.87611	2.715*
	21~25岁	3.1368	0.91019	
	26~30岁	2.7993	0.86357	
	31岁及以上	3.2500	1.01379	

续表

因子	年龄	均值	标准差	F
职业决策困难	16～20 岁	2.9720	0.49757	3.585*
	21～25 岁	3.0214	0.55777	
	26～30 岁	2.7694	0.62205	
	31 岁及以上	3.0468	0.65056	

注：** 表示 $p<0.01$（下同）。

由表4－4可知，不同年龄的新生代农民工在量表总分上存在显著性差异，并且不同年龄的新生代农民工在不清楚决策步骤、对自己的认识不足、内在冲突、外在冲突这四个因子上也存在显著性差异。其中，在对自己的认识不足和内在冲突两个因子上有极其显著地差异，但在其他六个个因子上无显著性差异。

经事后 q 检验发现，在不清楚决策步骤这一因子上，16～20 岁、21～25 岁的新生代农民工在该因子上的平均分要显著高于 26～30 岁的新生代农民工；在对自己认识不足这一因子上，16～20 岁、21～25 岁的新生代农民工在该因子上的平均分要显著高于 26～30 岁的新生代农民工；在内在冲突这一因子上，31 岁以上的新生代农民工在该因子上的平均分要显著高于 21～25 岁的新生代农民工，极其显著地高于其余三个年龄阶段的新生代农民工，21～25 岁的新生代农民工在该因子上的平均分要显著高于 16～20 岁的新生代农民工；在外在冲突这一因子上，21～25 岁的新生代农民工在该因子上的平均分要极其显著地高于 26～30 岁的新生代农民工；在量表总分上，26～30 岁的新生代农民工平均分要显著低于 16～20 岁的新生代农民工，极其显著地低于 21～25 岁、31 岁以上的新生代农民工。

（四）职业决策困难不同学历差异显著性检验

以新生代农民学历情况为自变量，职业决策困难量表（CDDQ）各因子均分和总均分为因变量进行一元方差分析，具体情况如表4－5所示。

表4－5 不同学历的新生代农民工职业决策困难情况

因子	学历	均值	标准差	F
缺乏动机	初中及以下	3.1419	0.79770	1.209
	高中、职校、中专、技校	3.0237	0.89339	
	大专及以上	3.1784	0.85667	

续表

因子	学历	均值	标准差	*F*
犹豫不决	初中及以下	2.8317	0.89030	0.017
	高中、职校、中专、技校	2.8161	0.81984	
	大专及以上	2.8333	0.86389	
错误观念	初中及以下	3.2244	0.92028	1.277
	高中、职校、中专、技校	3.2323	0.83690	
	大专及以上	3.0731	0.86191	
不清楚决策步骤	初中及以下	2.7228	0.87948	0.206
	高中、职校、中专、技校	2.7333	0.86156	
	大专及以上	2.6637	1.00978	
对自己认识不足	初中及以下	2.9084	0.75785	2.534
	高中、职校、中专、技校	2.7331	0.82659	
	大专及以上	2.6513	0.95783	
职业资料不足	初中及以下	3.0248	0.78223	0.479
	高中、职校、中专、技校	3.0484	0.93546	
	大专及以上	2.9408	0.98062	
不知该如何获取资料	初中及以下	3.0099	0.89157	0.339
	高中、职校、中专、技校	3.0032	1.02801	
	大专及以上	2.9123	1.08743	
资料来源不可靠	初中及以下	2.9736	0.67607	0.116
	高中、职校、中专、技校	2.9860	0.78196	
	大专及以上	2.9401	0.87383	
内在冲突	初中及以下	3.0071	0.65539	0.047
	高中、职校、中专、技校	3.0332	0.69392	
	大专及以上	3.0288	0.70350	
外在冲突	初中及以下	3.1386	0.79724	1.790
	高中、职校、中专、技校	3.0355	0.90428	
	大专及以上	2.9079	0.96925	
职业决策困难	初中及以下	2.9983	0.46126	0.638
	高中、职校、中专、技校	2.9645	0.54571	
	大专及以上	2.9130	0.65486	

由表 4 - 5 可知，不同学历的新生代农民工在职业决策困难十个因子与量

表总分上均无显著性差异。

（五）职业决策困难不同婚姻状况差异显著性检验

以新生代农民工婚姻状况为自变量，职业决策困难量表（CDDQ）各因子均分和总均分为因变量进行一元方差分析，具体情况如表 4－6 所示。

表 4－6　不同婚姻状况的新生代农民工职业决策困难情况

因子	婚姻状况	均值	标准差	F
缺乏动机	已婚	3.0085	0.79314	0.861
	未婚	3.1326	0.86719	
	离异	2.7778	1.57527	
犹豫不决	已婚	2.6987	0.91998	1.179
	未婚	2.8616	0.82409	
	离异	2.6667	1.52753	
错误观念	已婚	3.1709	0.86247	0.010
	未婚	3.1834	0.86100	
	离异	3.2222	1.95316	
不清楚决策步骤	已婚	2.5043	0.99166	2.526
	未婚	2.7647	0.87929	
	离异	2.6667	1.52753	
对自己认识不足	已婚	2.5337	0.84652	3.489**
	未婚	2.8175	0.84573	
	离异	2.5833	1.37689	
职业资料不足	已婚	2.9647	0.94811	0.980
	未婚	3.0277	0.89734	
	离异	2.3333	1.15470	
不知该如何获取资料	已婚	2.7821	1.12697	1.907
	未婚	3.0311	0.96595	
	离异	2.8333	1.75594	
资料来源不可靠	已婚	2.8568	0.81016	1.770
	未婚	3.0040	0.76923	
	离异	2.4444	1.26198	
内在冲突	已婚	3.0366	0.58402	0.159
	未婚	3.0237	0.70711	
	离异	2.8095	1.15470	

续表

因子	婚姻状况	均值	标准差	F
外在冲突	已婚	2.9904	0.81328	0.145
	未婚	3.0355	0.91515	
	离异	2.8333	1.75594	
职业决策困难	已婚	2.8547	0.57540	2.032
	未婚	2.9882	0.54349	
	离异	2.7171	1.44270	

由表4-6我们可以发现不同婚姻状况的新生代农民工在对自己的认识不足的因子上存在显著性差异，但在职业决策困难量表总分与其余九个因子上并无显著性差异。经事后q检验发现，在对自己认识不足这一因子上，未婚的新生代农民工在该因子上的平均分要极其显著地高于已婚的新生代农民工。

（六）职业决策困难不同工作年限差异显著性检验

以新生代农民工的工作年限状况为自变量，职业决策困难量表（CDDQ）各因子均分和总均分为自变量进行一元方差分析，具体情况如表4-7所示。

表4-7　不同工作年限的新生代农民工职业决策困难情况

因子	工作年限	均值	标准差	F
缺乏动机	1年以下	3.1649	0.84197	0.330
	1~3年	3.0685	0.86330	
	4~8年	3.0933	0.86396	
	8年以上	3.2000	0.90676	
犹豫不决	1年以下	2.8974	0.82473	2.433
	1~3年	2.8878	0.85254	
	4~8年	2.5967	0.82803	
	8年以上	2.7500	0.98198	
错误观念	1年以下	3.2667	0.85828	0.542
	1~3年	3.1658	0.90898	
	4~8年	3.1022	0.80720	
	8年以上	3.2222	0.74180	

续表

因子	工作年限	均值	标准差	F
不清楚决策步骤	1 年以下	2.8316	0.87096	3.221*
	1~3 年	2.7694	0.89194	
	4~8 年	2.4489	0.94677	
	8 年以上	2.4889	1.04552	
对自己认识不足	1 年以下	2.8987	0.84313	3.299*
	1~3 年	2.7953	0.84018	
	4~8 年	2.5317	0.83930	
	8 年以上	2.4833	1.00208	
职业资料不足	1 年以下	3.0553	0.93554	0.454
	1~3 年	2.9973	0.87149	
	4~8 年	2.9400	0.93346	
	8 年以上	3.2000	1.12678	
不知该如何获取资料	1 年以下	2.9947	0.94951	0.437
	1~3 年	3.0189	1.03783	
	4~8 年	2.8733	1.01706	
	8 年以上	2.8667	1.06010	
资料来源不可靠	1 年以下	3.0702	0.72753	1.836
	1~3 年	2.9910	0.77001	
	4~8 年	2.8333	0.83017	
	8 年以上	2.7222	0.96705	
内在冲突	1 年以下	3.0120	0.64283	1.944
	1~3 年	3.0394	0.70702	
	4~8 年	2.9314	0.64888	
	8 年以上	3.3905	0.77397	
外在冲突	1 年以下	2.9632	0.96822	0.640
	1~3 年	3.0851	0.87917	
	4~8 年	2.9433	0.81017	
	8 年以上	3.0667	1.13573	
职业决策困难	1 年以下	3.0155	0.53754	1.776
	1~3 年	2.9818	0.55108	
	4~8 年	2.8294	0.60183	
	8 年以上	2.9390	0.56637	

* 表示 $p<0.05$。

由表4－7可见，不同工作年限的新生代农民工在不清楚决策步骤与对自己的认识不足这两个因子上存在显著性差异，但在职业决策困难量表总分与其余八个因子上并无显著性差异。经事后q检验发现，在不清楚决策步骤这一因子上，工作年限在4～8年的新生代农民工在该因子上的平均分要极其显著低于工作年限在1年以下与1～3年的新生代农民工；在对自己的认识不足这一因子上，工作年限在4～8年的新生代农民工在该因子上的平均分要极其显著低于工作年限在1年以下的新生代农民工，显著低于工作年限在1～3年的新生代农民工。

第三节　新生代农民工职业决策困难研究结果分析讨论

一、分析讨论

本研究发现，新生代农民工存在中等以上强度的职业决策困难。对于职业或者工作具有错误观念，缺乏较强烈的职业动机，内在冲突和外部冲突不断，是新生代农民工普遍存在的问题。产生这些问题最根本的原因可以归结为新生代农民工的不合理信念。心理学研究者韦斯勒对不合理信念归纳出三个特征：绝对化要求、以偏概全和极度悲观。完美主义是导致职业决策困难的一项重要的不合理信念，国外有不少研究者曾考察过，完美主义与职业难于决策有着很大的关联，完美主义者可能会因为想要做出一个完美的职业决策，并且让他身边的重要他人感到满意（包括父母，师傅和同伴），而感到焦虑和对失败的恐惧，从而导致职业未决。这种未决可能通过很多种方面表现出来，如拖延职业的选择，或频繁转换职业等。当然，新生代农民工职业准备不足、对自我与职业认知不足，也是产生这些问题的原因。

本研究发现，在职业决策困难中，新生代女性农民工相对于新生代男性农民工来说，要更加“犹豫不决”。当然，这很有可能是社会性别（性别取向）导致的差异，因为男女的社会经验存在差异，而从社会性格特征来看，女性更倾向于优柔寡断，在进行职业决策的时候，会考虑更多复杂而细节的情况；男性则更理性果敢，做事时更喜欢直来直去、说干就干，在进行职业决策时更倾向于当机立断，迅速直接。

本研究发现，不同年龄阶段的新生代农民工在职业决策困难上存在显著性差异。具体来说，从量表总分上来说，26～30岁年龄组均分显著低于16～20

岁、21~25岁及31岁以上年龄组均分。通过事后检验发现，16~20岁，21~25岁的新生代农民工与26~30岁的新生代农民工相比，更不清楚自己职业决策步骤，对自己的认识存在欠缺。但是在“内在冲突”因子上，年龄在31岁以上的就比其余三个年龄阶段的新生代农民工情况更为严重，此外，21~25岁年龄阶段的新生代农民工“外在冲突”比26~30岁的更加明显。这些研究结果充分说明了年龄这一人口学变量对新生代农民工的职业决策有着重要影响。16~30岁是人们职业生涯的发展的关键时期，随着年岁增长，工作阅历的丰富，职业价值观越来越清晰，经历过的职业选择机会越多，就越能权衡职业决策中的利弊得失，越能了解自己的职业需求和职业愿望，所以出现“不清楚决策步骤”、“对自己认识不足”、“内在冲突”就越少，职业决策自我效能就越强，对自己能否成功地处理与解决与职业有关活动的信心就越高，职业决策困难水平就越低。至于31岁以上组的新生代农民工在量表总分、“外在冲突”因子上的均分具有显著性意义，这是一个耐人寻味的结果。长期的漂泊，打工的孤独，“污名”化的无奈，年岁的无情，家庭的压力，难于融入城市却又不愿返回农村的尴尬，凡此种种，交织在一起，他们在进行职业决策时难免陷于各种困境。

通过研究发现，在“对自己认识不足”因子上，已婚的新生代农民工显著性地低于未婚者的均分，说明已婚者能更清楚地、充分地认识自己的长处与不足，他们大多组建了自己的小家庭，为人父母的责任感与担当，使他们在日常生活与工作中能尽量扬长避短，而未婚者则不一定能具备自知能力和自知愿望。

通过研究发现，工作年限越长的新生代农民工，就越“清楚职业决策步骤”，越能“认清自己”。相反地，工作时限越短暂，就越不容易做到这一点。很显然，这是因为工作经验的丰富与否所致，在进行职业决策时，“经验老到”要好过“新手上路”。

二、对策思考

由于新生代农民工存在中等以上强度的职业决策困难，因此，无论是职前教育，还是在岗教育，都要注重培养新生代农民工的职业决策能力，即与个人获得职业信息、进行职业规划并做出乐于接受教育的明智决定。这种职业决策能力具体包括5个成分：（1）自我评价能力，即了解自己的职业能力、职业兴趣、职业需求、职业价值观以及职业自我概念等能力；（2）获得职业信息的能力，即个人对工作世界的特定职业的职责、任务的了解程度；（3）目标筛选，即将个体的特性与工作的特点进行匹配的能力；（4）职业规划能力，即在作出职业决策后，对决策的实施能力，具体地说就是指花在规划上的时间、所采取的手段是否与职业规划相关及规划步骤的顺序；（5）问题解决的能力，指解决或应付在职业决策的过程中所遇到的问题或障碍的能力，这些问题如与父母的冲突、缺乏所喜欢的职业的能力、决策犹豫和不现实等。

在“犹豫不决”因子上，新生代女性农民工均分显著高于新生代男性农民工，因此，在对新生代农民工进行岗前和岗位培训时，要加强新生代女性农民工优良的职业人格特质培养，强化其职业决策的方法指导，提升她们的职业选择能力。因而，要通过职业心理素质拓展，弥补其自身能力和学识方面的不足，着重培养其积极心态、交往能力、抗挫折能力、心理调整能力和健全人格等，以增强其职业自信心。

不同年龄段的新生代农民工在量表总分、“不清楚决策步骤”、“对自己的认识不足”、“内在冲突”、“外在冲突”等四个因子上存在显著性差异，25～30岁年龄组明显优于其他年龄组。因此，在平时的员工培训时，可以让年长一些的员工现身说法，与年轻员工分享自己职业决策的经验和教训，在一定程度上能帮助年轻员工减少职业决策困难。

在“对自己认识不足”因子上，已婚组新生代农民工均分显著性地低于未婚组，因而，在职业培训过程中，在重视新生代农民工特别是未婚组人群的职业技能培训、职业价值观的引导教育以及就业“软技能”的同时，要加强良好人格特质的培养，强化责任意识，勇于担当。另外，通过心理测评及职业心理咨询，促使新生代农民工能更了解清楚地认识自我，认识职业社会，培养其职业决策能力，使他们能更好地适应城市职场生活。

在“不清楚决策步骤”与“对自己的认识不足”两个因子上，工作年限越长的新生代农民工得分越低，由此，本研究认为，在企业内员工培训的时候，可以进行“老少”搭配，“师傅带徒弟”的方式最有效，也最受年轻农民工的欢迎。这样，在进行职业决策时，年轻员工有了“老师傅”的帮助和引导，效果应该会更好。

三、研究结论

（1）新生代农民工普遍存在中等以上程度的职业决策困难，“存在错误观念”因子上的情况更为严重。

（2）“犹豫不决”因子上，新生代女性农民工均分显著高于新生代男性农民工。

（3）不同年龄段的新生代农民工在量表总分、“不清楚决策步骤”、“对自己的认识不足”、“内在冲突”、“外在冲突”四个因子上存在显著性差异。

（4）“对自己认识不足”因子上，未婚的新生代农民工的均分极其显著高于已婚的新生代农民工。

（5）不同工作年限的新生代农民工在“不清楚决策步骤”与“对自己的认识不足”两个因子上存在显著性差异。

第五章

新生代农民工心理资本及其与社会支持的关系研究

20世纪90年代以来，心理资本进入了西方学者的研究视野，目前已经积累了一定的理论和实证成果。究其实质，心理资本指的是员工积极的心理状态，丰富而协调的心理资本有利于产生良好工作绩效，有利于开拓组织竞争力，因此，心理资本问题逐渐成为人力资源管理的新热点，也成为心理学研究的新趋势。就我国目前的研究现状来看，针对新生代农民工的心理资本的研究几乎是空白。而社会支持是一个多向度的概念，是人际关系的动态过程，复杂而又多变，对新生代农民工的社会支持的研究也具有重要意义。本研究主要通过问卷调查，全面准确地评估新生代农民工心理资本的结构性、差异性和层次性，分析其心理资本与社会支持的关系，为相关职能部门制定针对新生代农民工的教育、培训、管理等政策提供依据；为企业开发和利用新生代农民工的心理资本，提高企业绩效提出一些建设性建议。

第一节　心理资本的一般概述

一、心理资本概念的界定

心理资本的概念最早出现在经济学、投资学和社会学等文献中。比如，经济学家Gold Smith Darity和Veum认为，心理资本是指能够影响个体的生产率的一些个性特征，这些特征反映了一个人的自我观点或自尊感，支配着一个人的动机和对工作的一般态度（Gold Smith，Veum&Darity，1997）。在这一定义中，心理资本被看做个体在早年生活中形成的相对稳定的心理倾向或特征，主要包括个体的自我知觉、工作态度、伦理取向和对生活的一般看法。

20 世纪末期，以美国心理学学会主席 Seligman 为代表的几位著名心理学家开启了以探究“人的发展潜力和美德等积极品质为主要内容的心理学研究新视角。” Seligman（2000）指出，心理学应该使用科学的方法去研究与发现能让个体、群体、组织发展与繁荣的力量。同时，著名的民意调查与管理咨询公司——盖洛普公司（Gallup）与心理学家们合作，从 1999 年开始每年召开一次以研究人的积极品质和积极力量为主要内容的心理学峰会。人们把这场以重视人的积极心理体验、人格特征与力量的心理学价值回归的研究与实践活动统称为积极心理学运动（PPM）。受 PPM 的影响，著名的组织行为学专家 Luthans 把积极心理学成果应用到组织行为学中，提出了积极组织行为学（POB），并且确定了 POB 概念的标准，即积极性、独特性、可测量、状态性（State - Like）、有理论与研究基础，并且通过开发与管理可以提高员工绩效（Luthans，2002）。所以，自信、希望、乐观、坚韧、情绪智力、主观幸福等积极心理状态因符合这些标准而成为 POB 的研究对象。后来，POB 把理论与应用研究重点放在了积极心理状态对领导及员工绩效的影响上。

Martin Seligman 几年前也提出了积极心理学概念，发起了积极心理学运动。他一改以前只注重错误的和不良的消极心理的研究取向，而主张关注正确的和有益的积极心理学研究。他更关注优点和健康活力，而不是缺点和病态。在 Seligman 的《真实的幸福感》（Authentic Hapiness，2002）中，他首次提出了心理资本（Psychological capital，Psycap）的设想，并探索了心理资本到底是什么和我们怎样获得心理资本等问题。他提出，“也许在我们专注于某事的时候，我们正在为我们的将来投资，建设心理资本。”

近年来，Luthans（2004）等把自信、希望、乐观、坚韧四种积极心理状态合并成为更高层次的核心概念，并称为心理资本（Psycap）。Luthans 将心理资本定义为“个体一般积极性的核心心理要素，它超出了人力资本和社会资本智商，并能够通过有针对性的投资和开发而使个体获得竞争优势”（Luthans，2005）。还指出可以从四个方面理解该定义：第一，以积极心理范例（强调积极性和人的优势）为基础；第二，由符合积极组织行为标准（如独特、有理论和研究基础、可以有效测量、表现为状态）的心理状态组成；第三，超出人力资本（你所知道的，如知识、技能、观点和能力）和社会资本（你认识谁，如信任、关系、彼此相连的工作关系网和朋友）之上，关注你是谁（如自信、希望、乐观和坚韧性）；第四，可以通过对它的投资和开发，来改善绩效和提高竞争优势。2007 年，Luthans，Youssef 和 Avolio 又对心理资本的定义进行了修订，认为心理资本是指“个体的积极心理发展状态，其特点是：(1) 拥有表现和付出必要努力、成功完成具有挑战性的任务的自信（自我效能感）；(2) 对当前和将来的成功做积极归因（乐观）；(3) 坚持目标，为了取得成功，在必要时能够重新选择实现目标的路线（希望）；(4) 当遇到问题和困境时，能够坚持、很快恢复和采取迂回途径来取得成功（坚韧）(LuthanS&Avolio，2007)。

根据以上分析，心理资本是指个体所拥有的积极心理资源，其构成部分（自信或自我效能感、希望、乐观和坚韧性）都是类似于状态（state – Like）的积极心理力量，而不是倾向性的、相对稳定的、类似于特性（trait – Like）的个性特征（如尽责或自尊等）(Luthans，Avolio，Walumbwa&Li，2005)，心理资本与人力资本和社会资本共同构成了个体所拥有的可以客观测量、投资开发和有效管理的人力资源。而且，就个体而言，人力资本具有一定的“外显性”，容易发现、测量和掌握，而心理资本具有更多的“潜在性”，相对难于观察、测量和开发。

二、心理资本的特点

通过以上文献的总结，我们发现，在对心理资本的研究当中，对其定义的界定已经初步获得了一致的研究结果。学者们对心理资本内涵的理解有趋同与综合的趋势。不难看出，大部分学者认为心理资本有以下特点。

(1) 属于积极心理学范畴，强调个人的力量和积极性，而不是纠错与试误；反映员工的优点，而不是缺点；

(2) 是一种基于积极组织行为学标准的心理状态；

(3) 不同于人力资本与社会资本，而是位于两者之上。人力资本强调“你知道什么”，它明确了员工应该具备的受教育程度与技能；社会资本强调“你认识谁”，它注重的是关系网络和人脉；而心理资本则强调“你是谁”以及“你想成为什么”，即关注的重点是个体的心理状态；

(4) 具有投资和收益特性，可以通过特定方式进行投资与开发，将其潜力挖掘出来，进而使组织获得竞争优势；

(5) 心理资本是高阶变量，它包含了较多的内容。心理资本是个体心理状态的整体指标。

三、心理资本的构成要素

目前，在心理资本的构成要素上，尚未达成一致。关于心理资本的结构主要有以下几种观点：

（1）二维度说。经济学家 Goldsmith & Darity 认为，PsyCap 由自尊和控制点（个体对生活的一般看法）两个因素构成（Goldsmith，veum&Darity，1997）。其中，自尊是一个多维度概念，包括价值观、善良、健康、外貌和社会能力；控制点是指一个人对生活的一般看法，包括内控和外控两个方面。

（2）三维度说。Luthans 和 Jensen（2003，2004，2005）在其研究中不只一次地认为，PsyCap 由希望、乐观和坚韧性三种积极心理状态组成，他们在测量心理资本时，只考虑了希望、乐观和坚韧性三种积极心理状态、强调心理资本是由希望、乐观和坚韧性合并而成的更高层次的核心概念，并把希望、乐观和坚韧性三个变量各自的标准分数相加，得到心理资本的测量值。

（3）四维度说。Luthans，Youssef 及 Avilio（2006，2007）在另一些定性研究中又提出 PsyCap 由自信（自我效能）、希望、乐观和坚韧性四个维度构成，并且编制了四维度测量量表。在这里，自信（或自我效能感）是指“个体对其发挥动机、认知资源和行动步骤的作用、成功管理给定情景中的特定任务的能力的信任程度”（Luthans，2004）；希望指“一种基于代理（目标导向的活力）和路径（实现目标的计划）之间的交互作用而产生的成功感的积极动机状态”（Goldsmith，Vetum&Darity，1997）；乐观可以由人们对好的事件和坏的事件的解释风格的两个关键维度（持久性和普遍深入性）来界定，是指人把好的事件归因于内部、持久、普遍深入的原因，把坏的事件归因于外部、暂时和特定情景中的原因的积极解释风格（Luthans，2002）；坚韧性是一种从逆境迅速恢复的能力，具有坚韧性的人表现为坚定地接受现实、受稳定的价值观支持而深信生活的意义、神奇的临时应对和适应重大变化的能力。（Goldsmith，Darity&Veum，1998）

（4）多维度说。有学者提出，PsyCap 是一个发展的概念，只要是符合积极组织行为学和 psyCap 选择标准的元素（如感激、忠诚等）都应该纳入 PsyCap的维度之中。这就形成了 PsyCap 的多维度说。虽然每一种说法都有其道理，但是，很少有学者对 PsyCap 结构维度问题进行实证研究。

以上分析表明，虽然一些研究人员开展了对心理资本的内涵、结构和维度的研究，提出了对心理资本的构成要素的认识和理解，但是，由于心理资本的概念是在总结和分析以往对自我效能感（或自信）、希望、乐观、主观幸福感、坚韧性和情绪智力等积极心理力量和潜能研究的基础上提出的，心理资本的内涵是什么，确定心理资本构成要素的依据和标准是什么，心理资本的构成要素除了自我效能感（或自信）、希望、乐观和坚韧性外，还可能包括哪些要素，对这些问题还需要进行系统的理论和实证研究。

考察文献表述，心理资本的内涵并不存在跨文化的区别，各种定义的提出和维度的划分，都是建立在对于心理资本的不同角度的理解基础之上的。考虑到拟用的操作定义以及量表的信效度，本文采用 Luthans 等人划分的维度，即心理资本分为：自我效能、希望、乐观和韧性，并采用根据这个维度划分的《心理资本问卷 PCQ－24》来进行问卷调查研究。

（1）自我效能。这个概念是目前 POB 诸多概念中研究最多、理论发展最成熟的一个。被引用的次数最多的概念是 Bandura 提出的“自我效能感是指个体对于自己达成某一目标的过程中克服的困难和战胜的挑战的自信程度，是积极性发挥作用最普遍、也最为重要的心理机制；他还强调指出，人们只有相信自己的积极行动能够达到自己想要的目标，并能阻止不好的结果的出现，才能够激发出行动的动机。”还有学者认为，自我效能是个体对自己在特定的情境里能够激发动机、调动一切有利条件并采取有效的行动从而成功完成某一项特定工作的自信心。高水平自我效能感的人们为自己设立较难达到的目标，并自己选择自己实施起来较困难的工作任务，勇敢迎接挑战，并愈挫愈勇，当面对困难时，他们会坚持努力到底。

（2）希望。这个词很常见，在心理资本的概念中，Snyder 将希望定义为一种可被感知到的能力，这种能力来源于达到目标的途径以及通过思考途径而进行的自我激励，是基于目标、途径和意志力三者之间相互作用而形成的积极心理状态。充满高水平希望的员工有明确的目标，对自己的目标充满了信心，在实现目标的过程中也会表现出充沛的精力与意志力。

（3）乐观。这个词语也是无处不在。顾名思义，乐观就是对待一切事物的一种积极向上的好的心态，是表示一种状态，显然这个概念符合积极组织行为的标准。积极组织行为学的研究者们一般把乐观定义为一种能够对事物的结果做出积极的预测或倾向。Tiger 将乐观定义为“一种社会中的事物密切相关联的情感体验或心态，这种情绪体验能够促进积极结果的发生，并能增强人们的竞争优势。”乐观的人对生活充满热情与希望，对任何事情都会以积极的态度去面对，并且研究者们还发现乐观的个体具有更高的身心健康水平。

（4）韧性。表现为一种坚强的意志力。在积极心理学中，韧性被定义为“在工作过程中，能够对不利于目标实现的环境进行改革，并能在困境中看到事物好的一面，勇于面对一切困难和挫折，从而努力使自己的目标顺利达成。”Luthans 等人还发现，如果人们具有高水平的韧性，那么他的创造力更强，能够更好地对时刻变化的情境做出反应，能够在面对困难或挫折时更坚强更勇敢地去面对，从而顺利或者高质量地完成任务。

第二节 新生代农民工心理资本实证研究的研究结果

一、研究对象

本研究被试是来自江苏省常州市数家企业的新生代农民工，采用随机抽样的方法，发放问卷400份，回收有效问卷308份，有效率为77%。有效被试的基本信息分布情况，如表5－1所示。

表5－1 样本分布情况

人口学因素	维度	样本数	百分比（%）
性别	男	188	61.0
	女	120	39.0
年龄	20岁以下	8	2.6
	21～25岁	93	30.2
	26～30岁	127	41.2
	30岁以上	80	25.0
学历	初中及以下	104	33.8
	高中、职高、中专或技校	107	34.7
	大专或高职	68	22.1
	本科及以上	29	9.4
工龄	1年以内	53	17.2
	1～3年	122	39.6
	3～7年	71	23.0
	7～10年	31	10.1
	10年以上	31	10.1

续表

人口学因素	维度	样本数	百分比（%）
婚姻状况	已婚	199	64.6
	未婚	106	34.4
	离异	3	1.0
工资水平	1500 以下	2	0.6
	1501～2000	15	4.9
	2001～3000	142	46.1
	3001～4500	134	43.5
	4501 以上	15	4.9
合计	*N*	308	100

二、研究工具

（一）心理资本问卷（PCQ－24）

该问卷由 Luthans 等编制，共 24 个题目，其中包含自我效能感（对于接受挑战性的任务有信心，并且努力后能够成功）、希望（为了取得成功而坚定地指向目标，并适时地修正努力方向）、韧性（能够快速从困难和逆境中回弹或恢复过来）、乐观（在现在或是未来，都有对于成功的积极归因）4 个维度，分别通过 6 个题目来测量，采用 6 点记分法，从“非常不同意”到“非常同意”分别记 1～6 分，总分可以反映员工的心理资本的情况。该量表 α 系数为 0.82，信度效度均得到了验证。

（二）社会支持评定量表（SSRS）

该量表是由肖水源等人在参考国外社会支持量表后，根据我国的实际情况编制而成的。量表共 10 个题目，包含三个维度：客观支持（即被试所接受到的实际支持）3 题，主观支持（即被试所能体验到的或情感上的支持）4 题，对支持的利用度（即反映个体对各种社会支持的主动利用，包括倾诉方式、求助方式和参加活动的情况）3 题，总得分和各分量表得分越高，说明社会支持程度越好。总量表及三个维度的 α 系数均在 0.698～0.775 之间，具有较好信度和效度，能较好反映个体的社会支持水平（汪向东等，1999）。

三、研究过程

研究者担任主试，采用集体施测的方式，给予足够的时间请被试答卷。

在回收的问卷中筛选出有效问卷，用 SPSS for Win17.0 软件包处理分析数据。

四、研究结果

（一）新生代农民工的心理资本水平

一般来说，心理资本水平可分为四个等级，80 以下表示心理资本处于低等水平，需要加强和训练心理资本，以应对挑战和危机；80 ~ 100 表示心理资本处于中等水平，可应对一般压力和挑战；100 ~ 124 表示心理资本处于较高水平，可应对较高压力和挑战；124 以上表示具有极高的心理资本，可以应对极高的压力和挑战。

由表 5 - 2 可以看出，新生代农民工的心理资本大多集中在 80 ~ 124 中高等水平上，占了 90.9%，80 以下的低等水平仅占 4.2%，而 124 以上的高等水平也不多，占 4.9%，新生代农民工的平均心理资本水平约为 104.455，处于较高的心理资本水平。

表 5 - 2　新生代农民工的心理资本水平

	80 以下	80 ~ 100	100 ~ 124	124 以上	$M \pm SD$
频次	13	93	187	15	104.455 ± 14.170
百分比（%）	4.2	30.2	60.7	4.9	

（二）新生代农民工心理资本及其各维度的差异性检验结果

1. 新生代农民工心理资本及其各维度的性别差异结果

由表 5 - 3 可知，经 t 检验，新生代农民工心理资本及其各维度的性别差异不显著。

表 5 - 3　新生代农民工心理资本及其各维度的性别差异 t 检验结果

	性别	N	$M \pm SD$	t	p
心理资本	男	188	104.069 ± 14.395	-0.597	0.731
	女	120	105.058 ± 13.848		
自我效能	男	188	25.495 ± 4.927	0.591	0.372
	女	120	25.158 ± 4.776		
希望	男	188	27.027 ± 4.531	0.354	0.969
	女	120	26.842 ± 4.371		

续表

	性别	N	$M \pm SD$	t	p
韧性	男	188	26.867 ±4.176	-0.889	0.936
	女	120	27.292 ±3.939		
乐观	男	188	24.681 ±3.968	-2.368	0.940
	女	120	25.767 ±3.854		

2. 新生代农民工心理资本及其各维度的年龄差异结果

由表5-4可知，经单因素方差分析，新生代农民工心理资本及其各维度的年龄差异不显著，可见年龄对新生代农民工的心理资本影响不显著。

表5-4　新生代农民工心理资本及其各维度的年龄差异单因素方差分析结果

	年龄分组	N	$M \pm SD$	F	p
心理资本	20岁以下	8	108.875 ±16.444	0.456	0.713
	21~25岁	93	103.903 ±11.418		
	26~30岁	127	105.055 ±15.052		
	30岁以上	80	103.700 ±15.481		
自我效能	20岁以下	8	24.625 ±5.181	0.096	0.962
	21~25岁	93	25.419 ±4.100		
	26~30岁	127	25.448 ±4.872		
	30岁以上	80	25.237 ±5.657		
希望	20岁以下	8	27.750 ±5.230	0.122	0.947
	21~25岁	93	26.946 ±3.971		
	26~30岁	127	27.008 ±4.611		
	30岁以上	80	26.800 ±4.756		
韧性	20岁以下	8	28.250 ±3.955	0.700	0.552
	21~25岁	93	26.774 ±3.785		
	26~30岁	127	27.323 ±4.078		
	30岁以上	80	26.750 ±4.448		
乐观	20岁以下	8	28.250 ±4.528	2.083	0.103
	21~25岁	93	24.763 ±3.783		
	26~30岁	127	25.276 ±4.130		
	30岁以上	80	24.913 ±3.718		

3. 新生代农民工心理资本及其各维度的婚姻状况差异结果

由于离异者人数过少，可忽略，所以使用 t 检验分析已婚与未婚者心理资本水平的差异。由表 5-5 可知，经 t 检验，新生代农民工心理资本及其各维度的婚姻状况差异不显著，可见婚姻状况对新生代农民工的心理资本及其各维度的影响并不显著。

表 5-5 新生代农民工心理资本及其各维度的婚姻状况差异 t 检验结果

		N	$M \pm SD$	t	p
心理资本	已婚	199	104.945 ±15.198	0.788	0.111
	未婚	106	103.594 ±12.247		
自我效能	已婚	199	25.332 ±5.171	-0.191	0.178
	未婚	106	25.443 ±4.270		
希望	已婚	199	27.221 ±4.632	1.340	0.536
	未婚	106	26.500 ±4.164		
韧性	已婚	199	27.141 ±4.250	0.648	0.196
	未婚	106	26.821 ±3.812		
乐观	已婚	199	25.251 ±4.115	0.882	0.188
	未婚	106	24.830 ±3.676		

4. 新生代农民工心理资本及其各维度的学历差异结果

由表 5-6 可知，经单因素方差分析，新生代农民工心理资本总体水平（$p = 0.039 < 0.05$）及其韧性维度（$p = 0.048 < 0.05$）的学历差异性显著，自我效能维度的学历差异极其显著，$p = 0.002 < 0.01$，可见学历对心理资本及其韧性维度的影响较为显著，对自我效能维度的影响极其显著，对其他维度的影响并不显著。

表 5-6 新生代农民工心理资本及其各维度的学历差异单因素方差分析结果

	学历层次	N	$M \pm SD$	F	p
心理资本	初中及以下	104	101.202 ±14.463	2.814	0.039*
	高中、职高、中专或技校	107	106.009 ±13.595		
	大专或高职	68	106.324 ±14.947		
	本科及以上	29	106.000 ±11.759		

续表

	学历层次	N	M ± SD	F	p
自我效能	初中及以下	104	23.952 ±5.237	5.875	0.001 **
	高中、职高、中专或技校	107	25.561 ±4.575		
	大专或高职	68	26.338 ±4.540		
	本科及以上	29	27.414 ±3.969		
希望	初中及以下	104	26.462 ±4.420	1.532	0.206
	高中、职高、中专或技校	107	27.645 ±4.477		
	大专或高职	68	26.927 ±4.621		
	本科及以上	29	26.241 ±4.0414		
韧性	初中及以下	104	26.125 ±4.093	2.671	0.048 *
	高中、职高、中专或技校	107	27.589 ±4.005		
	大专或高职	68	27.427 ±4.430		
	本科及以上	29	27.310 ±2.989		
乐观	初中及以下	104	24.664 ±3.955	0.865	0.459
	高中、职高、中专或技校	107	25.215 ±3.759		
	大专或高职	68	25.632 ±4.121		
	本科及以上	29	25.035 ±4.272		

经事后检验发现：在心理资本总水平上，初中及以下与高中、职高、中专或技校（$p = 0.013 < 0.05$）、大专或高职（$p = 0.020 < 0.05$）的差异显著，可见初中及以下学历的新生代农民工心理资本水平显著低于高中、职高、中专或技校及大专或高职学历的新生代农民工。

在自我效能维度上，初中及以下与高中、职高、中专或技校（$p = 0.014 < 0.05$）的差异显著，与大专或高职（$p = 0.001 < 0.01$）、本科及以上（$p = 0.001 < 0.01$）的差异极其显著，可见初中及以下学历的新生代农民工自我效能显著低于高中、职高、中专或技校学历的新生代农民工，并且极其显著地低于大专或高职及本科以上学历的新生代农民工。

在韧性维度上，初中与高中、职高、中专或技校（$p = 0.009 < 0.01$）、大专或高职（$p = 0.040 < 0.05$）的差异显著，可见初中及以下学历的新生代农民工韧性明显比高中、职高、中专或技校及大专或高职学历的新生代农民工差。

5. 新生代农民工心理资本及其各维度的工龄差异结果

由表5-7可知，经单因素方差分析，新生代农民工心理资本及其各维度的工龄差异不显著，可见工龄对心理资本及其各维度的影响不显著。

表 5-7 新生代农民工心理资本及其各维度的工龄差异单因素方差分析结果

		N	*M* ± *SD*	*F*	*p*
心理资本	1 年以内	53	103.132 ± 12.216	0.914	0.456
	1～3 年	122	104.950 ± 13.969		
	3～7 年	71	103.788 ± 15.044		
	7～10 年	31	102.451 ± 14.928		
	10 年以上	31	108.290 ± 15.280		
自我效能	1 年以内	53	24.018 ± 4.431	2.300	0.059
	1～3 年	122	25.696 ± 4.813		
	3～7 年	71	25.028 ± 4.723		
	7～10 年	31	25.354 ± 5.043		
	10 年以上	31	27.129 ± 5.469		
希望	1 年以内	53	26.377 ± 3.606	1.104	0.355
	1～3 年	122	27.131 ± 4.292		
	3～7 年	71	26.577 ± 5.153		
	7～10 年	31	26.774 ± 4.737		
	10 年以上	31	28.290 ± 4.428		
韧性	1 年以内	53	26.981 ± 3.733	0.567	0.687
	1～3 年	122	26.918 ± 4.083		
	3～7 年	71	27.183 ± 4.330		
	7～10 年	31	26.387 ± 4.386		
	10 年以上	31	27.871 ± 3.879		
乐观	1 年以内	53	25.754 ± 3.827	1.074	0.369
	1～3 年	122	25.204 ± 4.119		
	3～7 年	71	25.000 ± 3.909		
	7～10 年	31	23.935 ± 3.802		
	10 年以上	31	25.000 ± 3.705		

6. 新生代农民工心理资本及其各维度的工资水平差异结果

由表 5-8 可知，经单因素方差分析，新生代农民工心理资本的工资水平差异不显著，但自我效能维度的工资水平差异显著，$p = 0.034 < 0.05$，可见工资水平对新生代农民工的心理资本影响不显著，对新生代农民工的自我效能影响较为显著。

经事后检验，在自我效能维度上，工资 4501 以上与 1500 以下（$p = 0.035 < 0.05$）、2001 ~ 3000（$p = 0.005 < 0.01$）、3001 ~ 4500（$p = 0.011 < 0.05$）的差异显著，其他工资水平之间差异不显著。可见工资在 4501 以上的新生代农民工自我效能显著高于工资 1500 以下的、2001 ~ 3000 的和 3001 ~ 4500 的。

表 5 - 8　新生代农民工心理资本及其各维度的工资水平差异单因素方差分析结果

		N	*M* ± *SD*	*F*	*p*
心理资本	1500 以下	2	94.500 ± 27.577	1.636	0.165
	1501 ~ 2000	15	108.600 ± 10.048		
	2001 ~ 3000	142	103.930 ± 14.784		
	3001 ~ 4500	134	103.896 ± 13.406		
	4501 以上	15	111.600 ± 15.688		
自我效能	1500 以下	2	21.000 ± 5.657	2.647	0.034*
	1501 ~ 2000	13	26.600 ± 3.541		
	2001 ~ 3000	139	24.986 ± 4.991		
	3001 ~ 4500	136	25.321 ± 4.768		
	4501 以上	15	28.667 ± 4.419		
希望	1500 以下	2	25.500 ± 7.778	0.617	0.651
	1501 ~ 2000	13	27.467 ± 3.357		
	2001 ~ 3000	139	26.795 ± 4.691		
	3001 ~ 4500	136	26.910 ± 4.273		
	4501 以上	15	28.533 ± 4.749		
韧性	1500 以下	2	24.500 ± 6.364	0.350	0.844
	1501 ~ 2000	13	27.466 ± 3.021		
	2001 ~ 3000	139	26.985 ± 4.134		
	3001 ~ 4500	136	26.992 ± 4.150		
	4501 以上	15	27.733 ± 3.863		
乐观	1500 以下	2	23.500 ± 6.364	2.027	0.091
	1501 ~ 2000	13	27.066 ± 2.738		
	2001 ~ 3000	139	25.162 ± 4.137		
	3001 ~ 4500	136	24.672 ± 3.763		
	4501 以上	15	26.667 ± 4.065		

（三）新生代农民工心理资本与社会支持的相关分析结果

由表5－9可知，心理资本与社会支持的内部因子之间均呈现显著正相关。

表5－9 新生代农民工心理资本与社会支持度的相关分析结果

	心理资本	自我效能	希望	韧性	乐观	社会支持	客观支持	主观支持	对支持的利用度
心理资本	1								
自我效能	0.820**	1							
希望	0.863**	0.656**	1						
韧性	0.846**	0.547**	0.669**	1					
乐观	0.728**	0.402**	0.465**	0.571**	1				
社会支持	0.321**	0.245**	0.277**	0.223**	0.305**	1			
客观支持	0.200**	0.158**	0.128**	0.165**	0.206**	0.748**	1		
主观支持	0.226**	0.157**	0.244**	0.140*	0.197**	0.845**	0.356**	1	
对支持的利用度	0.354**	0.295**	0.276**	0.239**	0.349**	0.527**	0.209**	0.292**	1

（四）新生代农民工心理资本与社会支持的回归分析结果

由表5－10可知，对支持的利用度和主观支持进入回归方程，对新生代农民工的心理资本水平具有极其显著的预测作用。且F为25.232，表明建立的回归模型具有统计学意义。新生代农民工的心理资本水平＝76.334＋2.361×对支持的利用度＋0.421×主观支持，对支持的利用度与主观支持对于新生代农民工心理资本水平的联合解释率为13.7%。

表5－10 新生代农民工心理资本与社会支持度的回归分析结果

		β	R^2	F
模型一	对支持的利用度	0.354	0.125	43.889**
模型二	对支持的利用度	0.315	0.142	25.232**
	主观支持	0.134		

第三节 新生代农民工心理资本实证研究结果分析与讨论

一、新生代农民工心理资本水平的讨论

新生代农民工的平均心理资本水平约为104，处于中等偏高的心理资本水

平，高于本研究的研究假设。80以下的低等水平仅占4.2%，大多集中在80~124中高等水平上，占了90.9%，但是124以上的高等水平也很少，仅占4.9%。

可见，随着经济的迅速发展与和谐社会的不断推进，社会对于新生代农民工的关注度也在日益增长，他们的温饱、教育、工作等问题都得到了较大程度的解决，尤其是在常州地区。而且本次研究对象主要来自企业和工厂，他们有稳定的收入来源，能够靠自己的辛勤劳动创造美好生活，有些企业也比较注重对员工的培训和生活上的关心，所以他们的心理资本水平并不低，但是具有极高心理资本的新生代农民工仍然很少，仍有待提高。

根据部分新生代农民工在问卷上写下的"无聊""只看学历""少有伯乐""厂里不让参加活动"等意见，相关部门仍需采取进一步措施，如增加人文关怀；加强精神文明建设，充实新生代农民工枯燥工作以外的生活；健全晋升机制，调动新生代农民工的工作激情等，从而提升心理资本。

二、新生代农民工心理资本及其各维度的差异性检验结果讨论

（一）新生代农民工心理资本及其各维度的性别、年龄、婚姻状况、工龄差异结果讨论

前人的研究结果表明，性别、年龄、婚姻状况、工龄等不会引起心理资本水平上的差异（Luthans，2005）。那么在本研究中，即使是新生代农民工这个特殊的群体，也产生了同样的结果。在心理资本的各个维度上，也同样没有明显的差异。

在性别方面，毕竟在21世纪的新时代，重男轻女的现象在农村也不多见了，而在本研究所调查的企业和工厂中，更是男女平等，待遇一致，因此性别差异并不明显。再如婚姻状况方面，一方面，可能是因为新生代农民工在问卷作答过程中，故意掩饰了自己离异的婚姻状况，研究对象中离异的仅有三人，样本容量太少，检测不出差异的显著性；另一方面，婚姻只是社会支持中的一小部分，即使少了配偶，其他社会支持依然存在，精神依然有所寄托，所以婚姻状况不会给心理资本及其各维度造成显著的影响。

（二）新生代农民工心理资本及其各维度的学历差异结果讨论

本研究结果显示，新生代农民工心理资本的学历差异显著，即学历对于心理资本总体水平具有显著影响，初中及以下学历的新生代农民工心理资本水平显著低于高中、职高、中专或技校及大专或高职学历的新生代农民工。显然，

初中及以下学历在今天看来确实过低，以至于适合的岗位很少，平均工资很低，不像职高、技校之类的可以学到一技之长，也不像高中、高职、中专、大专有良好的教育及发展前景，所以导致这种结果。

在心理资本维度中，自我效能维度的学历差异极其显著，即学历对自我效能的影响极其显著。因为在这个看学历的年代，虽然成功者不一定都有高学历，但高学历却可以给人以成功的自信，加之综合素质较高，因此，自我效能感较高。研究结果显示，初中及以下学历的新生代农民工自我效能低于高中、职高、中专或技校学历的新生代农民工，并且显著低于大专或高职及本科以上学历的新生代农民工，学历越高，自我效能感越强。

在韧性维度上，学历差异也较为显著，即学历显著地影响了新生代农民工从困难中恢复过来的能力。初中及以下学历的新生代农民工韧性明显比高中、职高、中专或技校及大专或高职学历的新生代农民工差。学历也是一种资本，当低学历者欠缺这种资本，自然缺乏从困难中迅速恢复过来的底气，而高学历者则相对容易些，因为他们具有学历资本，可以抓到更多的机会走出当下的逆境，而长期良好的教育使他们具有更好的心理素质面对挫折。

那么，为什么初中及以下学历者的心理资本和韧性并未显著低于本科及以上学历者呢？本科及以上学历者是受过高等教育的人才，正因这种背景导致其对自身期望值过大，当现实与期望落差过大时，他们往往承受不了这种山顶跌落谷底的挫折，恢复也会较为困难，所以韧性水平不高，心理资本水平有待提高。

（三）新生代农民工心理资本及其各维度的工资水平差异结果讨论

研究结果显示，新生代农民工心理资本的工资水平差异不显著，可见工资水平对新生代农民工的心理资本影响不显著，但对自我效能的影响较为显著。

工资的多少也许正代表了一个新生代农民工的能力和付出的汗水，月末拿到手的工资也给了工人们下个月继续好好干的动力，因此，动力带给了他们接受更多挑战的信心，并能够努力完成。所以工资水平对新生代农民工的自我效能影响较为显著。其中，“4501 以上”这一较高水平的工资与 1500 以下、2001 ~ 3000、3001 ~ 4500 的差异都比较显著，即工资在 4501 以上的新生代农民工自我效能显著高于工资 1500 以下的、2001 ~ 3000 的和 3001 ~ 4500 的新生代农民工。

三、新生代农民工心理资本与社会支持的相关分析结果讨论

本研究的结果表明，心理资本与社会支持之间呈显著的正相关，且二者各

维度之间均存在显著的相关性，结果与研究假设一致。

这表明，心理资本与社会支持度息息相关。社会支持度低的新生代农民工往往具有较低的心理资本。有时候，他们是独自外出打工，没有家人在身边给予他们温暖；有时候，邻里间防盗门紧锁，互相警惕，人情淡漠；有时候，身边的酒肉朋友太多，没有交心的朋友；有时候，企业把他们当做生产的机器，缺乏人性关怀；有时候，他们自己也不知道该往哪里走，痛苦、迷茫，却没有心灵的援助……这些问题致使新生代农民工缺乏社会主客观支持，而自身心理素质有限，无法利用好身边有限的支持资源，使得社会支持水平低下，心理资本水平低下，不利于其工作、生活的质量和效率。

因此，提高心理资本的有效方式之一，就是提高社会支持度。对于企业和工厂而言，就应该采取相应措施，去提升新生代农民工的社会支持度（主观支持、客观支持、对支持的利用度），从而提高其心理资本，为组织创造效益。

四、新生代农民工心理资本与社会支持的回归分析结果讨论

在回归分析结果中，对支持的利用度和主观支持进入回归方程，对新生代农民工的心理资本水平具有极其显著的预测作用。且 F 为 25.232，表明建立的回归模型具有统计学意义。新生代农民工的心理资本水平 = 76.334 + 2.361 × 对支持的利用度 + 0.421 × 主观支持，对支持的利用度与主观支持对于新生代农民工心理资本水平的联合解释率为 13.7%。

据此理论依据，便可为企业管理新生代农民工提供指导思路。本研究为企业提出以下几点建议。

第一，企业除了关心员工的工作以外，多关心员工的生活，如，经济出现困难、或者心理出现障碍等，企业都应该尽力帮助员工解决，让员工感受到企业强大的支持力量；

第二，企业应经常组织、鼓励大家参与集体活动，让员工感受到身边同事的支持力量；

第三，企业可通过媒体，为有困难的员工寻求社会的帮助，让员工感受到社会人员的支持力量；

第四，企业应多与员工家人做交流，赢得员工家人对员工工作的支持，让员工感受到家人的支持力量；

第五，企业多开展心理辅导活动，助人自助，提高员工的心理健康水平与心理素质，让员工感受到主观的支持力量，并提高员工对身边支持力量的利用

度。通过提高社会支持度的这些方式来获取更多的心理资本，从而惠及企业及新生代农民工个人。

五、研究结论

（1）新生代农民工的心理资本水平处于中等偏高水平，仍有待提高。

（2）新生代农民工的学历对心理资本总体水平及其自我效能与韧性两个维度的影响显著。

（3）新生代农民工的工资水平对心理资本的自我效能维度影响显著。

（4）新生代农民工的社会支持与心理资本及各维度之间呈显著正相关。

（5）新生代农民工的社会支持对心理资本具有显著的预测作用。

第六章 新生代农民工心理契约的实证研究

众所周知，劳动密集型企业最大的特点就是使用大量的劳动力来从事生产劳动，这些劳动力的主体就是农民工，而新生代农民工则已经成为农民工的主体组成部分。伴随着近些年出现的“民工荒”情况的加剧，劳动密集型企业也面临着人员流失的困境。新生代农民工的不正常离职行为和高的离职率将影响企业的正常运作，同时，也增加了企业的管理经营成本。新生代农民工与传统员工之间存在很多区别，新生代农民工群体的工资水平、受教育水平普遍低于传统工人，并且农民工所处的弱势地位使得他们更加需要依赖于心理契约这种非正式的契约来维持与企业之间的关系，因此，对新生代农民工心理契约的研究具有很强的现实意义。农民工阶层的心理契约能反映出新生代农民工的心理需求，对新生代农民工心理契约的研究，可以使企业全面科学地掌握他们对企业的期望，为企业找到解决新生代农民工流失问题的出路，进而实施科学管理，不断增强企业的核心竞争力，实现企业的发展战略目标。同时，新生代农民工作为我国劳动力的中坚力量，为国家的经济发展做出了巨大的贡献，但是他们却一直游离于城市和乡村的边缘，社会对农民工存在一定歧视，如同工不同酬、身份歧视、超负荷劳动等。本研究期望通过深入新生代农民工群体，了解他们的真实想法，纠正企业与社会对他们的偏见，提高新生代农民工的社会地位，进而为构建和谐社会提供解决依据。

第一节 心理契约的一般概述

一、心理契约一般概述

（一）心理契约的概念

组织心理学家克里斯·阿吉里斯（Chris Argyris，1960）首先使用了心理契约这个术语，他在所著的《理解组织行为》（Understanding organizational behavior）一书中，用“心理的工作契约”来表达下属与主管之间的一种隐含的、非正式的、未公开说明的理解与默契关系。尽管是他仅仅提出这样的概念，但是并未对这一概念进行明确界定。

莱文森（Levinson，1962）等通过某实证研究，将心理契约描述为“非书面化的契约”，认为心理契约是“组织与员工之间隐含的、未公开说明的相互期望的总合”，由于期望的内隐特性，其中有一些期望（如薪酬福利）在意识上比较清楚，而另一些（如晋升）则相对比较模糊。莱文森在心理契约的概念发展上做出了较为突出的贡献，被称为“心理契约之父”。

施恩（Sehein，1965、1978、1950）将心理契约定义为时刻存在于组织成员之间的一系列未书面化的期望，他将心理契约划分为个体和组织两个层面，这样使人们对心理契约的研究更加明确。

卡特（Kotter，1973）认为，心理契约是一种存在于个体与其组织之间的一种内隐契约，它将双方关系中一方希望付出的代价以及从另一方得到的回报具体化。

随着学术界对心理契约概念的不断研究和完善，到20世纪80年代中后期，研究者由于对其理解的深化而逐渐形成两大学派。

一派是以美国学者卢梭（Rousseau）、罗宾逊（Robinson）、莫里森（Morrison）等为首的“Rousseau”学派（1990，1994，1997），该学派坚持心理契约的单边关系（员工），强调心理契约是雇员个体对双方交换关系中彼此责任和义务的主观理解。

Rousseau（1990）首次提出了狭义“心理契约”的定义，她认为组织不具有主体性，是抽象的，她不同意把心理契约主体定位在组织上。她把心理契约的感知主体界定为员工，她认为，“心理契约是员工个体在组织与员工交换活动关系中，以承诺、信任和感知为基础形成的关于双方相互责任和义务的一种信念系统。”

Morrison & Robinson（1997）对狭义心理契约的概念更加明确化，指出心理契约一般被定义为单个雇员对其与组织之间的相互义务和责任的一系列信念，这些信念建立在对承诺的主观理解的基础上，但并不一定被组织或者其代理人所意识到。

另一学派是以英国学者赫里欧（Herriot）、彭伯顿（Pemberton）、Guest 等为代表的古典学派（1997，1998），该学派坚持心理契约的双边关系（员工和组织），强调遵循心理契约开始提出时的原意，将其认为是雇用双方对交换关系中彼此责任义务的主观理解。

Herriot & Pemberton（1995，1997）认为，以员工为主体的单边关系仅考虑了员工水平的认知和期望。他们主张心理契约应定位在个体和组织两个方面，提出心理契约是“组织与个人在相互关系中，所感知到的彼此为对方提供的责任。这种知觉或是来自对正式协议的感知，或隐藏于各种期望当中。”

Guest（1998）提出，在对心理契约的研究过程中，如果放弃组织（雇主）方面的视角，只有员工单方面的视角，会对心理契约研究的方向和核心问题产生误导。

国内学者对心理契约的关注始于 21 世纪初，在国外相关研究的基础之上，根据我国的人文背景和社会文化的不同，对心理契约的概念进行了研究。

陈加州等（2001）在对组织中的心理契约进行实证研究的基础上，将心理契约定义为雇佣双方对雇佣关系中彼此对对方应付出什么又应得到什么的一种主观心理约定，约定的核心成分是雇佣双方内隐的不成文的相互责任。

李原、郭德俊（2002）在回顾国内研究的基础上，把心理契约研究的总体发展过程划分为概念引入、概念发展和实证研究三个阶段，对心理契约概念做了系统的研究，包括心理契约的概念、特点、类型，并指出了当前的研究焦点和未来的研究方向。

曹威麟等（2007）运用思维科学的逻辑方法，对现行心理契约定义进行了修正，并探讨了目前学界研究较薄弱的心理契约形成机制问题，构建了达成和履行心理契约的动态循环模型。

张玮等（2008）将效率的概念和心理契约的研究联系到了一起，并通过对心理契约构建中效率问题的研究，探索雇主与员工心理契约的动态变化以及影响这变化的因素。

综上所述，学者对心理契约定义的研究有广义和狭义之分。广义的心理契约是指将心理契约定位在个人和组织两个方面，强调雇佣双方所感知到的彼此为对方提供的责任。狭义的心理契约是指在组织与员工的相互交换关系中，把员工所感知到的彼此为对方提供的责任和义务界定为员工的心理契约，强调把心理契约定位于个体层面即个体水平上的心理契约。本研究中使用的“心理契约”的概念，以 Rousseau 学派的狭义心理契约概念为基础，强调的是员工的心理契约，即从员工视角来看组织的责任和员工的责任。

（二）心理契约的特点

通过上节综述分析，可以看到，关于心理契约概念的研究各个学者的观点并不统一，但主要表现为以下几个方面。（1）心理契约是一种期望；（2）心理契约是一种信念；（3）心理契约是一种承诺；（4）心理契约是一种内隐的协议；（5）心理契约是一种主观心里约定；（6）心理契约是对双方的义务认知。

从心理契约的定义来看，它就有很多不同于经济契约的特点，具体表现为以下几方面。

1. 主观性

心理契约强调的是对相互责任义务的期望和主观心理约定，是员工和组织内心的主观感受，而不是相互责任本身，没有正式的书面协议，是雇佣双方对对方应负责任的理解、估计和期望，是双方的主观体验与感知。员工和组织是两个不同的主体，因此经常会造成一方的期望与另一方的解释不一致。

2. 交互性

心理契约是一种组织与员工、员工与员工之间的一种双向的联系，是彼此对相互责任义务的期望和感知。在心理契约中员工与组织都处于主体地位。一方面，员工对组织应该怎样对待自己，应该为自己提供什么样的工作氛围，应该为自己承担什么样的责任义务等方面都有自己的想法和期望；另一方面，组织对员工付出了，当然也要得到回报，组织对于员工应该怎样工作，应该怎样为组织做贡献，对组织负有什么样的责任义务等方面也有期望。研究者认为组织责任和员工责任并不是相互独立的，而是相互交叉影响的，一般都是员工责任随着组织责任的变化而变化。只有通过双方的相互沟通和交流，尽可能地使对方明白和理解自己的期望，才能够达成共识，进而完善和巩固心理契约。

3. 动态性

员工、组织以及员工与组织之间的关系可以构成一个动态循环的人工系统。从心理契约的定义可以看出，我们也可以把心理契约看作一个动态循环系统，因此，心理契约也具有动态性。心理契约具有交互性，由于交互作用经常伴有随机性和不确定性，再加上政治、经济形势的不确定性、雇佣关系的变化以及企业内部不断的调整变化，系统内可能发生各种各样的变化，而这些变化都会对心理契约产生影响，由于心理契约源自员工的主观感受，即使事实上没有发生变化，员工主观上觉察到有所变化，也会影响心理契约的变化。另外，有关研究发现，随着员工在组织中工作时间的延长，他们对组织以及其他员工的了解也会随着加深（可能并不像他们当初想象的那样），心理契约的内容就会更加具体和现实。

4. 差异性

所谓心理契约的差异性是指不同员工个体和组织的心理契约内容不同，员工的心理感受受到社会环境、文化、组织类型等外界因素的制约。马玉凤等（2010）利用李原的心理契约量表对制造业企业员工进行了调查，以反映长期以来被忽视的这类企业的员工心理契约状况。研究表明，“企业规模越大，员工心理契约质量越差，不同人口统计特征员工的心理契约状况差异显著”。员工的心理感受还受到自身主观条件的影响，如知识结构、年龄、性别、职位、价值观、家庭环境、个人发展阶段等，因此，不同类型的员工对组织的期望内容和各部分组成比例有很大的差异。通常情况下年轻的员工期望组织提供的工作富有挑战性，提供更多的晋升和培训机会，而对工作的稳定性关心较少；年龄较大的员工则期望着终身雇佣，但他们对培训机会、晋升机会的期望较少。因此，“心理契约内容受个人、组织、社会、经济和文化因素的影响”，“心理契约结构维度需多角度的分析和跨文化的检验”。

二、心理契约的内容与维度

（一）心理契约的内容

心理契约的概念至今还没有一个统一的、权威的定义，因此心理契约所包含的具体内容也会有所差异。同时，由于心里契约具有主观性、交互性、动态性和差异性等特点，其内容也会随着雇主和员工需求的变化而变化。Kotter（1973）指出，心理契约的内容包含很多内容，一一全部罗列出来是很不现实的，而且随着时代背景和社会条件的不同，心理契约的内容也不同。正式对心理契约内容开展研究始于20世纪80年代末90年代初。

Rousseau（1990）对员工心理契约的内容进行研究，得出的组织责任：（1）晋升；（2）高额工资；（3）绩效奖励；（4）培训；（5）长期工作保障；

(6) 职业规划;(7) 发展。

Robinson, Karats 和 Rousseau (1994) 对心理契约的内容进行了一些研究,他们在访谈基础上概括出了员工认为“组织责任”的项目:(1) 内容丰富的工作;(2) 公平合理的报酬;(3) 成长空间;(4) 晋升;(5) 充分的工具和资源;(6) 支持性的工作环境;(7) 富有吸引力的福利待遇。

Horriot 和 Manning 等 (1997) 以管理者代表组织,对管理者和员工的心理契约内容分别进行探讨,发现两类心理契约中的组织责任项目有:(1) 培训;(2) 公平;(3) 人性化;(4) 等值的薪水;(5) 公平的福利;(6) 工作保障;(7) 灵活性;(8) 安全的工作环境;(9) 工作自主权。

Porter 和 Pearce 等 (1998) 经过调查发现的组织责任有:(1) 公然的赏识;(2) 绩效奖励:(3) 有意义、有兴趣、有挑战性的工作;(4) 发展机会;(5) 自主负责;(6) 至少一年的工作保障;(7) 效益好,加工资;(8) 员工参与决策;(9) 决策中考虑员工利益。

魏峰、张文贤等 (2005) 结合中国国情进行研究,认为组织责任包括:公平的工资、培训机会、晋升机会、充分的福利、充分的资源等。

(二) 心理契约的维度

在心理契约的维度研究方面,被大多数学者认可和接受的主要有二维结构说和三维结构说。

1. 二维结构说

MacNeil (1985) 提出,契约关系中包括两种主要成分:交易型成分和关系型成分。交易型成分针对的是短期的、具体的、物质的交换关系(工资等)。关系型成分针对的是长期的、广泛的、无形的交换关系(培训、挑战等)。Robinson, Kraatz & Rousseau (1994) 对心理契约的内容进行研究,在访谈和问卷调查的基础上得出了 7 项雇主责任和 8 项雇员责任。在此基础上,通过进一步分析,他们发现了两个明显的因子:交易因子 (transactional factor) 和关系因子 (relational factor),并证实了这两个因子总体上是比较稳定的。Rousseau & Park (1990, 1995) 在探讨“员工的责任”与“组织的责任”之间关系的基础之上,提出了“交易—关系”契约模式。通过一系列的实证研究,Rousseau 指出,组织的交易责任包括晋升、高薪、绩效工资等;组织的关系责任包括培训职业发展对个人问题的支持等。员工的交易责任包括辞职前提前告知组织、不支持竞争对手、保护组织商业机密、至少在公司工作两年;员工的关系责任包括加班、对企业忠诚、自觉性较高等。

陈加洲、方俐洛、凌文铨（2001）在 Rousseau“交易—关系”契约模式的基础上，对我国 1000 多名不同企业和不同行业的员工进行调查，结果发现了类似于交易成分和关系成分的两个因子。不过，研究者指出，由于文化的差异，将这两个维度命名为“现实责任”和“发展责任”。

2. 三维结构说

Rousseau（1996）提出了心理契约的三维结构论。他以美国注册护士为研究对象，提出心理契约包括三个维度：交易维度（Transactional dimension）、关系维度（Relational dimension）和团队成员维度（Teamplayer dimension）。其中关系维度和团队成员维度是由二维结构中的关系维度中发展而来的。前者强调的是企业为员工提供机会和成长空间（组织责任方面），员工通过自身知识和能力的提高等促进组织事业的发展（员工责任方面）；后者强调的组织和员工之间重视人际环境和人际支持。

李原（2006）根据我国的文化差异和社会背景，在“交易—关系契约”二维结构的基础上提出了“三维结构说”，即心理契约的维度主要包括规范维度、人际维度和发展维度。其内容如表 6－1 所示。

表 6－1 心理契约的内容与维度构成

	组织责任	员工责任
规范维度	企业为员工提供明确具体的关于工作环境和物质待遇的条件。这些项目一般在企业中有较明确的规定。如薪资福利、长期稳定的工作保障等。	员工遵守企业的管理制度和行为规范，承担企业赋予员工的工作职责。如：保守商业秘密；如果组织需要，愿意接受工作变动等。
人际维度	企业为员工提供平等和谐的人际环境，关心员工的工作和个人生活，为员工解决工作和生活中的困难。如尊重员工，关怀员工的个人成长等。	员工要保持企业提供的良好的人际环境。与同事互相帮助，注重团队合作。如对同事提供额外帮助；配合上级完成各项活动等。
发展维度	企业为员工提供广阔的发展空间，让员工得到自我价值的实现。如工作富于挑战；培训与学习的机会等。	为了企业发展，员工不计较付出额外的劳动，自觉承担额外的工作任务。如自觉提高个人职业技能等。

朱晓妹、王重鸣（2005）通过对我国 40 家企业的知识型员工心理契约维

度进行实证研究，发现从组织责任单边关系分析，员工的心理契约由物质激励、环境支持和发展机会三个维度构成。

通过对心理契约维度的回顾，目前国内外研究者对其还没有统一的结论，本文主要从员工角度研究员工心理契约对其工作满意度的影响。本研究将结合李原、朱晓妹和王重鸣的三维结构说内容，将心理契约分为规范型、人际型和发展型三个维度。

第二节 新生代农民工心理契约实证研究结果

一、研究对象与工具

（一）研究对象

本研究以常州市相关企业新生代农民工员工为调查对象，共发放500份问卷，回收420份，回收率为84%，其中有效问卷369份，有效回收率为73.8%。详细情况如表6-2所示。

表6-2 被试基本情况

项目		人数
性别	男	227
	女	142
年龄	20岁以下	6
	21~25岁	120
	26~30岁	143
	30岁以上	100
学历	初中以下	144
	高中，职高中专或技校	121
	大专或高职	64
	本科及以上	40
工龄	1年以内	65
	1~3年	138
	4~7年	78
	7~10年	40
	10年以上	48

续表

项目		人数
婚姻状况	已婚	242
	未婚	124
	其他	3
工资	1500 以下	3
	1501 ~ 2000	23
	2001 ~ 3000	170
	3001 ~ 4500	160
	4501 以上	13
总计	*N*	369

（二）研究工具

结合前人的研究成果，自编的“心理契约问卷”对新生代农民工施测，经检验，问卷信度为0.870，效度为0.914。该问卷分为员工对组织的责任（员工的责任，题目为1 ~ 14 题）和组织对员工的责任（企业的责任，题目为15 ~ 28 题）两部分。合计28 道题，每一题后面，均附有 Likert 五点尺度，均为正向题。从“非常不符合”到“完全符合”分别给予1 ~ 5 分，得分越高，表明员工认为彼此的责任履行的程度越高。

二、研究结果

（一）新生代农民工心理契约研究结果

1. 新生代农民工心理契约的总体水平

采用描述性统计分析对新生代农民工的心理契约进行分析，从表6 – 3 中可以看出，新生代农民工的心理契约平均分为3.850，属于中等偏上程度范围，由此可见，企业员工的心理契约较高；具体从心理契约的两个维度来看，企业责任的项目均值为3.481，员工责任的项目均值为4.210，两者都在中等偏上水平，而且员工责任的项目均值大于组织责任的项目均值，说明新生代农民工对自己应对企业承担的责任和义务的评价存在高估现象，没有客观准确的评价自己在企业中的心理契约行为。

表6 – 3　新生代农民工心理契约的总体水平

	N	*M*	*SD*
心理契约	369	3.850	0.536
企业责任	369	3.481	0.712
员工责任	369	4.210	0.576

2. 新生代农民工心理契约不同维度差异的比较结果

（1）新生代农民工心理契约的性别差异结果。

分析新生代农民工是否会因为男女性别的不同而在企业与员工之间心理契约的强度存在显著差异，经过独立样本 t 检验，从表 6－4 中可以看出，不同性别的员工，在心理契约及其两个维度上均无显著差异性，但女性新生代农民工与企业之间的心理契约均值高于男性。

表 6－4　新生代农民工心理契约性别差异 t 检验结果

	男（$M \pm SD$）	女（$M \pm SD$）	t	p
心理契约	3.787 ±0.455	3.887 ±0.493	1.008	0.316
企业责任	3.483 ±0.553	3.567 ±0.629	0.686	0.495
员工责任	4.105 ±0.490	4.206 ±0.452	1.008	0.316

（2）新生代农民工心理契约的年龄差异结果。

分析新生代农民工是否会因为年龄的不同而在企业与员工之间心理契约的强度存在显著差异，经单因素方差分析，从表 6－5 中可以看出，结果显示年龄对心理契约及其维度不存在显著性差异。

表 6－5　新生代农民工心理契约的年龄因素方差分析结果

	年龄	$M \pm SD$	F	p
心理契约	20 岁以下	3.798 ±0.351	0.093	0.964
	21～25 岁	3.862 ±0.476		
	26～30 岁	3.846 ±0.586		
	30 岁以上	3.875 ±0.513		
员工责任	20 岁以下	3.976 ±0.428	1.191	0.313
	21～25 岁	4.188 ±0.494		
	26～30 岁	4.204 ±0.648		
	30 岁以上	4.297 ±0.492		
企业责任	20 岁以下	3.619 ±0.433	0.395	0.757
	21～25 岁	3.537 ±0.433		
	26～30 岁	3.462 ±0.737		
	30 岁以上	3.454 ±0.757		

（3）新生代农民工心理契约的学历差异结果。

分析新生代农民工是否会因为学历的不同而在企业与员工之间心理契约的

强度存在显著差异，经过单因素方差分析，从表 6 – 6 中可以看出，学历对新生代农民工心理契约及其维度不存在显著性差异。

表 6 – 6　新生代农民工心理契约的学历因素方差分析结果

	学　历	$M \pm SD$	F	p
心理契约	初中	3.866 ±0.551	1.556	0.200
	高中，高职，中专或技校	3.832 ±0.512		
	大专或高职	3.775 ±0.439		
	本科及以上	3.990 ±0.577		
企业责任	初中	3.548 ±0.7113	2.415	0.066
	高中，高职，中专或技校	3.415 ±0.674		
	大专或高职	3.349 ±0.701		
	本科及以上	3.650 ±0.783		
员工责任	初中	4.185 ±0.578	0.717	0.542
	高中，高职，中专或技校	4.217 ±0.606		
	大专或高职	4.330 ±0.585		
	本科及以上	4.214 ±0.561		

（4）新生代农民工心理契约的工龄差异结果。

分析新生代农民工是否会因为工龄的不同而在企业与员工之间心理契约的强度存在显著差异，经过单因素方差分析，从表 6 – 7 中可以看出，工龄在企业责任这一维度上存在显著性差异。

表 6 – 7　新生代农民工心理契约的工龄因素方差分析结果

	工　龄	$M \pm SD$	F	p
心理契约	1 年以内	3.963 ±0.555	1.929	0.105
	1 ~ 3 年	3.793 ±0.460		
	4 ~ 7 年	3.863 ±0.527		
	7 ~ 10 年	3.946 ±0.655		
	10 年以上	3.752 ±0.560		
企业责任	1 年以内	3.717 ±0.752	3.051	0.017
	1 ~ 3 年	3.388 ±0.677		
	4 ~ 7 年	3.495 ±0.634		
	7 ~ 10 年	3.523 ±0.805		
	10 年以上	3.327 ±0.760		

续表

	工 龄	$M \pm SD$	F	p
员工责任	1 年以内	4.217 ±0.513	1.446	0.218
	1~3 年	4.199 ±0.463		
	4~7 年	4232 ±0.560		
	7~10 年	4.370 ±0.702		
	10 年以上	4.058 ±0.830		

经事后检验，从表 6-8 可以看出，新生代农民工龄在 1 年以内，1~3 年，10 年以上之间的心理契约存在非常显著性差异，可以说新生代农民工随着工龄的增长，对企业责任的要求也会增长，如果企业能很好地履行自己应对员工所进的责任，那么企业与员工之间的心理契约将会加强。

表 6-8 新生代农民工心理契约的工龄因素方差分析事后 q 检验结果

	1 年以内	1~3 年	4~7 年	7~10 年	10 年以上
1 年以内	1.000	0.001**	0.051	0.165	0.009**
1~3 年	0.001**	1.000	0.226	0.282	0.652
4~7 年	0.051	0.266	1.000	0.834	0.246
7~10 年	0.165	0.282	0.834	1.000	0.237
10 年以上	0.009**	0.652	0.246	0.237	1.000

（5）新生代农民工心理契约的婚姻差异结果。

分析新生代农民工是否会因为婚姻状况的不同而在企业与员工之间心理契约的强度存在显著差异，因为婚姻状况在其他方面的人数只占 3 人，人数太少可以忽略不计，所以采用独立样本 t 检验，从表 6-9 中可以看出，婚姻状况对心理契约及其员工责任维度存在显著性差异。已婚的新生代农民工的心理契约强于未婚的，他们的员工责任也是如此。

表 6-9 新生代农民工心理契约的婚姻状况差异 t 检验结果

	已婚（$M \pm SD$）	未婚（$M \pm SD$）	t	p
心理契约	3.912 ±0.525	3.774 ±0.504	2.439	0.015
员工责任	4.263 ±0.558	4.129 ±0.565	2.181	0.030
企业责任	3.544 ±0.701	3.418 ±0.669	1.676	0.095

(6) 新生代农民工心理契约的工资差异结果。

分析新生代农民工是否会因为工资的不同而在企业与员工之间心理契约的强度存在显著差异，因为工资在1500以下的员工只有3人，人数太少。所以1500以下这一维度可以忽略不计。经过单因素方差分析，从表6-10中可以看出，工资在心理契约上不存在显著性差异。

表6-10 新生代农民工心理契约的工资因素方差分析结果

	工资	$M \pm SD$	F	p
心理契约	1501~2000	3.972 ±0.573	0.626	0.644
	2001~3000	3.870 ±0.573		
	3001~4500	3.830 ±0.534		
	4500以上	3.950 ±0.647		
企业责任	1501~2000	3.643 ±0.736	0.809	0.520
	2001~3000	3.470 ±0.688		
	3001~4500	3.462 ±0.710		
	4500以上	3.643 ±0.955		
员工责任	1501~2000	4.301 ±0.541	0.272	0.896
	2001~3000	4.248 ±0.567		
	3001~4500	4.198 ±0.554		
	4500以上	4.256 ±0.682		

第三节 新生代农民工心理契约研究结果分析与讨论

一、新生代农民工心理契约现状结果讨论

本次调查结果发现，新生代农民工心理契约的总体水平属于中等程度偏上，与大多数研究结果相符。但是员工责任维度的总体水平偏高，企业责任维度的总体水平偏低。比较这两个维度可以发现，新生代农民工对员工应尽责任和义务的自我评价较高，对企业履行的责任和义务评价较低，可能是因为新生代农民工的评价标准是以自身为参照，自我中心性较强。新生代农民工更加注重的是企业为自己提供的发展空间，与他们的发展理性思维非常符合，新生代农民工更加希望在企业工作中来锻炼自己的能力，实现自身的价值。

二、新生代农民工心理契约学历差异的结果讨论

张静（2011）认为，新生代农民工受教育程度越高，他们对职业期望也就越高，这样也就越容易对工作产生不满。Durst（1996）对比私人和公共部门员工的满意度时发现，由于私人机构的员工面对更多挑战，期望和现实的差距更大，所以同公共机构相比，受教育程度对满意度的影响要更强烈。

在本次研究中，发现学历对新生代农民工的心理契约不存在显著性差异。这与前人研究结论有所不同，究其原因有两点。首先，本次调查对象的学历层次集中于初、高中水平，并且他们又主要集中于第二产业，员工大多数属于劳动密集型产业，企业对员工的知识和技能素质要求不高，加上企业给予他们的待遇几乎相同，才导致本次结论；其次，在长三角地区，新生代农民工的学历水平本身并不影响企业与员工之间的心理契约。在本次研究中，发现新生代农民工晋升发展满足维度在学历上存在显著性差异。员工学历除初中文化以下水平外，其余水平之间都有显著性差异。特别是高中水平以上的员工们，他们对晋升发展满足都表现出了极度的渴望。这可能与企业的考核升级制度有关，企业认为，要想留住学历高的员工，必须在职位上来激励员工，使高学历员工对企业感到满意。因此，企业应及时对学历较高的员工进行交流沟通，了解他们近阶段的需求和打算，恰当地给予他们职位的晋升或能力锻炼的机会。

三、新生代农民工心理契约的工龄差异的结果讨论

赫茨伯格认为，工龄同工作满意度呈 U 字型关系，刚加入组织者对事物比较好奇，且没有可比性，因而满意度较高，但随着年龄的增大，稳定性增强，心态也更平和，经过某一段时间，满意度降低，但随着年龄的增大，稳定性增强，心态也更平和，满意度反而提高。唐泳玲（2008）认为，80 后的企业员工的心理契约与工作满意度将随工龄的增长呈现下降趋势。

本次研究结果表明，虽然新生代农民工的工龄在心理契约总体上不存在显著差异，但是在企业责任维度上存在显著性差异。主要是工龄在 1 年以内的员工分别与 1 ~ 3 年和 10 年以上的员工均存在显著差异，由于单位工龄 1 年以内的员工一般都是新员工，他们都要经历一个适应、磨合的过程，若没有很好地熟悉工作流程，顺利地度过试用期，就难以被企业认可，从而增强新生代农民工的离职意向。

因此，企业工龄 1 年以内的新生代农民工身上承担了较高的企业责任。企

业有责任对新员工进行系统的培训，对自己的企业和工作有一定的了解。企业还需对新员工进行职业规划指导，关心员工的个人生活，以解其后顾之忧，这也有利于员工建立对企业的信任。然而，相对老员工来说，企业应及时根据员工的工作年限，给予不同程度的提升或奖励，只有这样，才能符合员工的心理预期，使员工对企业感到满意，也才能使新生代农民工有更多地留在企业发展的倾向。

四、新生代农民工心理契约的薪酬差异的结果讨论

薪酬越高，员工的工作满意度也就越高。在前人研究中，有的认为高收入对员工工作满意度有显著的提升作用；又有人发现收入增长对员工工作满意度的影响在递减；许涛（2008）则发现员工对收入的感受影响其工作满意度。由调查结果得知，工资高的员工由于工作得到了肯定，各项待遇、福利及晋升机会都高于其他员工，因此，他们与企业之间的心理契约的强度更高，更倾向于在企业长期工作。特别是工资在1501～2000，2001～3000和3001～4500之间的差异比较显著，这就很好地说明工资较低（1501～2000元）的员工容易出现跳槽的行为，因为他们普遍认为是企业没有付给他们应付的薪酬，并与其他工资水平的比较，使员工对工作出现不满，造成心理契约的违背，从而增加工资较低者的离职倾向，他们就更加倾向到提供他们更高工资水平的企业中去。因此，企业应及时付给员工工资，并根据员工的工作表现、工龄、能力等因素结合考虑，及时调整员工工资，使员工对企业感到满意，从而增强企业与员工之间心理契约的强度。

企业对新生代农民工薪酬的设定应根据员工工作表现和工作能力给予不同的对待，而不是以统一的标准设定工资，灵活运用激励措施，来满足员工对企业的心理预期，增强员工对企业未来发展趋势的信心。

五、新生代农民工心理契约的婚姻状况差异的结果讨论

婚姻状况会对心理契约与工作满意度产生影响。钱文荣和张黎莉（2009）发现，工作满意度与家庭和企业有着一定的联系。俞文钊（1996）认为，由于已婚者对生活和工作有更多的责任感，因为机会成本比较大，对工作认识更为客观，更不容易发生变动，故同未婚者相比心理契约要强些。

本研究证明婚姻状况对心理契约及其员工责任维度和晋升发展满足维度存在显著性差异，已婚的新生代农民工在这些方面都优于未婚的，与以上结论基

本相符。总体来说，婚姻状况对心理契约有非常显著的差异，婚姻家庭的稳定，对于新生代农民工意味着工作的稳定，他们渴望能通过长期在企业工作赚钱养家，因此，以后企业应该注重员工家庭福利的管理。

六、新生代农民工心理契约研究结论

（1）新生代农民工的心理契约总体水平属于中等偏上。在各项维度比较中，员工责任明显高于企业责任。

（2）新生代农民工的心理契约不在性别、年龄、学历和工资上存在显著性差异，在婚姻状况上存在显著性差异，其企业责任维度在工龄上也存在显著性差异。

第七章

新生代农民工工作压力与心理健康的关系研究

我国城市化、工业化进程的速度持续加快，而相关的制度和政策还没有得到完善，新生代农民由于工作、生活的压力带来的社会影响逐渐凸显。但是就目前国内学者对不同职业群体的工作压力的实证研究而言，主要是以文化层次较高的知识型员工为研究对象的，对新生代农民工的研究较少。但是新生代农民工作为一个庞大的社会群体，其压力过大造成的影响可能危及社会的稳定与和谐，因此，有必要研究新生代农民工的工作压力。由于生存环境更为复杂，新生代农民工较传统农民工会有更多的心理冲突，体现在自卑感、交往封闭、缺乏归属感以及自我防御机制不成熟上，这会对其心理健康产生负面影响。“富士康连跳”的惨剧就反映了他们的心理比较脆弱，需要对其心理健康状况进行探析，找到有效提高新生代农民工心理健康水平的方法。

有研究表明，工作压力对心理健康有一定程度的影响，并将心理健康作为工作压力后果的指标之一。但是就研究对象而言，是否对新生代农民工也同样适用？并且在不同性别、不同年龄、不同文化水平上工作压力是否有显著差异？婚姻家庭、职业类别、工作年限是否会对工作压力有影响？基于此，本研究旨在分析新生代农民工工作压力与心理健康之间的相关关系，了解新生代农民工工作压力对心理健康的影响。

第一节　工作压力与心理健康研究一般概述

一、工作压力的含义

从学科分布上看，管理学、教育学和心理学这三大学科对工作压力的研究成果最多，不仅全部论文中的2/3都来源于这三个学科的研究，而从2005年以后，国内对工作压力的研究呈急剧增长的趋势，这说明工作压力的研究越来越受到研究者的重视，其理论价值与实际价值都值得肯定。

从静态研究的维度上看，主要有刺激说、反应说。刺激说是将工作压力仅仅看做工作压力源，倾向于仅从压力源的角度对工作压力进行研究，强调用环境的刺激特性来描述压力，是压力源层面上的一个概念。如Akster将压力定义为导致（或预料会导致）个体基本功能不平衡的任何环境力量。反应说把工作压力看做个体面对环境刺激的主观感受，倾向于从压力作用结果的角度对工作压力进行研究，也就是说压力是个体的作用结果维度上的一个概念。如Ivancevich和Matteson将压力定义为个体对环境的反应。从动态过程研究的维度上看，最典型的就是Lazarus的交互理论。该理论认为，压力既不是个体的产物，也不是环境的产物，压力的产生是一定的刺激环境下，个体对环境所可能产生的威胁的评价结合的结果，是个体和环境的交互作用的结果。如Lazarus将压力定义为需求以及理性地应对这些需求之间的联系。

本研究对工作压力界定为：个体感知到具有威胁性的刺激而产生一系列生理、心理上的反应的过程。

二、心理健康的含义

心理健康的概念随研究者的研究目的、方向的不同而有所不同。

1946年，第三届国际心理卫生大会将心理健康定义为：在身体、智能以及情感上能保持同他人的心理不相矛盾，并将个人心境发展成为最佳的状态。

人格特质论代表人物Allport认为，"成熟的人"为心理健康者，而"成熟的人"是能够把握自己的生活，并且对现在和未来充满理想，生活有目的性的人。

人本主义心理学家Maslow认为，自我实现、充分发挥个人天性的人就是心理健康者。

我国心理学家刘华山认为，心理健康指的是一种持续的心理状态。在这种状态下，个人具有生命的活力、积极的内心体验、良好的社会适应，能够有效地发挥个人的身心潜力与积极的社会功能。

张春兴认为，心理健康应该还有客观和主观两个因素，个人的心理健康多由团体中人际关系而表现，因此，它含有社会意义。

王斌、刘琳基于体质视角将心理健康定义为：个体心理发育健全，具有适应能力的一种良好状态，在这种状态下个体能够充分发挥潜能、努力追求成功。

根据文献阅读在使用 SCL－90 对新生代农民工进行测评时发现躯体化、强迫、抑郁和焦虑这三个因子得分显著高于全国常模，同时，男性和女性在焦虑因子上的得分也存在显著差异。因此，本研究将心理健康界定为：没有躯体上的不适表现，能够保持生活活力，具有良好积极的心态。

三、工作压力的相关研究

（一）工作压力的理论研究

1. 关于工作压力源的研究

国外研究多是从个体、组织、工作本身、家庭社会等因素对压力源进行归类的。如 Weiss 把工作压力源分为：（1）工作本身；（2）组织中的角色；（3）职业发展；（4）组织结构与组织风格；（5）组织中的人际关系。Cooper 和 Marshall 等人把工作压力源分为：（1）有特点工作的压力；（2）角色压力；（3）人际压力；（4）职业发展；（5）组织结构和发展；（6）家庭、工作相互作用。国内现有研究多是从个体、组织以及职业特点的角度来研究其对工作压力的影响，对于个体与组织的交互作用以及社会文化因素的研究较少。而就职业特点维度而言，多是集中在商业、教育、医疗等领域的文化层次较高的知识型职业。如殷建平等将新生代农民工的工作压力源分为社会因素、组织因素和个人因素，其中社会因素分为社会转型、权益保障缺失和就业形势严峻；组织因素分为任务要求、职业发展、人际关系和组织变革；个人因素分为身份归属、期望落差、婚恋。

2. 关于工作压力的结果的研究

工作压力的结果也多是从个体和组织的层面来研究的。就个体层面而言，多数学者都认为，工作压力会对个人的健康和安全有着消极的后果，引起的生理影响往往会使人患上生理疾病或精神疾病。就组织层面而言，激励理论认为，工作压力对工作绩效有积极、促进的影响。冲突理论认为，工作压力对工作绩效有消极、阻碍的影响。互动理论认为，适度的工作压力可以激发最佳的工作绩效。Yerkslan－Dodson 研究发现，工作压力与工作绩效之间的关系是呈现倒 U 型曲线，低于或超过适度工作压力水平的压力都会使工作绩效降低。

3. 关于工作压力的测量的研究

由于研究的方向不同，各位学者依据自己的研究需求编制、选择了不同的工作压力的测量问卷。就国外而言主要有：Cooper 的工作压力指标（OSI）量表、Mclean 的工作压力量表、Kan－rasek 的工作内容量表、Hurrellt 和 Mclaney

的工作控制量表、House 和 Rizzo 的工作压力量表和 Lazarus 的应对方式量表。就国内而言，主要有周跃萍和周莲英编制的《工作生活压力源量表》，其内部一致性系数达到了 0.92；封丹珺和石林编制了《公务员工作压力问卷》；孟晓斌和许小东编制了《管理者工作压力量表》。

（二）关于新生代农民工工作压力的研究

学者们大多从以下几个方面研究新生代农民工的工作压力问题。

1. 关于压力源的研究

根据罗宾斯的压力模型，压力主要来源于环境、组织和个人。就新生代农民工而言，来自环境的压力源主要有政治、经济和技术的不确定性。例如传统的城乡二元体制将城乡差距越拉越大、子女缺乏教育。来自组织的压力源主要有工作负荷、组织结构、领导作风、人际关系。例如企业的管理制度缺乏人性化使得工作负荷过重，同时，也导致员工没有更多的时间进行感情交流。来自个体的压力源主要有家庭状况、经济状况、个性因素、城市适应、期望值。例如，研究表明，新生代农民工的自我意识和期望在不断提高，CUPE（2003）开展的一项调查发现当一个人对理想工作的期望与现实不匹配时，会产生一种无形的压力。

2. 关于压力调节的研究

这涉及个体的认知差异、社会支持差异等。

3. 关于压力结果的研究

主要有生理上、心理上和行为上的结果。生理上的不良反应可能有疼痛、心脏病、高血压等。心理上的不良反应有焦虑、抑郁、情绪低落、工作满意度下降等。行为上的不良反应有工作倦怠、工作效率下降、缺勤、离职等。

4. 关于压力管理的研究

一是社会层面，要改善城乡二元体制，健全社会保障制度。二是组织层面，改进工作方式和管理方式，提高劳动报酬，增设压力干预部门，增强员工心理资本建设。三是个体层面，保持积极心态，调整期望目标，改善生活方式，扩大社会支持。

四、心理健康的相关研究

（一）心理健康的理论研究

1. 关于心理健康的标准的研究

Allport 提出了心理健康的六条标准：（1）力争自我的成长；（2）能客观地

看待自己；(3) 人生观的统一；(4) 有与他人建立亲密关系的能力；(5) 人生所需的能力、知识和技能的获得；(6) 具有同情心，对生命充满爱。Maslow 与 Mittelman 所提出的心理健康的标准有 10 条：(1) 是否有充分的安全感；(2) 是否对自己有较充分的了解，并能恰当地评价自己的行为；(3) 自己的生活理想和目标能否切合实际；(4) 能否与周围环境事物保持良好的接触；(5) 能否保持自我人格的完整与和谐；(6) 能否具备从经验中学习的能力；(7) 能否保持适当和良好的人际关系；(8) 能否适度地表达和控制自己的情绪；(9) 能否在集体允许的前提下，有限地发挥自己的个性；(10) 能否在社会规范的范围内，适当地满足个人的基本要求。刘华山认为，心理健康有以下六条标准：(1) 对现实的正确认识；(2) 自知、自尊与自我接纳；(3) 自我调控能力；(4) 与人建立亲密关系的能力；(5) 人格结构的稳定与协调；(6) 生活热情与工作效率。王斌、刘琳基于体质视角从三个层次——生理无症状层次（基础）、良好的社会适应层次以及充分的心理机能发展层次（最高水平的心理健康状况）提出心理健康的标准，即 (1) 无躯体化症状；(2) 认知正常；(3) 情绪健康；(4) 意志健全；(5) 行为合理；(6) 人际和谐；(7) 状态良好；(8) 自我意识恰当；(9) 发挥潜能，追求成功。江光荣认为，在心理健康标准研究的方法论层面上，存在两大倾向，其一遵循“众数原则”，其二遵循“精英思路”。众数原则提出的标准是一种相对标准，即个体心理健康状况比照同社会的大多数人的心理特点来判断；精英思路提出的标准是一种绝对标准，即心理健康程度应以个人内在天性发展的程度来确定。

2. 关于心理健康的测评的研究

应用最多的是 SCL - 90 症状自评量表（Symptom Cheek list 90），其他还有明尼苏达多项人格问卷（MMPI）、大学生人格问卷（UPI）、抑郁自评量表（SDS）、焦虑自评量表（SAS）等。而在问卷、量表的使用上主要存在的问题有跨文化的适用性、测量对象的适用性、测量内容的适用性以及评价标准的时效性。

（二）关于新生代农民工心理健康的研究

学者们大多从以下几个方面研究新生代农民工的心理健康问题。

1. 探究心理健康问题产生的原因

一是体制原因，我国是传统的城乡二元体制，并且城乡的差距在不断地扩大，农村户籍人口虽然在城市就业，但是因为户口问题很难真正融入城市的生活，这会导致一些心理上的问题。二是教育原因，由于学校教育和家庭教育的不足，使得新生代农民工在文化和技能上都有所欠缺，可能会使他们觉得低人一等。三是组织原因，组织管理机制不当，员工长时间操作劳动密集型的工作，会导致其身心疾病。四是自身原因，农村户口、缺乏教育都会产生自卑的心理，而自卑的心理也可能会产生一些身心疾病。

2. 探究心理健康问题的表现

（1）一般心理问题，如缺乏归属感，新生代农民工是农村户籍却生活在城市，不完全属于两者；自我防御机制不成熟，在面对心理紧张、矛盾冲突或压力等情况下，有些农民工采用不合理的心理防御机制，导致了如富士康自杀跳楼事件等惨剧；在使用 SCL－90 对新生代农民工进行测评时发现躯体化、强迫和抑郁这三个因子得分显著高于全国常模，同时男性和女性在焦虑因子上的得分也存在显著差异；（2）职业心理发展不成熟，如职业角色认同危机、职业适应性相对低下、职业价值诉求错位等；（3）探究心理健康问题的干预。一是社会层面，如可以借助传媒进行正面引导，扩大社会援助，保障新生代农民工的各种权益，增加心理咨询机构，及时处理好新生代农民工的心理问题等。二是组织层面，如建立良好的劳资关系，保证新生代农民工的基本权益，增加技能培训，增强新生代农民工的就业竞争能力等。三是个体层面，如自我悦纳、扩大社会支持系统等。

第二节　新生代农民工工作压力与心理健康的关系研究结果

一、调查对象

本次调查是在常州新北工业园区、常熟、张家港、无锡新区和昆山等地区进行的，实际发放问卷 420 份，收回问卷 397 份，回收率为 94. 52%，其中有效问卷 271 份，问卷有效率为 68. 26%。

按照性别、年龄、文化水平、婚姻状况、工作年限、职业类别进行分类描述如表 7－1 所示。

表 7－1　样本构成

项　目	类　别	人　数	百分比（%）
性别	男	160	59. 04
	女	111	40. 96

续表

项 目	类 别	人 数	百分比（%）
年龄	18~25 岁	85	31.37
	26~30 岁	90	33.21
	31~35 岁	35	12.92
	35 岁以上	61	22.51
文化水平	初中	84	31.00
	高中/职校/中专/技校	98	36.16
	大专及以上	89	32.84
婚姻状况	未婚	92	33.95
	已婚	175	64.58
	离异	4	1.48
工作年限	1 年以下	21	7.75
	1~3 年	51	18.82
	3~5 年	65	23.99
	5~10 年	68	25.09
	10 年以上	66	24.35
职业类别	技术类	56	20.66
	管理类	57	21.03
	生产类	150	55.35
	营销类	8	2.95

二、调查工具

（一）工作压力测量问卷

工作压力测量问卷部分由 33 个问题组成，含 7 个因子：（1）工作家庭冲突因子。这部分工作压力主要是来源于青年员工的工作任务与家庭之间不能兼顾；（2）工作超载。这部分工作压力主要来源于青年员工的工作量和工作负荷；（3）经济压力。这部分工作压力主要来源于青年员工的薪酬方面；（4）组织结构。这部分工作压力主要来源于企业的机构方面；（5）组织氛围。这部分工作压力主要来源于企业的管理体制方面；（6）个人发展。这部分工作压力主要来源于青年员工职业发展方面；（7）工作难度超载。这部分工作压力主要反映了工作本身的难度。

采用五级评分制：①没有压力。自觉并无压力感受；②有点压力。自觉有压力感受，但发生得并不频繁、严重；③一般。自觉有压力感受，其严重程度为轻到中度；④压力较大。自觉常有压力感受，其程度为中到严重；⑤压力很大。自觉压力感受的频度和强度都十分严重。

问卷的克龙巴赫α系数分别为：0.825（工作家庭冲突）；0.821（工作超载）；0.814（经济压力）；0.802（组织结构）；0.792（组织氛围）；0.783（个人发展）；0.768（工作难度超载）；0.853（总体）。

（二）心理健康测量问卷

心理健康测量问卷部分选取SCL—90中的含抑郁、躯体化、焦虑三个因子的34个问题。（1）抑郁。主要反映的是与临床上抑郁症状群相联系的广泛概念。抑郁苦闷的感情与心境为代表性症状，还以生活兴趣的减退，动力缺乏，活力丧失等为特征。并且包括失望、悲观以及与抑郁相联系的其他感知和躯体方面的问题。另外，该因子中还包括有关死亡、自杀等概念；（2）躯体化。主要反映身体不适感，包括心血管、胃肠道、呼吸等系统的主述不适以及头痛、背痛、肌肉酸痛和焦虑的躯体不适表现；（3）焦虑。包括一些通常在临床上明显与焦虑症状相联系的精神症状及体验，一般指那些无法静息、神经过敏，紧张以及由此产生的躯体征象，那种游离不定的焦虑及惊恐发作是本因子的主要内容，还包括一个反映“解体”的项目。

采用五级评分制：①没有。自觉并无该症状；②有轻。自觉有该问题，但发生得并不频繁、严重；③中等。自觉有该项症状，其严重程度为轻到中度；④偏重。自觉常有该项症状，其程度为中到严重；⑤严重。自觉该症状的频度和强度都十分严重。

SCL-90的同质性信度为0.96以上，重测信度大于0.7，各分量表与总量表相关在0.79~0.92之间，各分量表之间的相关在0.59~0.83之间，说明其内容效度和结构效度较好。

三、研究结果

（一）新生代农民工工作压力统计结果

1. 新生代农民工工作压力总体状况

新生代农民工工作压力总体状况统计如表7-2所示。

表 7－2　工作压力总体状况

	M	SD
工作家庭冲突	2.46	0.82
工作超载	2.73	0.74
经济压力	3.17	0.99
组织结构	2.84	0.85
组织氛围	2.84	0.85
个人发展	2.89	0.75
工作难度超载	2.69	0.87
工作压力总分	2.73	0.65

工作压力各因子，均分最低为 1 分，最高为 5 分，一般超过 3 分可认为压力较大。由此表可知，经济压力的均分位于所有因子中第一位，且其值 3.17 分，超过 3 分。其他因子按其值由大到小排列依次为个人发展、组织结构、组织氛围、工作超载、工作难度超载和工作家庭冲突。

2. 新生代农民工工作压力的性别差异

新生代农民工工作压力在性别上的差异统计如表 7－3 所示。

表 7－3　新生代农民工工作压力的性别差异

	男		女		t	p
	M	SD	M	SD		
工作家庭冲突	2.57	0.80	2.31	0.83	2.545	0.011
工作超载	2.73	0.71	2.72	0.77	0.155	0.877
经济压力	3.22	0.97	3.11	1.02	0.843	0.400
组织结构	2.83	0.85	2.86	0.84	－0.261	0.795
组织氛围	2.81	0.92	2.83	0.80	－0.140	0.889
个人发展	2.85	0.77	2.94	0.73	－1.025	0.306
工作难度超载	2.71	0.93	2.64	0.79	0.647	0.518
工作压力总分	2.76	0.66	2.69	0.64	0.838	0.403

由上表可知，性别对工作压力不具显著影响（$t = 0.838$，$p = 0.403 > 0.05$），男性的工作压力水平略高于女性（男性：$M = 2.76$，$SD = 0.66$；女性：$M = 2.69$，$SD = 0.64$）。男性和女性在工作家庭冲突上存在显著差异（$t = 2.545$，$p = 0.011 < 0.05$），男性显著高于女性。

3. 新生代农民工工作压力的年龄差异

新生代农民工工作压力在年龄上的差异统计如表 7－4 所示。

表 7－4 新生代农民工工作压力的年龄差异

	年龄	*M*	*SD*	*F*	*p*
工作家庭冲突	18～25 岁	2.31	0.86	2.110	0.099
	26～30 岁	2.44	0.84		
	31～35 岁	2.55	0.66		
	35 岁以上	2.65	0.79		
工作超载	18～25 岁	2.72	0.77	1.493	0.217
	26～30 岁	2.61	0.81		
	31～35 岁	2.83	0.57		
	35 岁以上	2.84	0.65		
经济压力	18～25 岁	3.21	1.01	0.291	0.832
	26～30 岁	3.10	1.08		
	31～35 岁	3.26	0.90		
	35 岁以上	3.17	0.90		
组织结构	18～25 岁	2.79	0.87	0.900	0.442
	26～30 岁	2.85	0.91		
	31～35 岁	3.05	0.77		
	35 岁以上	2.79	0.76		
组织氛围	18～25 岁	2.76	0.83	1.856	0.137
	26～30 岁	2.74	0.94		
	31～35 岁	3.13	0.74		
	35 岁以上	2.84	0.86		
个人发展	18～25 岁	2.95	0.73	0.632	0.595
	26～30 岁	2.87	0.84		
	31～35 岁	2.96	0.65		
	35 岁以上	2.79	0.71		
工作难度超载	18～25 岁	2.60	0.81	1.272	0.284
	26～30 岁	2.63	0.83		
	31～35 岁	2.91	1.21		
	35 岁以上	2.76	0.77		

续表

	年龄	M	SD	F	p
工作压力总分	18~25岁	2.68	0.64	1.096	0.351
	26~30岁	2.68	0.74		
	31~35岁	2.88	0.49		
	35岁以上	2.79	0.62		

由表7-4可知年龄因素对工作压力不具有显著影响。

4. 新生代农民工工作压力的文化水平差异

新生代农民工工作压力在文化水平上的差异统计如表7-5所示。

表7-5 新生代农民工工作压力的文化水平差异

	文化水平	M	SD	F	p
工作家庭冲突	初中及以下	2.59	0.76	2.212	0.112
	高中/职校/中专/技校	2.48	0.75		
	大专及以上	2.33	0.93		
工作超载	初中及以下	2.91	0.61	5.395	0.005
	高中/职校/中专/技校	2.73	0.64		
	大专及以上	2.55	0.90		
经济压力	初中及以下	3.20	0.94	1.079	0.341
	高中/职校/中专/技校	3.26	0.92		
	大专及以上	3.05	1.11		
组织结构	初中及以下	3.00	0.81	2.045	0.131
	高中/职校/中专/技校	2.77	0.75		
	大专及以上	2.77	0.96		
组织氛围	初中及以下	2.90	0.88	1.501	0.225
	高中/职校/中专/技校	2.87	0.80		
	大专及以上	2.69	0.94		
个人发展	初中及以下	2.99	0.75	1.219	0.297
	高中/职校/中专/技校	2.81	0.64		
	大专及以上	2.86	0.86		
工作难度超载	初中及以下	2.74	0.98	0.279	0.757
	高中/职校/中专/技校	2.68	0.69		
	大专及以上	2.64	0.94		

续表

	文化水平	M	SD	F	p
工作压力总分	初中及以下	2.84	0.58	2.773	0.064
	高中/职校/中专/技校	2.74	0.56		
	大专及以上	2.61	0.79		

由上表可知，文化水平的差异对工作压力没有显著的影响（$F=2.773$，$p=0.064>0.05$）。工作超载因子在文化水平上有显著差异（$F=5.395$，$p=0.005<0.05$），经事后检验，初中与大专及以上存在显著差异（$p=0.001<0.05$），初中文化水平的工作超载显著高于大专及以上的工作超载。

5. 新生代农民工工作压力的婚姻状况差异

新生代农民工工作压力在婚姻状况上的差异统计如表 7-6 所示。

表 7-6　新生代农民工工作压力的婚姻状况差异

	婚姻状况	M	SD	F	p
工作家庭冲突	未婚	2.34	0.90	1.503	0.224
	已婚	2.52	0.78		
	离婚	2.50	0.55		
工作超载	未婚	2.73	0.83	0.041	0.960
	已婚	2.73	0.69		
	离婚	2.62	0.49		
经济压力	未婚	3.14	1.07	0.635	0.531
	已婚	3.20	0.95		
	离婚	2.66	0.47		
组织结构	未婚	2.77	0.88	1.144	0.320
	已婚	2.89	0.83		
	离婚	2.41	0.56		
组织氛围	未婚	2.71	0.96	1.661	0.192
	已婚	2.88	0.82		
	离婚	2.41	0.56		
个人发展	未婚	2.96	0.86	0.707	0.494
	已婚	2.85	0.70		
	离婚	2.75	0.31		

续表

	婚姻状况	*M*	*SD*	*F*	*p*
工作难度超载	未婚	2.65	0.90	0.134	0.874
	已婚	2.71	0.87		
	离婚	2.66	0.27		
工作压力总分	未婚	2.68	0.75	0.557	0.573
	已婚	2.76	0.61		
	离婚	2.57	0.38		

由表7－6可知婚姻状况对工作压力没有显著影响。

6. 新生代农民工工作压力的工作年限差异

新生代农民工工作压力在工作年限上的差异统计如表7－7所示。

表7－7　新生代农民工工作压力的工作年限差异

	工作年限	*M*	*SD*	*F*	*p*
工作家庭冲突	1年以下	2.87	1.02	3.755	0.005
	1～3年	2.13	0.85		
	3～5年	2.46	0.85		
	5～10年	2.56	0.73		
	10年以上	2.47	0.70		
工作超载	1年以下	2.94	0.76	1.733	0.143
	1～3年	2.55	0.74		
	3～5年	2.64	0.87		
	5～10年	2.83	0.70		
	10年以上	2.77	0.58		
经济压力	1年以下	3.46	0.81	1.921	0.107
	1～3年	3.09	1.04		
	3～5年	2.94	1.02		
	5～10年	3.34	0.98		
	10年以上	3.21	0.96		
组织结构	1年以下	3.09	0.81	1.838	0.122
	1～3年	2.61	0.92		
	3～5年	2.78	0.86		
	5～10年	2.95	0.81		
	10年以上	2.89	0.79		

续表

	工作年限	*M*	*SD*	*F*	*p*
组织氛围	1 年以下	3.15	0.78	2.937	0.021
	1～3 年	2.57	0.89		
	3～5 年	2.67	0.93		
	5～10 年	2.97	0.87		
	10 年以上	2.89	0.77		
个人发展	1 年以下	3.12	0.49	0.957	0.431
	1～3 年	2.95	0.79		
	3～5 年	2.77	0.83		
	5～10 年	2.88	0.68		
	10 年以上	2.87	0.78		
工作难度超载	1 年以下	2.95	0.70	0.899	0.465
	1～3 年	2.56	0.84		
	3～5 年	2.63	0.90		
	5～10 年	2.75	1.06		
	10 年以上	2.70	0.68		
工作压力总分	1 年以下	3.01	0.68	2.646	0.034
	1～3 年	2.56	0.67		
	3～5 年	2.64	0.75		
	5～10 年	2.83	0.62		
	10 年以上	2.75	0.51		

由表 7－7 可知，工作年限对工作压力存在显著影响（$F=2.646$，$p=0.034<0.05$），经事后检验，1 年以下工作年限的工作压力显著高于 1～3 年工作年限的工作压力（$p=0.007<0.05$）和 3～5 年工作年限的工作压力（$p=0.023<0.05$），5～10 年工作年限的工作压力显著高于 1～3 年工作年限的工作压力（$p=0.024<0.05$）。

工作家庭冲突在工作年限上存在显著差异（$F=3.755$，$p=0.005<0.05$），经事后检验，1 年以下工作年限的工作家庭冲突显著高于 1～3 年工作年限的工作家庭冲突（$p<0.001$）、3～5 年工作年限的工作家庭冲突（$p=0.044<0.05$）和 10 年以上工作年限的工作家庭冲突（$p=0.050=0.05$）。1～3 年工作年限的工作家庭冲突显著低于其他四组（$p<0.001$；$p=0.029<$

0.05；$p=0.004<0.05$；$p=0.024<0.05$）。

组织氛围在工作年限上也存在显著差异（$F=2.937$，$p=0.021<0.05$），经事后检验，1年以下工作年限的组织氛围得分显著高于3~5年工作年限的组织氛围得分（$p=0.010<0.05$）；1~3年工作年限的组织氛围得分显著低于1年以下工作年限的组织氛围得分（$p=0.027<0.05$）、5~10年工作年限的组织氛围得分（$p=0.014<0.05$）和10年以上工作年限的组织氛围得分（$p=0.045<0.05$）。

7. 新生代农民工工作压力的职业类别差异

新生代农民工工作压力在职业类别上的差异统计如表7-8所示。

表7-8　新生代农民工工作压力的职业类别差异

	职业类别	*M*	*SD*	*F*	*p*
工作家庭冲突	技术类	2.38	0.82	0.643	0.588
	管理类	2.43	0.83		
	生产类	2.52	0.82		
	营销类	2.23	0.87		
工作超载	技术类	2.63	0.82	0.890	0.447
	管理类	2.71	0.77		
	生产类	2.78	0.70		
	营销类	2.48	0.52		
经济压力	技术类	3.07	1.03	2.110	0.099
	管理类	3.36	0.96		
	生产类	3.18	0.98		
	营销类	2.50	0.90		
组织结构	技术类	2.74	0.89	0.418	0.740
	管理类	2.87	0.79		
	生产类	2.88	0.86		
	营销类	2.75	0.79		
组织氛围	技术类	2.71	0.88	1.256	0.290
	管理类	2.96	0.87		
	生产类	2.82	0.87		
	营销类	2.45	0.66		

续表

	职业类别	M	SD	F	p
个人发展	技术类	2.79	0.85	1.400	0.243
	管理类	3.06	0.81		
	生产类	2.86	0.68		
	营销类	2.79	0.85		
工作难度超载	技术类	2.54	0.75	1.071	0.362
	管理类	2.73	0.88		
	生产类	2.74	0.92		
	营销类	2.37	0.65		
工作压力总分	技术类	2.62	0.72	1.111	0.345
	管理类	2.77	0.62		
	生产类	2.76	0.64		
	营销类	2.48	0.60		

由表7－8可知，职业类别对工作压力不具显著影响。

（二）新生代农民工心理健康统计结果

1. 新生代农民工心理健康总体状况

新生代农民工心理健康总体状况统计如表7－9所示。

表7－9 心理健康总体状况

	类 别	百分比（%）	M	SD
抑郁D	$x=1$	16.62	1.59	0.63
	$1<x\leqslant 3$	78.96		
	$x\geqslant 3$	4.42		
躯体化S	$x=1$	16.60	1.56	0.60
	$1<x\leqslant 3$	80.07		
	$x\geqslant 3$	3.33		
焦虑A	$x=1$	19.19	1.58	0.64
	$1<x\leqslant 3$	74.52		
	$x\geqslant 3$	6.29		
心理健康总分	$x=1$	7.75	1.57	0.58
	$1<x\leqslant 3$	89.29		
	$x\geqslant 3$	2.96		

SCL－90 各因子平均分最低分 1 分，最高分 5 分，因子均分等于 1 时表示在该项目上无症状，因子均分大于 3 时可认为该症状有一定程度的影响。由表 7－9 可知，大部分人（78.96% D；80.07% S；74.52A）都是自觉有该症状，但是目前的影响比较轻微。而仅有少部分人（4.42% D；3.33% S；6.29% A）认为自己有该症状，并且已经对自己产生了一定程度的影响。

2. 新生代农民工心理健康的性别差异

新生代农民工心理健康在性别上的差异统计如表 7－10 所示。

表 7－10　新生代农民工心理健康的性别差异

	男		女		t	p
	M	SD	M	SD		
抑郁	1.58	0.60	1.60	0.66	－0.237	0.820
躯体化	1.56	0.61	1.54	0.59	0.255	0.799
焦虑	1.57	0.61	1.59	0.68	－0.329	0.743
心理健康总分	1.57	0.58	1.58	0.60	－0.100	0.921

由表 7－10 可知，性别因素在抑郁、躯体化、焦虑因子上均不存在显著差异。

3. 新生代农民工心理健康的年龄差异

新生代农民工心理健康在年龄上的差异统计如表 7－11 所示。

表 7－11　新生代农民工心理健康的年龄差异

	年龄	M	SD	F	p
抑郁	18～25 岁	1.51	0.51	1.732	0.161
	26～30 岁	1.54	0.59		
	31～35 岁	1.73	0.79		
	35 岁以上	1.69	0.69		
躯体化	18～25 岁	1.54	0.58	0.531	0.661
	26～30 岁	1.51	0.53		
	31～35 岁	1.64	0.74		
	35 岁以上	1.59	0.64		
焦虑	18～25 岁	1.50	0.54	1.118	0.342
	26～30 岁	1.56	0.63		
	31～35 岁	1.71	0.74		
	35 岁以上	1.63	0.72		

续表

	年 龄	M	SD	F	p
心理健康总分	18～25岁	1.52	0.51	1.126	0.339
	26～30岁	1.53	0.53		
	31～35岁	1.69	0.74		
	35岁以上	1.63	0.65		

由表7－11可知，年龄因素对心理健康不具显著影响。

4. 新生代农民工心理健康的文化水平差异

新生代农民工心理健康在文化水平上的差异统计如表7－12所示。

表7－12　新生代农民工心理健康的文化水平差异

	文化水平	M	SD	F	p
抑郁	初中	1.62	0.63	0.224	0.800
	高中/职校/中专/技校	1.60	0.61		
	大专及以上	1.56	0.63		
躯体化	初中	1.52	0.58	0.318	0.728
	高中/职校/中专/技校	1.59	0.58		
	大专及以上	1.54	0.65		
焦虑	初中	1.53	0.60	0.499	0.607
	高中/职校/中专/技校	1.62	0.63		
	大专及以上	1.56	0.69		
心理健康总分	初中	1.56	0.56	0.219	0.804
	高中/职校/中专/技校	1.60	0.57		
	大专及以上	1.57	0.63		

由表7－12可知文化水平对心理健康不具显著影响。

5. 新生代农民工心理健康的婚姻状况差异

新生代农民工心理健康在婚姻状况上的差异统计如表7－13所示。

表7－13　新生代农民工心理健康的婚姻状况差异

	婚姻状况	M	SD	F	P
抑郁	未婚	1.56	0.60	0.983	0.376
	已婚	1.60	0.63		
	离婚	2.00	0.80		

续表

	婚姻状况	*M*	*SD*	*F*	*P*
躯体化	未婚	1.55	0.66	0.310	0.734
	已婚	1.55	0.57		
	离婚	1.79	0.53		
焦虑	未婚	1.53	0.64	0.963	0.383
	已婚	1.59	0.64		
	离婚	1.95	0.84		
心理健康总分	未婚	1.54	0.60	0.765	0.466
	已婚	1.58	0.58		
	离婚	1.91	0.66		

由表 7－13 可知婚姻状况对心理健康不具有显著影响。

6. 新生代农民工心理健康的工作年限差异

新生代农民工心理健康在工作年限上的差异统计如表 7－14 所示。

表 7－14　新生代农民工心理健康的工作年限差异

	工作年限	*M*	*SD*	*F*	*p*
抑郁	1 年以下	1.68	0.80	4.327	0.002
	1～3 年	1.42	0.43		
	3～5 年	1.44	0.49		
	5～10 年	1.81	0.75		
	10 年以上	1.62	0.61		
躯体化	1 年以下	1.67	0.81	2.050	0.88
	1～3 年	1.39	0.44		
	3～5 年	1.52	0.58		
	5～10 年	1.69	0.64		
	10 年以上	1.54	0.58		
焦虑	1 年以下	1.61	0.74	3.128	0.015
	1～3 年	1.40	0.49		
	3～5 年	1.47	0.54		
	5～10 年	1.78	0.73		
	10 年以上	1.60	0.66		

续表

	工作年限	M	SD	F	p
心理健康总分	1年以下	1.66	0.77	3.341	0.011
	1~3年	1.40	0.42		
	3~5年	1.47	0.50		
	5~10年	1.75	0.66		
	10年以上	1.58	0.58		

由表7－14可知工作年限对心理健康具有显著影响（$F=3.341$，$p=0.011<0.05$），经事后检验，5~10年工作年限的心理健康总分显著高于1~3年工作年限的心理健康总分（$p=0.001<0.05$）和3~5年工作年限的心理健康总分（$p=0.006<0.05$）。

抑郁因子在工作年限上存在显著差异（$F=4.327$，$p=0.002<0.05$），经事后检验，5~10年工作年限的抑郁因子得分显著高于1~3年工作年限的抑郁因子得分（$p=0.001<0.05$）和3~5年工作年限的抑郁因子得分（$p=0.001<0.05$）。

焦虑因子在工作年限上存在显著差异（$F=3.128$，$p=0.015<0.05$），经事后检验，5~10年工作年限的焦虑因子得分显著高于1~3年工作年限的焦虑因子得分（$p=0.002<0.05$）和3~5年工作年限的焦虑因子得分（$p=0.005<0.05$）。

7. 新生代农民工心理健康的职业类别差异

新生代农民工心理健康在职业类别上的差异统计如表7－15所示。

表7－15 新生代农民工心理健康的职业类别差异

	职业类别	M	SD	F	P
抑郁	技术类	1.52	0.62	0.449	0.718
	管理类	1.59	0.57		
	生产类	1.62	0.64		
	营销类	1.48	0.70		
躯体化	技术类	1.50	0.58	1.087	0.355
	管理类	1.50	0.57		
	生产类	1.60	0.61		
	营销类	1.31	0.62		

续表

	职业类别	*M*	*SD*	*F*	*P*
焦虑	技术类	1.48	0.59	0.936	0.424
	管理类	1.57	0.62		
	生产类	1.62	0.66		
	营销类	1.37	0.71		
心理健康总分	技术类	1.50	0.56	0.813	0.487
	管理类	1.55	0.54		
	生产类	1.61	0.60		
	营销类	1.39	0.66		

由表7－15可知职业类别对心理健康不具有显著影响。

（三）新生代农民工工作压力与心理健康相关研究结果

新生代农民工工作压力与心理健康相关分析如表7－16所示。

表7－16　新生代农民工工作压力与心理健康相关分析

	抑郁		躯体化		焦虑	
	r	*p*	*r*	*p*	*r*	*p*
工作家庭冲突	0.224	0.000	0.127	0.036	0.209	0.001
工作超载	0.331	0.000	0.279	0.000	0.329	0.000
经济压力	0.241	0.000	0.181	0.003	0.241	0.000
组织结构	0.280	0.000	0.177	0.003	0.257	0.000
组织氛围	0.280	0.000	0.180	0.003	0.272	0.000
个人发展	0.214	0.000	0.102	0.093	0.185	0.000
工作难度超载	0.259	0.000	0.207	0.001	0.257	0.000

由表7－16可知，除个人发展与躯体化之外，工作压力各维度与心理健康各维度均呈显著正相关，即工作压力因子得分越高，心理健康因子得分也越高，表示工作压力越大，心理健康水平越低。

（四）新生代农民工工作压力与心理健康回归分析

新生代农民工工作压力与心理健康回归分析如表7－17所示。

表 7－17 新生代农民工工作压力与心理健康逐步回归分析

变　量	抑郁（β）	躯体化（β）	焦虑（β）
工作超载	0.331	0.279	0.329
F	33.150***	22.718***	32.677***
Adjusted R^2	0.106	0.074	0.105

注：***$p<0.001$（下同）。

由表 7－17 可知，工作压力对抑郁的预测作用最大（10.6%）；对焦虑的预测作用次之（10.5%）；对躯体化的预测作用最小（7.4%）。经过逐步回归分析，除了工作超载因子，其他 6 个因子均被排除。而工作超载对抑郁、躯体化和焦虑都具有显著影响，工作超载越严重，抑郁、躯体化和焦虑的表现越明显。根据统计分析结果，可得出以下三个回归方程：（1）抑郁＝0.828＋0.047×工作超载；（2）躯体化＝0.935＋0.038×工作超载；（3）焦虑＝0.797＋0.048×工作超载。

第三节　新生代农民工工作压力与心理健康的关系研究结果分析与讨论

一、新生代农民工工作压力总体情况分析

本次调查表明，新生代农民工平均压力水平为中等偏下，其中经济压力、个人发展、组织结构和组织氛围因子得分高于总的平均水平，而工作难度超载和工作家庭冲突因子得分低于总的平均水平，其中经济压力造成的影响最大，工作家庭冲突造成的影响最小。

导致经济压力影响最大的可能的原因：（1）新生代农民工的经济状况确实不尽人意，这一点前面已有学者进行了统计，表明新生代农民工收入水平不如第一代农民工，68.00%人收入集中在 800～1500 元。当然这也可能关乎工作性质、单位性质等因素。（2）新生代农民工的消费水平相对于第一代农民工偏高，消费倾向多元化，导致他们对经济的追求更加迫切。

导致工作家庭冲突影响最小的可能原因：新生代农民工是外出务工的农村户籍人群，他们远离家乡，这种地理上的差距反而增强了亲人之间的凝聚力，减少了冲突。

因此，就社会层面，需要完善社会保障制度，完善劳动权益保护机制。就组织层面，需要改进管理方式，提高对新生代农民工的劳动报酬，建立和谐的劳资关系。就个体层面，新生代农民工自身需要学习从自身能力出发合理规划自己的生活，改善生活方式。

二、新生代农民工工作压力差异分析

本次调查表明，男性在工作家庭冲突因子上相对高于女性。可能的原因：(1) 男性相对于女性在家庭经济生活中承担着更重要的角色，造成的压力比较大；(2) 男性较女性的压力调节能力、方式较低、较单薄，男性较少倾诉的特性可能会造成压力得不到释放。

初中文化水平的工作压力相对较高。可能的原因：(1) 初中是人生中的关键时期——第二逆反期，如果没有处理好在逆反期出现的问题，可能会对今后的生活造成一定的影响，例如出现人格、社会交往上的问题，而这些都可能是压力的积累的原因；(2) 高职、技校等文化水平者有更多技能上的优势，而小学文化者自我定位较低，与之相比初中文化水平者文化水平不低，但是技能欠缺，如果他们自我定位的调试不当则可能出现压力反应。

1 年以下工作年限的工作压力相对高，而 1 ~ 3 年的工作年限的工作压力相对低。可能的原因有：(1) 初入职存在一定的适应不良；(2) 1 ~ 3 年是一个比较好的调试期，而过了这个调试期后，又出现了倦怠的情况。这是不是可以推测在新生代农民工就业中，1 ~ 3 年会是一个发展前景比较好的时期，是值得进一步研究的。

因此，就社会层面，可以发展社会援助，提供维权服务，提供心理服务。就组织层面，实施职业技能培训，增强新生代农民工的就业竞争力，还可以联合院校开设能够帮助新生代农民工树立正确价值观、职业理想的课程，使他们能进行合理的自我定位；开设职业生涯规划的讲座，使他们能够正确看待自己的职业，正确、积极面对职业的变换。就个体层面，新生代农民工自身可以多进行社会交往，保持良好的心态；正确认识自身的特性，树立正确的目标；甚至可以自学一些应对压力的方式，减轻自身的压力。

三、新生代农民心理健康总体情况分析

本次调查表明新生代农民工的心理健康水平一般，抑郁、躯体化和焦虑的得分均呈阴性，相差不大。

可能的原因有：（1）新生代农民工在融入城市生活时承受着巨大的社会排斥，而这种社会排斥会造成被排斥者的心理压力；（2）组织管理模式欠佳，新生代农民工在进行高强度的劳动密集型操作时节奏过快、时间跨度过大；（3）新生代农民工对现实的认识程度一般，还没有能够树立正确的世界观、人生观、价值观；（4）自我调控能力一般，工作压力源导致心理问题是需要一个中介变量，即人的认知评价，可以推测新生代农民工的认知评价能力一般，还没能有效减少工作压力源对自身的心理上伤害，而对于这个问题也是值得进一步研究的。

因此，就社会层面，可以加强心理健康知识的普及，提供心理咨询服务，提高人们的心理健康水平。就组织层面，可以增设心理辅导部门，帮助员工解决心理上的困惑。就个体层面，可以学习一些能保持心情舒畅、心理健康的知识或者技能。

四、新生代农民工心理健康差异分析

调查表明在工作年限上新生代农民工的心理健康水平存在显著差异，5～10年工作年限的心理健康水平相对较低。可能的原因：（1）1年以下的工作压力虽然显著较高，但是这时还是可以适应的，经过1～3年的调试期后，工作压力体现出了显著地下降，而过了这个调试期后工作压力又显现出上升的趋势，经过一段时间的积淀后，可能就会造成心理上问题，影响心理健康；（2）可能心理健康水平随着工作年岁的增长呈现的是围绕一条基线上下波动的变化趋势，而1～3年是心理健康水平较高即波峰，而5～10年是心理健康水平较低即波谷，并且可以看到10年以后的心理健康水平又呈现上升的趋势。

因此，就组织层面，可以定期对员工进行心理测评，筛选出在测评中有阳性反应的个体，进行心理咨询。就个体层面，需要积极寻求外界的帮助，包括“城市人”、同事、家人的帮助。

五、新生代农民工工作压力与心理健康相关分析

本次调查表明，工作压力与心理健康呈显著正相关，并且工作超载因子对于预测抑郁、躯体化和焦虑具有重要的作用。可能的原因：（1）具有威胁性的刺激引起了心理反应，并且这些反应如焦虑、抑郁等影响了心理活动的正常运行；（2）工作压力形成后的个人调试不当，对刺激的认知评价又不适当，影响了自身对压力的反应，产生了心理问题；（3）工作负荷量过大，工作超

载，使个体不得长时间做大量的工作，在影响生理健康的同时，也引发了心理疾病。

因此，就组织层面，需要恰当设计员工工作，不得长期加班，做好心理危机干预工作，提高员工的心理素质。就个体层面，可以学习调节压力的方式，并且在出现心理问题时及时进行自我调节或者进行心理咨询。

六、研究结论

（1）新生代农民工的工作年限对工作压力有显著影响，1 年以下工作年限的工作压力显著高于 1 ~3 年工作年限的工作压力和 3 ~5 年工作年限的工作压力，5 ~10 年工作年限的工作压力显著高于 1 ~3 年工作年限的工作压力。

（2）新生代农民工的性别因素对工作压力中的工作家庭冲突因子有显著影响，男性显著高于女性的工作家庭冲突。

（3）新生代农民工的文化水平对工作压力中的工作超载因子有显著影响，初中文化水平显著高于大专及以上的工作超载压力。

（4）新生代农民工的年龄因素、婚姻状况和职业类别对工作压力不具显著影响。

（5）新生代农民工的工作年限对心理健康有显著影响，5 ~10 年工作年限的心理健康总分显著高于 1 ~3 年工作年限的心理健康总分和 3 ~5 年工作年限的心理健康总分。

（6）新生代农民工的性别、年龄因素、文化水平、婚姻状况和职业类别对心理健康不具有显著影响。

（7）新生代农民工的工作压力与心理健康之间呈显著正相关。

（8）新生代农民工工作压力中的工作超载因子对心理健康中的抑郁、躯体化和焦虑因子均有显著地预测作用。

第八章

新生代农民工工作满意度与成就动机的关系研究

有研究表明，新生代农民工受教育程度高，职业期望值高，物质和精神享受要求高，工作耐受力低，他们开始从更深的层次来认识工作岗位的意义，对工作满意度的要求逐渐提升，希望加快劳动环境的改善进程，而新生代农民工的整体工作满意度却存在明显下降的趋势。农民工的工作满意度直接影响到他们的工作岗位选择、择业流动性、工作热情和工作绩效。农民工是我国劳动力队伍的重要组成部分，这一群体工作满意度的下降值得我们认真关注。因此，对农民工工作满意度进行客观分析具有重要的现实意义。成就动机作为职业心理研究的重要内容，作为推动个人获得成就的内在力量，是一种重要的社会性动机。它对个体的工作、学习都会产生很大的推动作用。研究成就动机，进而采取有效措施激发、控制个体的成就动机，无论对组织的发展还是对个人的成长都有重要的意义。

对于80、90后的新生代农民的成就动机水平、工作满意度现状及其之间关系的研究，能揭示向往成功的内部驱动力是否能有效地提高工作满意度，最终达到提高工作绩效，提升自我发展的效果是本课题研究的重点。

第一节　工作满意度与成就动机的研究的一般概述

一、工作满意度的含义

工作满意度（job satisfaction）这一概念是由 Taylor 于 1912 年首先提出的，

对工作满意度本质和影响因素的研究则始于20世纪30年代。1935年，Hop-pck总结以往研究，提出工作满意度是指员工对工作环境的感受以及生理和心理上的满足。此后，出现了许多对工作满意度的不同界定。归纳起来，这些定义大致可以分为两类。

第一类将工作满意度界定为员工对工作的情感。有研究者认为，工作满意度指员工对其（他或她）工作的情绪和情感反馈。也有研究者认为，工作满意度指员工对工作的感受或情感状态。还有研究者认为，工作满意度指员工对其工作或工作经历的一种快乐或积极的情感状态。

第二类是将工作满意度界定为对工作的态度。Brief认为，工作满意度指员工对其工作的态度。Weiss等人指出，工作满意度反映了员工对其工作或工作情境的评价。Lunderen等人认为，工作满意度指员工对其工作的积极态度。

也有学者将上述两种定义视为是等同的或可以互换的。如Smith等人在编制工作描述指数（Job Discriptive In－dex，JDI）研究中，将工作满意度界定为“对工作情境各方面的情绪或情感反映”，同时，他们又指出，“工作满意度的测量其实是一种态度测量”。最近，有研究者也提出工作满意度指员工对其工作的感受或态度。

其实，工作满意度是由多种心理成分构成的一个复杂的系统，可以从不同的角度对其进行研究。Weiss就提出应当分别从对工作的评价、信念和情感三个角度来界定和考察工作满意度。Ilies和Judge赞同Weiss的观点，并在此基础上进一步理清工作满意度概念中评价、信念、情感三者的关系。他们认为，工作满意度指员工对其工作积极或消极的评价，它包括了员工对其工作的认知评价和员工对其工作的情感反馈。因此，仅从某一方面对它下定义就有失偏颇。

如前所述，可以看出，对工作满意度的评价既基于对工作的认知，又基于对工作的情感。实证研究也表明，基于认知的工作满意度不同于基于情感的工作满意度，并且两者分别有各自的前因变量和后果变量。

二、成就动机的含义

成就动机的提出可以追溯到20世纪30年代末，默里（H. A. Murry）在他对人的需要的鉴定中就提出了这一概念，他把成就需要定义为“克服障碍，施展才能，力求尽快尽好地解决某一难题”。

正式提出成就动机概念的是麦克里兰（D. Moelelland）和阿特金森

(J. W. Atkinson)。麦克里兰在《成就动机》一书中指出，成就动机就是与自己所特有的良好或优秀的标准相竞争之下，个人所学习而来的一种追求成功的需要或趋力。阿特金森进一步研究认为，个体的成就动机由两种稳定的倾向构成，即希望成功和害怕失败，而成就动机就是这两种倾向的代数和。

Nicholls 认为，成就动机是人们在完成任务的过程中，力求获得成功的内部动因，亦即个体对自己认为重要的，有价值的事情乐意去做，努力达到完美的一种内部推动力量。

Clark，Varadarajan&Pride 提出了成就动机的多维概念，认为成就动机是对于优秀标准的竞争或者个体设定或实现个体目标的愿望。

Elliot，Andrew 将成就动机定义为以竞争为基础的情感、认知、行为的激活化和方向化。

在（美）阿瑟·S. 雷伯著的《心理学词典》中，成就动机泛指表现为追求成功的一种个人动机。

国内学者关于成就动机有影响的观点主要有如下几种。

王本法认为，所谓成就动机指的是想要很好地完成困难的工作，在竞争的条件下获得良好成绩的那种动机。

杨国枢认为，成就动机是与内在或外在优秀标准相竞争的冲动。

陈仲庚认为，成就动机是个人把自己的活动保持在尽可能高的水平和不断增加的努力之中，从而把活动推到最好标准的心理倾向。

张兴贵认为，成就动机是人们追求高目标，完成困难任务，竞争并超越他人的人格力量。

此外，我国台湾学者张春兴认为，成就动机是个人追求成就的内在动力，包括三方面含义：个人追求进步以达成希望目标的内在动力；从事某种工作时，个人自我投入、精益求精的心理倾向；个人在不顺利的情景中，克服困难、扫清障碍，努力达到目标的心理倾向。

三、工作满意度的研究现状

（一）研究内容

目前就工作满意度研究内容来看，主要集中在对影响工作满意度因素的研究以及工作满意度与其他因素的关系研究上。

在影响工作满意度因素的分析上，国外有 Yoavganzach（2003）的研究，发现教育水平、智力会影响工作满意度；美国护士行政组织（The American

Organization of Nurse Executives，AONE）认为：教育、工资、技术、运送系统、规章制度、工作环境是影响护士工作满意度的主要因素。国内有刘金钵、邢明杰（2001）的研究，发现性别、学历、年龄对纺织企业员工的工作满意度有显著的影响；姜勇、钱琴珍、鄢超云（2006）针对教师工作满意度的影响因素进行了结构模型的研究。从上述研究中不难发现，影响工作满意度的因素无外乎客观的环境因素以及一些主观因素。

在工作满意度与其他心理因素的关系研究上，潘孝富、秦启文（2006）抽取了湖南不同类型中学教师229名，进行了工作满意度和组织气氛的相关分析，发现学校组织气氛与教师工作满意度的工作性质因子呈显著的正相关。贺雯（2007）对于上海市槎溪中学、上海市嘉定二中、上海市罗山中学、上海市迎园中学教师178名的教学风格和工作满意度的研究发现，教师的教学风格与工作满意度之间存在密切的关系。李文东等（2007）对于来自四个职业的27名任职者（50名从事人力资源管理工作的公务员、54名计算机软件人员）进行了工作满意度与工作技能评价结果发现，工作满意度能够显著影响任职者的工作技能评价结果。

（二）研究对象

就工作满意度研究的对象来看，主要集中在教师、公务员以及一些企业员工。如孙汉银等（2008）对557名中学教师的工作满意度状况及相关因素的研究；汤国杰（2009）抽取了浙江省17所高等院校的体育教师265人，对他们的职业认同与工作满意度的关系进行了研究；佟丽君、周春淼（2009）抽取了在哈尔滨选择博远、中企动力、东安动力等7家企业员工560名，就工作家庭冲突对工作生活满意度的影响进行研究；冯虹等（2010）对天津市302名初中教师的工作满意度进行了调查研究；周厚余、田学红（2010）抽取上海、宁波、杭州的公务员380名，就其主动性对于工作满意度、组织公民行为的作用进行研究。

值得指出的是，随着人们对农民工问题的日益关注，许多学者渐渐把工作满意度的研究对象指向了新生代农民工。具体地说，大部分学者的研究主要集中于影响新生代农民工工作满意度的因素上。钱文荣、张黎莉（2009）抽取了杭州、宁波、温州的184名农民工对其工作——家庭关系现状及其对工作满意度的影响进行了实证研究。赵智晶、吴秀敏、陈科宇、杨易（2010）抽取了成都市266名新生代农民工，对其工作满意度进行了实证分析发现，新生代农民工对报酬待遇的关注降低，对劳动时间安排、工作环境等的关注加强，而对社会保障的关注程度最低。陈珍珍、吴亮（2010）抽取了468名农民工，引用Probit模型对影响工作满意度的各个因素进行数量分析，结果表明，不同的年龄、性别和学历的农民工，对工作的满意度有不同的看法；劳动报酬的高低和报酬是否按时如数兑现，是影响工作满意度的主要因素；工作状况与条件是影响工作满意度的重要因素；农民工的权益保障程度和他们的生活环境，都在一定的程度上影响其工作满意度。

（三）研究方法

纵观国内外学者关于工作满意度的研究，主要采用的是问卷调查法。而针对工作满意度的不同维度的划分，不同研究采用了不同的测量工具。对工作满意度测量的取向主要有两种：单一整体测量法和总和评分法。

单一整体测量法就是从整体上考察员工的工作满意度。如前所述，以往对工作满意度的界定大致分为两类：一类将其界定为员工对工作的情感反馈或感受；一类将其界定为员工对工作的态度。与前者相对应的量表如Kunlin的面孔量表（Face Scale）。该量表向被试展示多个不同表情的面孔，要求被试从中选出一副最能反映自己对工作感受的面孔。与后者相对应的量表如密西根组织评估问卷（Michigan Organizational Assessment Questionnaire，MOAQ）的工作满意度分量表（Job Satisfaction Scale，JSS）。

总和评分测量法则首先要确定关键维度，然后编制调查问卷，再根据标准化的量表来评定某员工的工作满意度。如最早期的明尼苏达工作满意度量表（Minnesota Satisfaction Questionnaire，MSQ）将工作满意度分为4个主要方面：工作本身、工作中的人际关系、报偿和发展。工作描述指数（Job Descriptive Index，JDI）包括5个维度：工作本身、升迁、报酬、管理者及同事；工作满意度调查表（Job Satisfaction Survey，JSS）将工作满意度分为：薪水、升职、上级、额外福利、报酬激励、操作环境、同事、工作本身、沟通；也有把工作满意度分为以下五个方面：企业形象的满意度（管理制度、客户服务、质量管理、参与管理），领导的满意度（管理者、工作认可），工作回报的满意度（报酬、福利、培训与发展、工作环境），工作协作的满意度（同事、沟通、尊重），工作本身的满意程度（工作胜任感、成就感，安全感）。近年来，根据Herzberg的双因素理论，很多研究者将工作满意度分为内在因素和外在因素两方面。

四、成就动机的研究现状

（一）研究内容

就成就动机的研究内容来看，主要有两个方面。一方面是关于成就动机理论以及机制的理论研究，另一方面是关于成就动机的实证研究。

理论研究有张德，赫文彦（2001）关于成就动机的几个问题研究，系统探讨了成就动机的概念、形成以及培养成就动机的方法。张旭（2003）从成就需要、归因、自我效能、习得无助、内驱力五个方面解释成就动机等。

实证研究主要集中在成就动机与工作绩效的关系以及成就动机与职业生涯规划的关系。如周兆透（2008）大学教师成就动机与工作绩效关系的实证研究以及郭怡熠（2008）企业员工成就动机与工作绩效关系研究，均发现成就动机与工作绩效密切相关。刘永芳、陈霞（2009）以宁波大学、华东师范大学和山东师范大学228名大三、大四学生为研究对象（年龄在20～27岁），研究大学生的成就动机和任务框架对职业生涯决策风险偏好的影响并发现，追求成功的动机与职业生涯决策风险偏好之间存在正相关，避免失败的动机与职业决策风险偏好之间存在负相关，但是二者都没有达到显著性水平。王敏（2011）抽取了南京大学150名在读女硕士生对其成就动机与职业生涯规划关系进行实证研究，结果显示，女硕士生成就动机和职业生涯规划水平，追求成功的动机与回避失败的动机之间有相关关系。

在资料搜集中，笔者还发现许多学者还进行过成就动机的性别以及性别差异的研究，如沈烈敏（2001）在初中男生考试失败对成就动机的影响研究中发现，初中男生考试失败对成就动机具有削弱作用。王敏（2011）关于女硕士成就动机与职业生涯规划关系的实证研究。肖海军等（2007）关于影响女大学生成就动机的因素的研究得出结论：传统观念与社会分工的束缚、大众传媒的消极影响、学校教育、家庭教育的偏差都能够影响女大学生的成就动机。赵玉华（2010）关于女性成就动机与构建和谐社会的研究也从多角度分析女性成就动机低的原因以及如何提高女性的成就动机。

（二）研究对象

就成就动机的研究对象来看，国内学者已经对许多群体做过研究，而主要研究对象集中在学生，包括大学生、中学生、中职生以及硕士生等。如沃建中等（2001）对314名高中生的成就动机、物理学习成绩对其自我监控的影响进行了研究并发现，成就动机与物理学习成绩是影响物理自我监控能力的重要因素。钟慧（2003）抽取了重庆市西南师范大学学生240名，研究其时间管理倾向与成就动机的相关研究并发现：大学生时间管理倾向各维度与其追求成功动机存在显著正相关，与避免失败动机存在显著负相关，大学生高时间管理倾向者其成就动机水平明显高于低时间管理倾向者。王洪礼等（2007）对于12个少数民族500名大学生的成就动机与成功恐惧的研究，得出少数民族男大学生的成就动机、追求成功的动机显著高于少数民族女大学生，而在避免失败的动机上则显著弱于少数民族女大学生的结论。李炳全（2007）对汕头204名中学生进行问卷调查，分析其孝道与成就动机的相关研究发现孝道与成就动机密切相关。

（三）研究方法

纵观国内外学者关于成就动机的研究，主要采用的是问卷调查法。

赫云鹏（2005）以台湾学者余安邦、杨国枢在1989年编制的《社会取向成就动机量表》和《个我取向成就动机量表》作为研究工具，研究了高等师范生成就动机取向特点。陶新华、朱艳、张卜林（2007）也是采用了台湾学者余安邦、杨国枢在1989年编制的《社会取向成就动机量表》和《个我取向成就动机量表》对聋生心理健康与成就动机、行为方式的相互影响关系做了研究。

王洪礼等（2007）采用了Gjesme和Rnygard（1970）编制，并经上海师范大学叶仁敏等修订（1992）的成就动机量表（AMS），对12个少数民族的500名大学生的成就动机与成功恐惧进行了研究。

赫尔姆瑞克与斯彭斯编制，由吴静吉与林秀吉翻译修订的成就动机量表，也是学者们常使用的测量工具。

第二节 新生代农民工工作满意度与成就动机的关系研究结果

一、研究对象

本研究被试为常州市某企业的80、90后新生代农民工，采用整群随机抽样，共发放问卷500份，回收有效问卷370份，有效率为76%。样本分布情况如表8-1所示。

表8-1 样本分布情况

	样本分布	样本数	百分比（%）
性别	男	155	41.89
	女	215	58.11
年龄	16~22岁	194	52.40
	23~27岁	137	37.00
	28~32岁	39	10.50

续表

	样本分布	样本数	百分比（%）
学历	初中及以下	101	27.30
	高中、职校、中专、技校	155	41.89
	大专及以上	114	30.81
婚姻状况	已婚	78	21.08
	未婚	289	78.11
	离异	3	0.81
工作年限	1 年以下	95	25.68
	1～3 年	185	50.00
	4～8 年	75	20.27
	8 年以上	15	4.05
总数	N	370	100.00

二、研究工具

（一）成就动机量表

本研究采用的成就动机量表是由赫尔姆瑞克与斯彭斯编制，并由吴静吉与林秀吉翻译修订，原量表共计 32 题，前 23 题为测试个人的成就动机，后 9 题为测试个人对家庭的态度。赫尔姆瑞克与斯彭斯经过三次修订与因素分析后，提出成就动机由精熟、工作向导、竞争、不在意他人四个维度构成。该量表四个维度内部一致性系数分别为 0.61、0.66、0.76 与 0.50（男性组）；女性组为 0.62、0.63、0.70 与 0.50。此量表具有可测得多层面的成就动机，适用于男、女两性，具有效度等优点。量表采用李克特五点计分法，其中有六题为反向计分题。被试根据实际情况作非常同意、比较同意、说不清楚、不大同意、非常不同意的反应。就各维度而言，平均得分越高说明被试在该维度上的倾向越强；就整体而言，各维度平均得分越高，说明被调查者的成就动机越强。

（二）工作满意度量表

本研究采用的工作满意度量表是由维斯等人编制的明尼苏达满意度短式量表。该量表共计 20 题，分成内在满意度与外在满意度两部分，综合题目则可表示整体满意度。整体满意度的内部一致性系数为 0.87～0.92，内在满意度部分的内部一致性系数为 0.84～0.91，外在满意度部分的内部一致性系数为 0.77～0.82。量表采用李克特五点计分法。被试根据实际情况作非常同意、比较同意、说不清楚、不大同意、非常不同意的反应。得分越高，则说明其工作满足程度越高。

三、研究结果

（一）新生代农民工成就动机研究结果

本研究从多角度分析了新生代农民工的成就动机现状，包括新生代农民工成就动机的整体情况，如成就动机的性别差异、学历差异、年龄差异和不同工作年限，以及不同婚姻状况下，新生代农民工成就动机的差异。

1. 新生代农民工成就动机各维度情况

新生代农民工成就动机各维度平均数、标准差，即新生代农民工成就动机的整体情况，见表8－2。

表8－2　新生代农民工成就动机各维度情况

维度	*M*	*SD*
精熟	3.5027	0.58333
工作导向及竞争	3.7399	0.64843
不在意他人	3.1036	0.93789
总成就动机	3.4358	0.40902

从表8－2可知，新生代农民工在成就动机的各维度上的均分都超过了2.5，说明新生代农民工都有较高的成就动机。其中对工作向导及竞争的动机最为强烈。

2. 新生代农民工成就动机的性别差异检验结果

运用独立样本 t 检验方法，检验不同性别的新生代农民工成就动机间是否有差异，具体情况见表8－3。

表8－3　新生代农民工成就动机各维度性别差异 t 检验结果

维　度	性　别	*M*	*SD*	*t*
精熟	男	3.5306	0.59648	0.782
	女	3.4826	0.57421	
工作向导及竞争	男	3.6903	0.71685	－1.249
	女	3.7756	0.59342	
不在意他人	男	3.0667	0.94158	－0.643
	女	3.1302	0.93650	

从表 8 -3 可知，不同性别的新生代农民工在成就动机各维度均数上均没有显著的差异，即新生代农民工的成就动机没有显著的性别差异，女性和男性的成就动机间没有显著的差异。

3. 新生代农民工成就动机的学历差异方差分析结果

运用一元方差分析，检验不同学历的新生代农民工的成就动机间是否存在差异，具体情况见表 8 -4。

表 8 -4　新生代农民工成就动机各维度在学历方面的方差分析结果

维　度	学　历	*M*	*SD*	*F*
精熟	初中及以下	3. 3441	0. 60348	5. 278 **
	高中、职校、中专、技校	3. 5685	0. 58512	
	大专及以上	3. 5537	0. 53963	
工作向导及竞争	初中及以下	3. 5965	0. 70620	3. 911 *
	高中、职校、中专、技校	3. 7613	0. 63023	
	大专及以上	3. 8377	0. 60142	
不在意他人	初中及以下	3. 2112	0. 93062	0. 925
	高中、职校、中专、技校	3. 0559	0. 94573	
	大专及以上	3. 0731	0. 93417	

从表 8 -4 可知，不同学历的新生代农民工成就动机间存在差异。

就精熟动机而言，不同学历的新生代农民工在精熟动机上有非常显著的差异，不同学历的农民工，精熟动机强度不同。

经事后 *q* 检验发现，初中及以下学历的农民工与高中、职校、中专、绩效学历的农民工在精熟动机上有显著的差异。进一步比较发现，高职专技校学历农民工的精熟动机要低于初中及以下学历的农民工，这说明初中及以下学历的农民工相较于高职专技校学历的农民工更倾向于掌握精熟技艺。

就工作向导及竞争动机而言，不同学历的新生代农民工在工作向导及竞争动机上有显著的差异，即不同学历的农民工在竞争以及工作向导方面的动机也不同。

经事后 *q* 检验发现，初中及以下学历的农民工分别与学历为高中、职校、中专、技校以及学历为大专以上的农民工在竞争与工作向导动机上存在显著差异，其中，初中及以下学历和大专及以上学历的农民工间存在非常显著的差异。而高中、职校、中专、绩效学历的农民工与学历为大专以上的农民工在竞争与工作向导动机上不存在显著差异。进一步比较发现，大专及以上学历的农民工的竞争与工作导向动机要高于高职专技校以及初中及以下的农民工。这说明，大专及以上学历的农民工相较于低于其学历的农民工，更加富有工作向导及竞争的意愿。

4. 新生代农民工成就动机的婚姻状况差异方差分析结果

运用一元方差分析，检验不同婚姻状况的新生代农民工的成就动机间是否存在差异。具体情况间表8－5。

表8－5 新生代农民工成就动机各维度在婚姻状况方面的方差分析结果

维 度	婚姻状况	*M*	*SD*	*F*
精熟	已婚	3.6346	0.54941	3.028
	未婚	3.4641	0.58450	
	离异	3.7917	0.97093	
工作向导及竞争	已婚	3.8045	0.63533	0.534
	未婚	3.7215	0.65206	
	离异	3.8333	0.76376	
不在意他人	已婚	3.2564	0.92726	1.367
	未婚	3.0646	0.93689	
	离异	2.8889	1.26198	

从表8－5可知，不同婚姻状况的新生代农民工在成就动机的不同维度上没有显著的差异，即婚姻状况不是显著影响新生代农民工成就动机的因素。

5. 新生代农民工成就动机的工作年限差异方差分析结果

运用一元方差分析，检验不同工作年限的新生代农民工的成就动机间是否存在差异，具体情况见表8－6。

表8－6 新生代农民工成就动机各维度在工作年限方面的方差分析结果

维 度	工作年限	*M*	*SD*	*F*
精熟	1年以下	3.4395	0.63630	2.420*
	1～3年	3.4777	0.54991	
	4～8年	3.5817	0.56856	
	8年以上	3.8167	0.62655	
工作向导及竞争	1年以下	3.7132	0.61342	0.164
	1～3年	3.7500	0.66041	
	4～8年	3.7633	0.64710	
	8年以上	3.6667	0.77152	

续表

维　度	工作年限	M	SD	F
不在意他人	1 年以下	3.0140	0.84902	0.836
	1～3 年	3.1171	0.97374	
	4～8 年	3.2178	0.91121	
	8 年以上	2.9333	1.15607	

从表 8－6 可知，不同工作年限的新生代农民工在成就动机水平上存在差异。其中，不同工作年限的农民工在精熟动机维度上存在显著的差异，即工作年限不同，农民工的精熟倾向也不同。

经事后 q 检验发现，工作一年以下与工作 8 年以上的农民工在精熟动机方面存在着显著差异。进一步比较发现，已有 8 年以上工作经历的农民工的精熟动机要高于工作一年以下以及 1～3 年的农民工，这说明，工作年限长的新生代农民工较之于工作年限短的农民工，更加注重精熟技艺方面的掌握。

6. 新生代农民工成就动机的年龄差异方差分析结果

运用一元方差分析，检验不同年龄的新生代农民工的成就动机间是否存在差异，具体情况见表 8－7。

表 8－7　新生代农民工成就动机各维度在年龄方面的方差分析结果

维　度	年　龄	M	SD	F
精熟	16～22 岁	3.4594	0.60147	2.188
	23～27 岁	3.5164	0.52397	
	28～32 岁	3.6699	0.66731	
工作向导及竞争	16～22 岁	3.7023	0.66216	0.799
	23～27 岁	3.7938	0.60398	
	28～32 岁	3.7372	0.72988	
不在意他人	16～22 岁	3.997	0.90691	0.031
	23～27 岁	3.1168	0.96811	
	28～32 岁	3.0769	1.00426	

从表 8－7 可知，不同年龄的新生代农民工在成就动机的不同维度上没有显著的差异，不同年龄的新生代农民工成就动机间不存在显著的差异，说明年龄不是显著影响新生代农民工成就动机的因素。

（二）新生代农民工工作满意度研究结果

与成就动机相对应的，本研究亦从多角度分析了新生代农民工的工作满意度现状，包括人口学因素的整体情况，工作满意度各维度的情况，工作满意度的性别差异、学历差异、年龄差异以及不同工作年限，不同婚姻状况下，新生代农民工工作满意度的差异。

1. 新生代农民工工作满意度各维度情况

新生代农民工工作满意度各维度平均数、标准差，即新生代农民工工作满意度的整体情况，见表 8－8。

表 8－8　新生代农民工工作满意度各维度情况

维　度	*M*	*SD*
内在满意度	3.3694	0.54940
外在满意度	3.3041	0.66783
总满意度	3.3657	0.60092

从表 8－8 可知，新生代农民工的满意度高于 2.5，说明新生代农民工的工作满意度处于中上水平，其中，内在满意度高于外在满意度，且不同的农民工内在满意度间的差异程度要低于其在外在满意度间的差异。

2. 新生代农民工工作满意度的性别差异独立样本 t 检验结果

运用独立样本 t 检验方法，检验不同性别的新生代农民工成就动机间是否有差异，具体情况见表 8－9。

表 8－9　新生代农民工成就动机各维度性别差异 t 检验结果

维　度	性　别	*M*	*SD*	*t*
内在满意度	男	3.4074	0.56343	1.119
	女	3.3422	0.53875	
外在满意度	男	3.3540	0.69097	1.223
	女	3.2680	0.64989	
总满意度	男	3.4235	0.61763	1.576
	女	3.3240	0.58649	

从表 8－9 可知，不同性别新生代农民工的内外工作满意度以及总满意度上不存在显著的差异，他们的内在满意度和外在满意度都处于中上的水平。

3. 新生代农民工工作满意度的学历差异方差分析结果

运用一元方差分析，检验不同学历的新生代农民工的工作满意度间是否存在差异，具体情况见表8－10。

表8－10　新生代农民工成就动机各维度在学历方面的方差分析结果

维　度	学　历	M	SD	F
内在满意度	初中及以下	3.3317	0.58035	0.498
	高中、职校、中专、技校	3.3667	0.56763	
	大专及以上	3.4064	0.49582	
外在满意度	初中及以下	3.2203	0.72697	3.930*
	高中、职校、中专、技校	3.2532	0.67389	
	大专及以上	3.4474	0.58249	
总满意度	初中及以下	3.2757	0.63799	1.851
	高中、职校、中专、技校	3.3490	0.61061	
	大专及以上	3.4680	0.54102	

从表8－10可知，不同学历新生代农民工的外在工作满意度水平存在差异，即学历不同，新生代农民工的外在工作满意度也不同。

经过事后q检验发现，大专以上学历的新生代农民工分别与初中及以下、高职专技校学历的外在工作满意度间存在显著差异。进一步比较发现，大专以上学历的农民工的外在满意度水平要高于其以下学历的农民工。这初步说明，新生代农民工学历越高，对于现工作环境满意度越高。

4. 新生代农民工工作满意度的婚姻状况差异方差分析结果

运用一元方差分析，检验不同学历的新生代农民工的工作满意度间是否存在差异，具体情况见表8－11。

表8－11　新生代农民工工作满意度各维度在婚姻状况方面的方差分析结果

维　度	婚姻状况	M	SD	F
内在满意度	已婚	3.3761	0.55126	0.741
	未婚	3.3636	0.55039	
	离异	3.7500	0.38188	
外在满意度	已婚	3.3510	0.59149	1.404
	未婚	3.2855	0.68666	
	离异	3.8750	0.54486	
总满意度	已婚	3.4224	0.56721	1.159
	未婚	3.3462	0.61030	
	离异	3.7667	0.42525	

从表 8 – 11 可知，新生代农民工婚姻状况不同，工作满意度间不存在显著的差异，婚姻状况对新生代农民工的工作满意度不造成显著的影响。

5. 新生代农民工工作满意度的工作年限差异方差分析结果

对不同工作年限的新生代农民工工作满意度做方差分析具体情况见表 8 – 12。

表 8 – 12 新生代农民工工作满意度各维度在工作年限方面的方差分析结果

维 度	工作年限	*M*	*SD*	*F*
内在满意度	1 年以下	3.3570	0.55553	0.184
	1 ~ 3 年	3.3622	0.55597	
	4 ~ 8 年	3.3844	0.51258	
	8 年以上	3.4611	0.64846	
外在满意度	1 年以下	3.2750	0.67231	1.885
	1 ~ 3 年	3.2608	0.66442	
	4 ~ 8 年	3.3817	0.63900	
	8 年以上	3.6333	0.76250	
总满意度	1 年以下	3.2963	0.61177	0.842
	1 ~ 3 年	3.3530	0.60687	
	4 ~ 8 年	3.4413	0.57512	
	8 年以上	3.5833	0.54716	

从表 8 – 12 可知，不同工作年限的新生代农民工内在外在以及总工作满意度间均不存在显著的差异，即工作年限的长短不显著影响工作满意度的高低。

6. 新生代农民工工作满意度的年龄差异方差分析结果

运用一元方差分析，检验不同年龄的新生代农民工的成就动机间是否存在差异，具体情况见表 8 – 13。

表 8 – 13 新生代农民工工作满意度各维度在年龄方面的方差分析结果

维 度	年 龄	*M*	*SD*	*F*
内在满意度	16 ~ 22 岁	3.3557	0.56347	0.236
	23 ~ 27 岁	3.3741	0.52667	
	28 ~ 32 岁	3.4209	0.56291	
外在满意度	16 ~ 22 岁	3.2133	0.66670	4.063*
	23 ~ 27 岁	3.3859	0.64142	
	28 ~ 32 岁	3.4679	0.71216	

续表

维　度	年　龄	M	SD	F
总满意度	16～22岁	3.2902	0.59730	1.528
	23～27岁	3.4391	0.59689	
	28～32岁	3.4833	0.59729	

从表8－13可知，年龄不同，新生代农民工的工作满意度也不同。其中，不同年龄的新生代农民工的外在满意度间存在显著的差异。

经过事后q检验发现，年龄在16～22岁的农民工分别与年龄在23～27岁和年龄在28～32岁的农民工的外在满意度间存在显著差异，即90后的农民工与85后、80后的农民工在外在满意度方面存在差异。进一步比较发现，80后的农民工的外在满意度高于85后以及90后的农民工，而85后的农民工的外在满意度高于90后的农民工。这初步说明，年龄越大，外在满意度越高。

（三）新生代农民工成就动机与工作满意度相关分析结果

对新生代农民工的成就动机和工作满意度的各维度进行相关性分析，分析结果见表8－14。

表8－14　新生代农民工成就动机与工作满意度各维度相关分析结果

	成就动机	精熟	工作向导及竞争	不在意他人
工作满意度	0.4***	0.4***	0.373***	−0.042
内在满意度	0.414***	0.401***	0.368***	−0.059
外在满意度	0.311***	0.321***	0.282***	−0.002

从表8－14可知，成就动机与工作满意度（$r=0.4$，$p<0.001$）、内在满意度（$r=0.414$，$p<0.001$）、外在满意度（$r=0.311$，$p<0.001$）都呈现极其显著的正相关性。

精熟与工作满意度（$r=0.4$，$p<0.001$）、内在满意度（$r=0.401$，$p<0.001$）、外在满意度（$r=0.321$，$p<0.001$）也呈现出极其显著的正相关相关性。

工作向导与竞争与工作满意度（$r=0.373$，$p<0.001$）、内在满意度（$r=0.368$，$p<0.001$）、外在满意度（$r=0.282$，$p<0.001$）间也都存在极其显著的正相关性。

不在意他人与工作满意度（$r=-0.042$，$p>0.05$）、内在满意度（$r=-0.059$，$p>0.05$）、外在满意度（$r=-0.002$，$p>0.05$）间，存在一定程度

的负相关。

（四）新生代农民工成就动机与工作满意度回归分析结果

以新生代农民工成就动机中的精熟因子、工作竞争与导向以及不在意他人因子作为自变量，工作满意度为因变量，进行回归分析，结果见表8－15。

表8－15　成就动机与工作满意度回归分析结果

		β	R^2	F
模型一	精熟	0.287**	0.160	69.939**
模型二	精熟	0.287**	0.192	43.628**
	工作导向及竞争	0.201**		

由表8－15可知，最终只有成就动机中的“精熟”与“工作导向及竞争”进入回归方程，对工作满意度具有极其显著的预测作用，并且 $F=43.628$ 表明所建立的回归模型具有统计学意义。新生代农民工的工作满意度＝1.609＋0.287×精熟＋0.201×工作导向及竞争，并且，精熟水平与工作导向及竞争水平对工作满意度的联合解释率为19.2%。

第三节　新生代农民工工作满意度与成就动机的关系研究结果分析讨论

一、新生代农民工成就动机结果分析讨论

（一）新生代农民工成就动机现状讨论

1. 新生代农民工成就动机的性别差异讨论

本研究发现，不同性别的新生代农民工成就动机间没有显著的差异，即男性和女性拥有几乎相同的成就动机，与本研究假设的男性成就动机高于女性的成就动机不相符。

随着时代的发展，越来越多的女性与男性受到相似的教育，她们能够站在更高的境界审视人生，具备较强的平等观念和社会参与意识，表现出对职业成就的关注与追求，她们的成就动机呈现日益增强的趋势。对于新生代女性农民工来说，她们接受了一定程度的教育，来到城市就业，开阔了眼界，在一定程度上体现时代特性，成就动机不断提高，这也是理所当然的结果。

2. 新生代农民工成就动机的学历差异讨论

就精熟动机和工作向导及竞争动机而言，不同学历的新生代农民工在精熟

动机上有非常显著的差异，初中及以下学历的农民工显著低于其他两个学历层次的农民工，而高中、职校、中专、技校学历的农民工与大专及以上学历的农民工则不存在显著性差异。这说明学历层次高的农民工更倾向于掌握精熟技艺，更愿意投身于工作，更富有竞争的意识。

造成这种结果的原因，本研究认为，当代就业主要靠两种实力，一是学历。学历高的人受过良好的教育，拥有一定的能力和素质，有较强的学习能力和创新能力，相较于学历低的人有更强的竞争力。二是技术。经济转型，产业升级，对技术型人才的需求量增加，拥有精熟技艺的人将拥有更多的就业机会。高学历的新生代农民工学习能力强，学习愿望强，对于掌握精熟技艺的意愿势必会高于学历较低的农民工。

对于竞争和工作向导的差异，本研究认为，学历高的农民工拥有足以生存的能力，他们产生了更高层次的需要，只有通过竞争并获胜，才能体现出他们的能力，才能成为别人的榜样，才能获得比他人更多的薪酬和奖励。

3. 新生代农民工成就动机的婚姻状况差异讨论

在精熟成就动机因子上，已婚者得分显著高于未婚者，说明已婚的新生代农民工注重追求技艺精熟，希望由此带来更多的物质回报及他人的尊重，以获取自我价值感，同时，希望能对自己的家庭有更多的担当，以维持家庭生活。

4. 新生代农民工成就动机的工作年限差异讨论

本研究发现，新生代农民工工作年限越长，越注重精熟技艺的掌握，越敢于尝试新鲜的事物，并力求把它做到最好。造成这种结果的原因可能是，大部分刚来到城市的新生代农民工，他们对城市充满好奇与渴望，想在城市生存甚至扎根，他们同时又不知从何做起，显得迷茫无助。工作年限较长的农民工基本适应了城市的生活，又深知自己没有高学历，只有把活干好干精才能有更高的收入，因此，能否掌握一门精熟的技艺对他们而言是至关重要的。

5. 新生代农民工成就动机的年龄差异讨论

本研究发现，不同年龄的新生代农民工成就动机间不存在显著的差异。造成这种结果的原因可能是：（1）新生代农民工处于事业的起步阶段，还没有经历人生的转折点，因此，他们的成就动机趋同；（2）新生代农民工由于外部条件的制约，外在需要没有得到充分的满足，难以形成更高层次的成就动机。（3）由于抽样主要集中在经济比较发达的地区，不同年龄的被调查者成就动机容易趋同。

（二）新生代农民工工作满意度现状讨论

1. 新生代农民工工作满意度的性别差异讨论

本研究发现，不同性别新生代农民工的工作满意度水平间不存在显著的差异。近年来，政府制定了多项利好政策，保障了新生代农民的工作和生活的权利，促进其更好地融入城市，提高他们的幸福感。多数企业也采取多种激励手段，提高了农民工的工作积极性，提升了他们的工作满意度。这些措施使新生代农民工处于中等以上水平的工作满意度，而且，政策的制定和执行并不存在性别歧视，因而，新生代农民工的工作满意度不存在性别差异。

2. 新生代农民工工作满意度的学历差异讨论

本研究发现，不同学历新生代农民工的工作满意度水平存在差异，学历越高，外在满意度越高。学历越高的新生代农民工对外在满意度越高，究其原因，（1）学历高的新生代农民工工作的环境优于学历低的农民工，他们的外在工作满意度势必高于其他人；（2）学历高的农民工的环境适应能力要高于学历低的农民工，即使外在条件并不优越，他们也能够进行自我调适，保证工作效率，拥有较高的外在满意度。

3. 新生代农民工工作满意度的工作年限差异讨论

本研究发现，工作年限不同的新生代农民工的工作满意度间不存在显著差异，工作年限的长短不是影响新生代农民工工作满意度的因素。有一些新生代农民工没有随着工作经验的不断积累而给自己提出更高工作要求，他们或者安于现状，自我满足，或者进入事业的高原期，失去对工作的热情，降低了工作积极性。基于此，企业应该从多方面采取激励手段，鼓励竞争，不断提升老员工的工作积极性与满意度。

4. 新生代农民工工作满意度的年龄差异讨论

本研究发现，年龄越大的新生代农民工，外在满意度也越高。究其原因可能是：（1）年龄较大的新生代农民工，他们追求的是稳定的生活，能够在城市有立足之地。他们内心的期待抱负并不远大，因此，当现实与理想相遇时，落差不会太大，他们能够感到满足；（2）年龄大的农民工相较于年龄小的农民工，拥有一定的社会经验，这也使得他们能够比较好地融入到工作环境中。

5. 新生代农民工工作满意度的婚姻状况差异讨论

本研究发现，婚姻状况不同的新生代农民工的工作满意度不存在显著差异。即是否结婚不会影响新生代农民工的工作满意度。究其原因可能是，（1）新生代农民工的整体满意度处于中等以上水平，婚姻状况并不影响其工作满意度。

(2) 与第一代农民工相比，促使他们努力工作的原因更多的是力图体现自身的价值，家庭可能不再成为影响其工作满意度的关键因素。

(三) 新生代农民工成就动机与工作满意度关系的讨论

1. 新生代农民工工作满意度与精熟动机的相关性讨论

本研究发现，新生代农民工的工作满意度与精熟动机（$r=0.4$，$p<0.001$）呈极其显著的正相关性。掌握精熟技艺的动机越强，工作满意度越高。喜欢挑战新事物，并力求做到做好，显然，会有较高的工作满意度，会有较高的自我成就感。而那些安于现状，不勇于挑战的人，很有可能会一事无成，怨天尤人，自然就不会有更高水平的工作满意度。

2. 新生代农民工工作满意度与工作导向及竞争动机相关性讨论

本研究发现，工作导向与竞争与工作满意度（$r=0.373$，$p<0.001$）呈及其显著的正相关性。工作导向与竞争的动机越强，工作满意度越高。在工作中保持竞争的意识和危机意识，努力勤奋工作，不断发展自己，提升自我的人，显然比那些坐井观天，固步自封的人拥有更强的工作满意感。

(四) 新生代农民工成就动机与工作满意度的回归分析

在相关分析的基础上，对新生代农民工的成就动机与工作满意度进行回归分析，最终只有成就动机中的“精熟水平”与“工作向导及竞争水平”进入回归方程，对工作满意度具有极其显著的预测作用。新生代农民工只有拥有了不断探索新事物的热情以及脚踏实地努力工作的恒心，力求把事情做到尽善尽美的决心，才能拥有较高的工作满意度。

五、研究结论

(1) 新生代农民工的成就动机普遍处于中上，成就动机整体水平高。

(2) 不同学历、工作年限的新生代农民工在成就动机上存在显著差异。

(3) 新生代农民工的工作满意度水平普遍处于中上，工作满意度整体水平高。

(4) 不同学历、年龄的新生代农民工在工作满意度上存在显著差异。

(5) 新生代农民工成就动机与工作满意度之间呈极其显著的相关关系。

(6) 成就动机中的精熟动机以及竞争与工作导向动机对工作满意度有显著的预测作用。

第九章

新生代农民工职业生涯阻碍实证研究

通过探索新生代农民工职业生涯阻碍因素，可以了解他们在职业发展中遭遇到的阻碍以及不同的阻碍因素对于他们的意义，进而揭示出他们的价值观和心理需求。尤其是新生代农民工的心中的理想自我，即想成为什么样的人，这对于组织中的人力资源管理具有重要意义。同时，对新生代农民工来说，个体若能了解和觉察自己的职业中将会面临的各种阻碍因素，也将有助于个体克服职业生涯阻碍、迈向职业成功；对组织来说，若能了解新生代农民工的职业生涯阻碍，将会使组织进行的员工职业开发和管理项目更加具有针对性、效果更加显著，也有助于留住员工和激发员工的积极性。

第一节　职业生涯阻碍的一般概述

一、职业生涯阻碍的含义

最早提出“职业生涯阻碍”这一术语的学者为 Crites。在 Crites（1969）的研究中，职业生涯阻碍即指在职业生涯发展的历程中，个体所遭遇到的内在冲突与外在挫折，如自我概念、成就动机、性别歧视等。研究职业阻碍颇负盛名的 Swanson 和 Woitke（1997）则将职业生涯阻碍定义为在个体的内、外环境中使职业生涯进程发生困难的事件或情境。而 Lent（2000）等学者从社会认知职业理论的角度把职业阻碍定义为对个体的职业发展有负面的、不利影响的因素。

综合众多学者的观点，职业阻碍就是个体在当前感觉到的或将来可能遇到的会对自己的职业生涯发展造成负面影响的不利因素。

职业生涯阻碍概念的提出，早期是基于学界对女性职业生涯发展问题的重视。当时的学者认为，女性无法充分发挥能力而成为事业上的低成就者，主要原因在于种种阻碍因素的存在。后续的研究在探讨个体职业发展的阻碍因素时多以女性、少数民族、残障者等特定的群体为研究对象，这可能是因为在传统上这些特定的群体比出身良好的男性要面临更多的职业生涯阻碍。在台湾也有不少学者对职业生涯障碍进行研究，他们的研究对象主要为台湾的大学生和女性。事实上，职业生涯阻碍因素的研究不仅对这些特殊群体的职业开发具有意义，而且对于整个组织员工的职业开发和管理都具有重要意义。

二、具体的职业生涯阻碍因素类型和测量

不同性别、年龄、种族、行业、职业的员工遇到的具体的职业生涯阻碍会有不同。例如：Swanson 和 Tokar（1991）发现性别、年龄歧视和子女干扰问题对于女性职业发展的影响大于男性，而身体状况不好、不确定结婚生子的计划、性别角色冲突这三个阻碍因素对男性的影响大于女性。Beason（1992）发现，男女校长在职业生涯发展过程中都面临人际与组织的问题，但女校长还要面对缺乏性别认同、缺乏角色楷模及专业支持网络这些阻碍因素。Ferri 和 Keller（1986）发现电视新闻的女性主播普遍面临的职业阻碍为过度强调女性的身体外观；在任用、甄选、薪资上的性别差别待遇；对女性的刻板印象；女性需证明其能力和价值的压力；家庭和事业间的冲突；缺乏专业网络。台湾学者傅琇悦（2001）的研究则发现，事务型职业的女性在个人条件、外在支持、工作环境方面知觉到的阻碍均高于企业型的女性。理工型的女性也比企业型的女性觉得自己的性别对职业发展的影响大。因此，个人和组织需要从自身状况出发探索可能出现的职业阻碍因素。

London、Swanson 和 Tokar 等学者对职业生涯阻碍因素的分类可为具体的阻碍因素的探查提供框架。London（1998）对职业生涯阻碍的定义为“对个体知觉到的职业进步或满意产生强烈潜在负面影响的事件。”他把一般企业员工的职业生涯阻碍因素分成组织方面的和个体方面的两大类：在组织方面的阻碍有：（1）一般环境的阻碍：如有限的就业机会、技术的变化、商业趋势变化等；（2）特定情境的阻碍：如公司迁址、生意失败、工作需求、糟糕的管理者、组织的改变、对未来的不确定、多重角色的冲突、他人的反对、缺乏信

息、电子监控等；（3）影响特定个人的组织行为：如工作压力、降级、未被晋升、工作调任、失业等。在个体方面的阻碍有：（1）一般个人的阻碍：如低动机、追求非传统的生活形态、缺乏自信、优柔寡断、晚期转业等；（2）特定工作的个人阻碍：如工作表现差、身体残疾、对生活的不满意、经验或训练不足等；（3）与工作无关的个人阻碍：如差别待遇、移民者等。Swanson 和Tokar（1991）则从背景或环境、心理或态度、及社会或人际三个方面对职业生涯阻碍进行归类，这种分类比较有影响力。背景或环境因素。包括年龄、学历、工作经验、工作环境以及就业市场的需求等变量。如年龄太大或太小、学历过低、工作经验不足等阻碍因素。心理或态度因素包括个人对自我的认识（自我概念）、多重角色冲突、个人的价值观以及时间管理上的压力等。社会或人际因素包括父母的支持态度、婚后的夫妻关系、子女的照顾及教育问题以及同辈间的鼓励。那么，如何测量企业员工到底遇到什么样的职业生涯阻碍呢？实际上，员工在职业发展中到底遭遇什么样的阻碍，以及不同的阻碍对个体的特定意义，可通过访谈法进行探查，而更简便的方法则是使用职业生涯阻碍问卷进行调查。在国外职业生涯阻碍的测量一般使用 Swanson 和 Tokar（1991）所编制的《职业生涯阻碍因素量表》（Career Barrier Inventory，CBI）。在国内有台湾的陈丽如（1994）所修订的《职业生涯发展阻碍因素量表》，以及田秀兰（1998）所修订的《职业生涯阻碍因素量表》，不过这两个量表都是针对大学生使用的。而针对具体职业群体，如女性 MBA 毕业生、推销员、餐饮业教师等，其职业生涯阻碍因素量表的编制常参照 Swanson 和 Tokar 的职业阻碍分类和量表来进行。

三、职业生涯阻碍应对的心理过程分析

职业生涯中的阻碍因素众多，但是同样的阻碍因素，有些人会知觉为职业阻碍，另一些人可能就会有不同的感受。Murtagh，Lopes 和 Lyons（2007）曾用深度访谈的方法研究了这个问题，他们的研究发现，一些参与者确实体验到了客观定义的职业阻碍因素，但主观上并没有遭阻碍或遇挫折的感受。例如他们的一个女性参与者并不把冗余视为职业通道上的阻碍因素，相反体验到了一种机遇。客观定义的或别人眼中的职业阻碍因素只有威胁到个体的自我概念时，才会被知觉为阻碍。

根据 London 的研究，职业阻碍本身的特性和个体的认知评价影响着阻碍的感知和应对。London（1997）曾用职业生涯阻碍应对模型来描述阻碍的应对

心理过程。在其模型中，职业阻碍在结构上存在三个维度，各种具体的职业阻碍引起的心理感受则取决于他们在这三个维度上的分布。第一个维度为清晰性（clarity），指个体对阻碍的原因和可能的影响的理解。第二个维度为代价（costs），指阻碍引起的经济和情绪上的冲击。第三个维度为确定性（certainty），指阻碍的不可改变性。也就是说越不清晰、代价越大、越不可改变的阻碍其强度越大。在其模型中的另外一个概念——弹性，即职业弹性（career resilience）是指一种克服职业阻碍和适应环境改变的能力。它包含自我信念、成就需求、乐于冒险，以及视需要而能与人合作或独立作业这些心理特征。

由此我们可以看出，阻碍首先会引起情绪和个体的唤醒。阻碍在强度上存在差异，强度大小不同的阻碍引起情绪强度和个体唤醒的程度也不同。强度越大的阻碍因素引起的心理强度也越大。London 曾指出，代价沉重而又不可改变的阻碍会对个体职业生涯造成创伤性影响，如果阻碍发展缓慢而清晰度高，那么个体知觉到的阻碍小、对阻碍的应对也更易取得成功。

个体能否对阻碍做正确、现实的评价取决于这三个因素：（1）阻碍本身的强度和由此引起的情绪和唤醒强度。阻碍越强，越会产生不良评价。当阻碍非常强烈或属于突发性时（如失业），个体容易采取功能不良、负向的评价和应对策略，且策略无法随着时间做调整；当阻碍是缓慢形成时其强度小，个人就有时间去思考或寻找更多的办法来克服阻碍；（2）个体的归因方式和认知能力。每个人的归因方式和认知能力有差异，这影响着对阻碍的原因和后果的正确判断和解决方案的形成；（3）个体的职业弹性和环境支持。London（1998）的研究发现，职业弹性较高的人，较会对阻碍形成积极、正确的评价，易采取积极正向的应对策略，故职业弹性是使个体克服职业生涯阻碍能够持续前进的重要因素。同时，从环境中得到有力的支持，有利于个体正确积极地评价所遇到的阻碍。

第二节　新生代农民工职业生涯阻碍研究结果

一、研究对象与工具

（一）研究对象

本研究被试为江阴市周庄镇的六家公司的新生代农民工，采取随机抽样的方法进行调查，共发放问卷357份，回收有效问卷261份，有效率为73.1%。

由于只有一位被试的文化程度为小学，为了更好地进行统计分析，所以将其与初中归为同一组，即初中及以下。根据回收的有效问卷，进行样本人口学变量分析，如表9－1所示。

表9－1 样本分布情况

		样本数	有效百分比（%）
性别	男	159	60.92
	女	102	39.08
年龄	22岁及以下	16	6.13
	23～27岁	163	62.45
	28～30岁	43	16.48
	30岁以上	39	14.94
婚姻状况	已婚	187	71.65
	未婚	74	28.35
工作年限	1年及以下	17	6.51
	1～3年	73	27.97
	4～8年	125	47.89
	8年以上	46	17.63
文化程度	初中及以下	50	19.16
	高中或职校或技校或中专	107	40.99
	大专及以上	104	39.85
单位规模	50人以下	17	6.51
	50～100人	118	45.21
	100～500人	88	33.72
	500人以上	38	14.56

（二）职业生涯阻碍研究工具

本研究所采用的是安人职业心理测评软件中的《职业生涯阻碍测验》，共计59题项，包括背景与环境因素、社会与人际因素、心理与态度因素三个方面。其中背景与环境因素包括性别因素（45、46、47）、生理因素（28、29、30、31）、工作单位（52、53、54、55、56、57、58）、就业市场（12、13、14、15、16）、工作经历与经验（48、49、50、51），社会与人际因素包括民族宗教（17、18、19、20）、亲友影响（21、22、23、24）、人际网络（25、26、27）、家庭负担（9、10、11），心理与态度因素包括方向选择（1、2、3、

4、5)、环境适应(6、7、8)、特质表现(32、33、34、35、36、37、38、39、40)、信息检索(41、42、43、44)。问卷采用5级计分,“1”为“完全不符”,“5”为“完全符合”。由“1”到“5”代表符合程度由低到高。其中第1题和第5题是反向计分题。问卷的克龙巴赫α系数分别为:背景与环境因素0.83;社会与人际因素0.89;心理与态度因素0.91;总量表0.92。

二、研究结果

首先针对研究样本在各研究变量上所表现的平均数、标准差进行整体分析,以了解样本在各相关变量的反应程度,并依照不同的人口学变量在各变量上的反应状况进行描述性分析及独立样本t检验或单因素方差分析。

(一)职业生涯阻碍总体情况的描述性统计结果

本研究样本在各研究变量的描述性统计分析结果如表9-2。

表9-2 职业生涯阻碍各变量的描述性统计

	M	*SD*
职业生涯阻碍	2.19	0.54
背景与环境因素	2.12	0.65
社会与人际因素	2.04	0.56
心理与态度因素	2.36	0.52
性别因素	1.94	0.84
生理因素	1.89	0.74
工作单位	2.20	0.80
就业市场	2.21	0.79
工作经历与经验	2.18	0.75
民族宗教	1.55	0.68
亲友影响	2.16	0.69
人际网络	2.31	0.84
家庭负担	2.29	1.00
方向选择	2.69	0.56
信息检索	2.24	0.80
特质表现	2.13	0.69
环境适应	2.69	0.82

由表9-2可知,环境适应、方向选择和人际网络三项平均分最高,表明

这三项成为新生代农民工职业生涯阻碍中较为突出的因素。生理因素和民族宗教两项平均分最低，表明新生代农民工的民族，宗教信仰以及生理因素对职业发展造成的负面作用较小。

（二）职业生涯阻碍各因素人口学变量差异研究结果

此部分将针对不同的人口学变量（包括性别、年龄、婚姻状况、工作年限、文化程度、单位规模）在研究变量各个因素上所呈现的平均数、标准差进行描述性统计分析，并以独立样本 t 检验或单因素方差分析来探讨在各种人口学变量下，人口学变量中各不同组别间在职业生涯阻碍各研究变量的各因素上是否存在显著差异，如人口学变量组别间存在显著差异，再进行事后检验，依组别进行两两比较，以显示出各组间的差异性。

1. 背景与环境因素

表 9-3 背景与环境因素上人口学变量均数差异显著性检验结果

		n	*M*	*SD*	*t/F*	*p*
性别	男	159	2.1561	0.70146	1.263	0.208
	女	102	2.0516	0.56770		
年龄	22 岁及以下	16	2.2038	0.68960	0.867	0.459
	23~27 岁	163	2.0990	0.57293		
	28~30 岁	43	2.0293	0.67648		
	30 岁以上	39	2.2419	0.89343		
婚姻状况	已婚	187	2.0658	0.63562	-1.955	0.052
	未婚	74	2.2403	0.68459		
工作年限	1 年及以下	17	2.2506	0.42225	0.949	0.418
	1~3 年	73	2.1930	0.69765		
	4~8 年	125	2.0546	0.52264		
	8 年以上	46	2.1068	0.91883		
文化程度	初中及以下	50	2.1904	0.76772	0.409	0.665
	高中或职校或技校或中专	107	2.0951	0.62697		
	大专及以上	104	2.0999	0.62376		
单位规模	50 人以下	17	2.2583	0.61092	5.714**	0.001
	50~100 人	118	1.9576	0.60977		
	100~500 人	88	2.1700	0.69873		
	500 人以上	38	2.4142	0.57153		

由表 9 – 3 可知，经单因素方差分析，$p < 0.01$，单位规模在背景与环境因素上有非常显著性差异。性别、年龄、婚姻状况、工作年限和文化程度在背景与环境因素上则不存在显著性差异。

表 9 – 4　背景与环境因素上单位规模的事后检验

(*I*) 所在单位的规模	(*J*) 所在单位的规模	*Mean Difference* (*I* – *J*)	*Std. Error*	*p*
50 人以下	50 ~ 100 人	0.30068	0.16505	0.070
	100 ~ 500 人	0.08835	0.16856	0.601
	500 人以上	–0.15588	0.18565	0.402
50 ~ 100 人	50 人以下	–0.30068	0.16505	0.070
	100 ~ 500 人	–0.21233*	0.08961	0.019
	500 人以上	–0.45656***	0.11867	0.000
100 ~ 500 人	50 人以下	–0.08835	0.16856	0.601
	50 ~ 100 人	0.21233*	0.08961	0.019
	500 人以上	–0.24423*	0.12350	0.049
500 人以上	50 人以下	0.15588	0.18565	0.402
	50 ~ 100 人	0.45656***	0.11867	0.000
	100 ~ 500 人	0.24423*	0.12350	0.049

由表 9 – 4 可知，单位规模为 50 ~ 100 人与单位规模为 100 ~ 500 人、单位规模为 50 ~ 100 人与单位规模为 500 人以上和单位规模为 100 ~ 500 人与单位规模为 500 人之间有显著性差异。

2. 社会与人际因素

表 9 – 5　社会与人际因素上人口学变量均数差异显著性检验结果

		n	*M*	*SD*	*t/F*	*p*
性别	男	159	2.0907	0.57333	1.788	0.075
	女	102	1.9643	0.53223		
年龄	22 岁及以下	16	2.2277	0.57983	1.211	0.306
	23 ~ 27 岁	163	2.0622	0.56249		
	28 ~ 30 岁	43	1.9751	0.57310		
	30 岁以上	39	1.9505	0.52082		
婚姻状况	已婚	187	1.9885	0.51962	–2.241*	0.027
	未婚	74	2.1747	0.63549		

续表

		n	M	SD	t/F	p
工作年限	1 年及以下	17	2.1050	0.51701	1.372	0.252
	1~3 年	73	2.1399	0.60027		
	4~8 年	125	2.0080	0.52741		
	8 年以上	46	1.9519	0.58768		
文化程度	初中及以下	50	2.2043	0.61123	3.307*	0.038
	高中或职校或	107	2.0454	0.56126		
	技校或中专	104	1.9588	0.51955		
	大专及以上					
单位规模	50 人以下	17	2.2353	0.70925	5.276**	0.002
	50~100 人	118	1.9274	0.47929		
	100~500 人	88	2.0446	0.61046		
	500 人以上	38	2.3008	0.50567		

由表 9-5 可知，经 t 检验，$p<0.05$，婚姻状况在社会与人际因素上有显著性差异；经单因素方差分析，$p<0.05$，文化程度在社会与人际因素上有显著性差异；经单因素方差分析，$p<0.01$，单位规模在社会与人际因素上有非常显著性差异。而性别、年龄、工作年限和文化程度在社会与人际因素上则不存在显著性差异。

表 9-6　社会与人际因素上单位规模的事后检验

(I) 所在单位的规模	(J) 所在单位的规模	Mean Difference (I-J)	Std. Error	p
50 人以下	50~100 人	0.30793*	0.14182	0.031
	100~500 人	0.19065	0.14483	0.189
	500 人以上	-0.06546	0.15952	0.682
50~100 人	50 人以下	-0.30793*	0.14182	0.031
	100~500 人	-0.11728	0.07700	0.129
	500 人以上	-0.37339***	0.10197	0.000
100~500 人	50 人以下	-0.19065	0.14483	0.189
	50~100 人	0.11728	0.07700	0.129
	500 人以上	-0.25611*	0.10612	0.017
500 人以上	50 人以下	0.06546	0.15952	0.682
	50~100 人	0.37339***	0.10197	0.000
	100~500 人	0.25611*	0.10612	0.017

由表9-6可知，单位规模为50人以下与单位规模为50~100人、单位规模为500人以上与单位规模为50~100人和单位规模为500人以上与单位规模为100~500人之间有显著性差异。

表9-7　社会与人际因素上文化程度的事后检验

(I) 文化程度	(J) 文化程度	Mean Difference (I-J)	Std. Error	p
初中及以下	高中或职校或技校或中专	0.15889	0.09509	0.096
	大专及以上	0.24549*	0.09553	0.011
高中或职校或技校或中专	初中及以下	-0.15889	0.09509	0.096
	大专及以上	0.08660	0.07644	0.258
大专及以上	初中及以下	-0.24549*	0.09553	0.011
	高中或职校或技校或中专	-0.08660	0.07644	0.258

由表9-7可知，文化程度为初中及以下与文化程度为大专及以上之间有显著性差异。

3. 心理与态度因素

表9-8　心理与态度因素上人口学变量均数差异显著性检验结果

		n	M	SD	t/F	p
性别	男	159	2.3956	0.53156	1.258	0.210
	女	102	2.3123	0.50700		
年龄	22岁及以下	16	2.4345	0.62303	1.005	0.391
	23~27岁	163	2.3885	0.50492		
	28~30岁	43	2.2414	0.55195		
	30岁以上	39	2.3614	0.52046		
婚姻状况	已婚	187	2.3201	0.48287	-1.934	0.056
	未婚	74	2.4717	0.60193		
工作年限	1年及以下	17	2.4930	0.45766	1.376	0.251
	1~3年	73	2.4292	0.56963		
	4~8年	125	2.3440	0.49928		
	8年以上	46	2.2619	0.52258		
文化程度	初中及以下	50	2.4467	0.53943	1.132	0.324
	高中或职校或技校或中专	107	2.3725	0.51478		
	大专及以上	104	2.3132	0.52205		

续表

		n	M	SD	t/F	p
单位规模	50 人以下	17	2.6499	0.60841	9.693***	0.000
	50~100 人	118	2.2022	0.43313		
	100~500 人	88	2.4113	0.53672		
	500 人以上	38	2.6228	0.54231		

由表 9-8 可知，经单因素方差分析，$p<0.001$，单位规模在心理与态度因素上有极其显著性差异。性别、年龄、婚姻状况、工作年限和文化程度在社会与人际因素上则不存在显著性差异。

表 9-9　心理与态度因素上单位规模的事后检验

(I) 所在单位的规模	(J) 所在单位的规模	Mean Difference (I-J)	Std. Error	p
50 人以下	50~100 人	0.44768*	0.12927	0.001
	100~500 人	0.23860	0.13202	0.072
	500 人以上	0.02705	0.14540	0.853
50~100 人	50 人以下	-0.44768*	0.12927	0.001
	100~500 人	-0.20908*	0.07019	0.003
	500 人以上	-0.42063*	0.09295	0.000
100~500 人	50 人以下	-0.23860	0.13202	0.072
	50~100 人	0.20908*	0.07019	0.003
	500 人以上	-0.21155*	0.09673	0.030
500 人以上	50 人以下	-0.02705	0.14540	0.853
	50~100 人	0.42063*	0.09295	0.000
	100~500 人	0.21155*	0.09673	0.030

由表 9-9 可知，单位规模为 50 人以下与单位规模为 50~100 人、单位规模为 100~500 人与单位规模为 50~100 人、单位规模为 500 人以上与单位规模为 50~100 人和单位规模为 500 人以上与单位规模为 100~500 人之间有显著性差异。

第三节　新生代农民工职业生涯阻碍研究结果分析与讨论

一、职业生涯阻碍的研究结果分析

（一）职业生涯阻碍总体情况的描述性统计结果分析

1. 背景与环境因素

背景与环境因素包括性别因素、生理因素、工作单位、就业市场和工作经历与经验。性别因素的平均数为1.94，生理因素的平均数为1.89，低于总分平均分。性别与生理条件是先天因素决定的，后天很难改变。较低的分值说明从长时间来看，先天生理因素对职业的负面影响并不突出。但性别因素的标准差较高，这反映出就个别情况而言，性别很可能成为突出的阻碍因素。就业市场的平均分为2.21分，是环境与背景因素中得分最高的，与现在供过于求的就业市场的形势相符合。新生代农民工在就业中遇到的最大问题是就业人数的急剧增加，而就业岗位数量的增加较为缓慢，面临巨大的竞争压力。其标准差较小，说明就业市场带来的压力较为普遍，而大部分新生代农民工在面对竞争压力时表现的不够自信。

本研究认为，这种来自背景与环境因素的职业生涯阻碍的降低有赖于社会法律法规和组织管理政策的建立和干预。例如，国家有关部门必须进一步完善立法和执法，改进企业用人政策，杜绝某些企业经营者对性别等的歧视行为，营造两性平等的职场氛围。政府管理部门应倡导公平公正的组织文化、雇佣政策和晋升政策，以减少新生代农民工职业发展中的阻碍因素。

2. 社会与人际因素

社会与人际因素包括民族宗教、亲友影响、人际网络和家庭负担。人际网络的平均数为2.31，是社会与人际因素中得分最高的，而且其标准差较大，由此得知，人际关系对新生代农民工职业发展的作用明显，在特定时期里甚至会起到关键性的作用。家庭负担的标准差最大，表明对部分新生代农民工而言，家庭负担往往会成为巨大的阻碍因素。

本研究认为，新生代农民工在日常生活中如果注意为自己营造专业网络，建立良好的同事、领导关系，结交知心朋友，那么在遇到阻碍的时候就能从中获得情感的支持、物质的帮助和各种资讯。

3. 心理与态度因素

心理与态度因素包括方向选择、信息检索、特质表现和环境适应，其平均分为2.36分，高于总平均分，是显著的阻碍因素。方向选择和环境适应的平均分分别为2.69分、2.69分，得分最高，表明不能决定职业方向和不能及时适应新的工作环境对新生代农民工的职业发展起到显著的阻碍作用。特质表现的平均分为2.13分，低于总分平均分，说明个性对职业发展的不利影响较小。

本研究认为，企业应根据新生代农民工的具体情况和需要，采取不同的培训方式，设计有针对性、效果明显的培训课程，积极帮助他们继续坚持职业发展，努力提高职业技能。新生代农民工应正确认识自我，培养悦纳自我的态度，扬长避短，不断完善自我。

（二）职业生涯阻碍各因素人口学变量差异研究结果分析

新生代农民工职业生涯阻碍在婚姻状况、文化程度和单位规模上有显著性差异，在性别、年龄和工作年限上的差异不明显。其中，未婚的职业生涯阻碍感比较大，这可能是因为他们没有家庭负担，做事比较莽撞，对自己的前途有太多的未知，会主观猜想将会遇到诸多阻碍；已婚者因为要照顾家庭，责任感较大，能有效规划自己的职业生涯，处理好在职业发展过程中产生的阻碍。其中，文化程度在初中及以下的职业生涯阻碍感较大，这可能是因为他们没有受过系统的职业教育，对职业不能做出一个很好的规划，会自我设定比较多的条条框框；文化程度较高者，接受过一定的职业教育，清楚地了解自身的优缺点，能够理性的分析，较少会设想未知的挫折。单位规模在 50 人以下和 500 人以上的职业生涯阻碍感最大，这可能是因为单位规模小的时候，职业生涯发展受限，觉得自己前途渺茫，从而产生一些虚无的设想，主观认为自己将会遇到诸多阻碍；单位规模大时，竞争压力大，生存空间狭小，但又因单位的发展前景广阔而不愿离开，这种矛盾激化了他们的负面猜想，夸大了存在的阻碍。

本研究认为，企业要积极创新组织文化，改变新生代农民工将“成功”简化为职务晋升的观念，同时，要进行员工职业生涯规划，重视岗位培训，扩大他们的发展空间；设计多职业发展通道，包括管理、技术和业务等不同的职级序列，这些职级序列是平行的，并在薪酬制度设计上相互衔接和对应，可以进一步拓展职业生涯的发展空间，打通职业发展的多种路径，从而有效地帮助他们走出职业生涯的困局，获得更多的职业发展机会。新生代农民工自身要调整认知，积极面对问题，还要学习自我减压与宣泄不良情绪的有效方法以及建立良好的人际支持系统。

二、应对策略

从上文 London 与 Swanson 和 Tokar 等学者对职业生涯阻碍因素的研究中可以发现，员工的职业阻碍来源于三个方面：企业（单位）、社会和个人。而职业阻碍对个体影响的大小以及个体能否成功克服职业阻碍取决于这样几个因素：职业阻碍本身的数量和强度；能否从环境中获得有力支持；个体的应对方式是否正确。前两方面主要需要企业（单位）和社会的干预，后一方面则依赖个体的努力。下面简要分析这两方面该如何共同努力以降低新生代农民工的职业生涯阻碍。

（一）企业（单位）与社会的应对策略

就企业（单位）和社会而言，应想方设法减少阻碍的数量和程度，并为新生代农民工克服职业阻碍提供支持。职业阻碍除了由个体内部原因如低成就动机、害怕失败、缺少信心等造成以外，大多数阻碍由企业（单位）和社会的因素造成，如性别歧视、年龄和种族歧视、差别待遇、企业（单位）结构再造导致的裁员等。这种来自组织和环境的职业阻碍的降低有赖于社会法律法规和组织管理政策的建立和干预。例如，国家有关部门必须进一步完善立法和执法，改进企业用人政策，杜绝企业经营者对性别、年龄、学历、户口、身高等的歧视行为，营造两性平等的职场氛围。企业（单位）应倡导公正平等的组织文化、雇佣政策、晋升政策，以减少新生代农民工职业发展中的阻碍因素。此外，企业（单位）应提供一些培训项目，以帮助技能不足者提高技能，帮助被解雇者获取职业规划能力，组织还需要为有子女抚养负担和老人赡养负担的新生代农民工提供弹性工作时间，这些都可以降低相当一部分员工的职业阻碍。最重要的是，组织的人力资源部门要重视本组织员工的职业开发，重视新生代农民工职业发展中的阻碍因素，对其进行调研和监测并采取有效措施减少职业阻碍或提供支持帮助员工克服组织无法减少的阻碍。

（二）新生代农民工个体应对策略

就新生代农民工个体而言，要克服职业生涯阻碍可以从四个方面着手：了解和重视与自身职业紧密相关的职业阻碍状况；培养和提高自己的职业弹性；发展支持性的环境；采取积极的应对机制。

1. 要了解和重视与自身职业紧密相关的职业阻碍状况

要了解自身的性别、年龄、学历、种族、相貌以及所属的职业、行业等这些变项经常要面临的阻碍情形。只有当新生代农民工个体清楚自己职业发展道路上可能遭遇的阻碍因素，他才能更好地规划自己的职业发展、克服可能的职业阻碍。

2. 新生代农民工个体要培养和提高自己的职业弹性

职业弹性是新生代农民工个体应对环境变化、克服职业生涯阻碍的能力，其对立面是职业脆性。职业脆性的含义是个体面对不乐观的工作条件（如获取职业目标受阻，不确定性，不良的同事关系等）时心理脆弱程度（如焦虑不安，功能失调等）。职业弹性是一种个人特质，形成于个体早年和环境的相互作用过程中，有相当的稳定性，但在工作环境中仍可以通过学习和强化得到改善。London（1998）提出，个体可以通过参加继续学习、为未来的技术变化做准备、深刻认识全球化经济对自己组织与职业的影响、对自己的职业管理负责等途径来提高自己的职业弹性。另外一位学者 Collard 认为，职业弹性由职业规划的技能、技术或功能性工作技能、工作策略技能三部分构成，那么新生代农民工个体可以通过提高这些能力进而提高自己的职业弹性。实际上，职业弹性是一个很宽泛的概念，它几乎涵盖了所有积极、优秀的人格特征，如自我效能、高职业动机、坚强、乐观、主动性、冒险、成熟等。而许多有关单个或多个职业弹性特征的实证研究大都表明职业弹性是新生代农民工员工克服职业阻碍和取得职业成功的重要个体品质。例如，大多数关于职业阻碍的实证研究都支持这样一些关系：如果个体的职业成熟度越高，其感知到的职业阻碍就越少；如果个体的职业自我效能越高，其感知到的职业阻碍就越少；如果个体的职业动机越高，其感知到的职业阻碍越少。

3. 新生代农民工个体要发展支持性的网络关系

许多实证研究都表明发展支持性的环境对个体应对职业生涯阻碍来说也非常重要。支持性的环境对自己的职业发展来说是一张安全网，是碰到职业生涯阻碍时的缓冲剂。个体在平时生活中就要注意为自己营造专业网络，建立良好的家人关系，培养良好的同事、领导关系，结交知心的朋友，那么在遇到阻碍时就能从中获取情感的支持、物质的帮助和各种资讯。傅琇悦（2001）的研究也表明年轻的女性若拥有重要他人或环境的支持，在面对职业生涯阻碍时更能采取积极的应对策略。

4. 个体要采用积极的应对机制

以上策略对于克服职业生涯阻碍来说，可以防患于未然。而当职业生涯阻碍真正出现时，新生代农民工个体采取积极的应对机制就显得十分重要。Lazarus和 Folkman（1984）曾将个体的应对方式分为三种：问题取向，情绪取向，折中取向。（1）问题取向的应对指个体直接面对问题，为改变与环境不良关系付出努力，分析问题的成因、拟订行动计划并确实执行、思考一些变通的办法去处理问题、分析不良的后果做最坏打算、重新架构情境或事件以减轻或消除阻碍等。（2）情绪取向的应对指控制个人在压力下的情绪，如妄想压力情境已消失、对整个压力情境置之不理、自责、自我隔离式的不与人接触或不让人知道事情有多糟糕、或抽烟、喝酒、滥用药物等。（3）折中取向的应对介于这两种取向之间。问题取向的应对方式是积极的应对机制，可以最终克服阻碍，而情绪取向的应对是消极的，尽管可以短期缓解压力下的情绪，但无助于阻碍的解决。新生代农民工个体可以反省自己在过去经历职业阻碍时所用的应对方式，也可以仿照团体辅导的方式，几个好朋友互相帮助分析彼此的应对方式，如果发现自己的应对方式是情绪取向的，则需要转变，只有这样，才有益于真正克服职业阻碍。总之，阻碍是个体职业经验的一部分，个体主观的经验决定着阻碍因素作用的大小。当某因素会使心理需求受挫时，特别是威胁到自我概念时，就被知觉为阻碍因素。而经济上新的方向和不断改变的工作环境，使得职业障碍越来越多，而且这种障碍也在不断地变化。对于新生代农民工个体来说，针对职业障碍做调整和适应是个体在面临众多职业选择时的一种有效的应对方式。个体和组织若能更多地了解职业生涯阻碍因素及其影响，并且协作来解决个体职业发展中的阻碍，将有助于个人和企业（单位）的共同发展。

五、研究结论

（1）新生代农民工职业生涯阻碍程度中等。

（2）背景与环境因素均分在单位规模大小之间存在非常显著性差异。

（3）社会与人际因素均分在婚姻状况、文化程度、单位规模等方面存在显著性差异。

（4）心理与态度因素均分在单位规模大小之间存在极其显著性差异。

第十章

新生代农民工职业流动实证研究

职业流动主要指人们在社会职业分层结构中位置的变动。在本研究中，职业流动指的是新生代农民工个体在城市生存过程中，在不同职业类型，同一职业类型中的不同级别，不同工作单位，不同区域之间以及不同就业状态之间的流动。本研究主要通过问卷调查，对新生代农民工的职业流动的现状及影响因素进行分析，促进新生代农民工加强自身的人力资本和社会资本建设，帮助其实现向上的职业流动，推动政府采取有效措施帮助新生代农民工实现职业流动和发展，促进社会阶层分化和社会结构转型，达到社会和谐。

第一节 职业流动的一般概述

一、职业流动的内涵及特点

在现代社会，职业流动（Occupational Mobility）是社会流动的主要形式之一，它深刻的反映着社会的变迁。职业流动不同于劳动者的区域流动与职务变动，但又互为关联，往往相伴发生。对职业流动这一概念的界定，学术界存在不同的意见。分歧的焦点在于单位内部的工作变动是否属于职业流动的范围。王春光认为，所谓的职业流动，就是指寻找和变换工作的过程。所谓变换工作，就是指工作单位的变动，或在同一单位内因职务、职称、行政级别或职业活动的变更而造成工作内容和工作性质的重大变化，而张晓慧则认为，职业流动是不同单位间的工作变动。

目前，学术界的主流研究还是认为，职业流动是劳动者在不同职业间的变动，是放弃又获得劳动角色的过程，是人力资源在不同区域、不同产业间流动、配置的结果，是劳动力流动和社会地位获得的重要表现形式。

职业流动有如下特点：（1）职业流动是劳动者职业角色的变换过程，其结果是对劳动者的职业生涯发生影响。职业流动往往伴随着劳动者在区域间的流动，区域流动也往往伴随着职业流动。但职业流动并不一定引起区域流动，区域流动也不一定与职业流动相连；（2）职务变动主要指行政职位层级的变动。职务变动是否带来一次职业流动，主要看其工作性质和工作内容是否发生了质的变化。

索罗金（Pitrim A. Sorokin）的《社会流动》是第一部用现代观点系统论述社会流动的著作，在索罗金看来社会流动是指由人类活动创造、改观的全部事物，从某个社会位置向其他社会位置的全部流动。其以地位是否变化为标准将社会流动划分为垂直流动和水平流动两种类型。垂直流动是指劳动者在一种职业范围内向上或向下或者朝向一种较高级或低级职业的流动，劳动者在职业流动前后的社会地位发生了变化。水平流动是指劳动者从一种职业岗位向处于同一水平上的另一种职业岗位的横向流动，劳动者的职业地位在流动前后没有发生变化。

长期以来，“职业流动”一直是经济学和社会学共同关注的问题。但是由于逻辑基础和研究方法的差别，经济学常建立模型进行演绎和预测，而社会学则喜好归纳性的解释。表现在职业流动方面，往往体现行为决策过程中“理性”与“非理性”的不同理解。经济学家往往站在“理性人”的角度上，在职业流动中追求利益的最大化，流动与否、采用何种途径流动以及相应的结果都是其理性决策的过程。职业流动的重要性仅在于提高劳动力资源的配置和使用效率。在他们看来，劳动者的职业流动如果不是因为劳动力市场产生了职位空缺需要有人去填补，就是因为劳动者预计流动后的收益大于不流动的收益。而在社会学者看来，这些解释显然不够充分，“理性人”假设在现实生活中很难满足，而一旦这些假设无法被满足，经济学理论就会沦落为空洞的模型。这一事实在经济学内部也曾引起过争论，西蒙的有限理性理论（the theory of bounded rationality）认为，人的认知能力是有限的，但行动的情境和行动者之间的关系又是非常复杂的。因此，由于人类智力不能同时关注与某一决策相关的价值、知识、行为等所有方面，这导致了理性的局限性。所以，劳动者的职业流动行为往往混杂着对非经济目标的追求，流动途径和流动结果也不是基于纯粹理性的计算。所以，新经济社会学的代表人物格兰诺维特指出，要建立一个比经济学理论更为稳固的学科理论基础，以下三个基本假设是必需的：第一，人们对经济目标的追求通常伴随着对非经济目标的追求；第二，经济行为和其他所有社会行为一样，是在特定的社会情境中发生的，它不能仅仅由个体的动机来解释，而必须考虑人们置身于其中的社会关系网络；第三，经济制度和所有制度一样，不是由外部环境不可避免地采取某种形式而自动生成的，而是由社会“建构”的。这样，“非理性”因素就成了理解职业流动所不可或缺的部分，在职业流动时，劳动者的性别、年龄等人口学因素、人力资本积累、社会资本积累共同影响着劳动者的行为决策。

二、社会资本、人力资本与职业流动

（一）社会资本与职业流动

社会科学领域对社会资本的要素早有研究，它可以追溯到迪尔凯姆对群体生活的强调和马克思对自在阶级与自为阶级的区分。但是，直接运用社会资本概念进行理论研究，还是从近几十年开始的，最早将“社会资本”这一概念引入社会学研究领域的是法国社会学家皮埃尔·布迪厄。布迪厄于 1980 年正式提出了“社会资本”这个概念，并把它界定为“实际或潜在的资源的集合，这些资源与由相互默认或承认的关系所组成的持久网络有关，而且这些关系或多或少是制度化的。”并且他在其关系主义方法论的基础上提出“场域”和“资本”概念。目前较为流行的观点认为，社会资本是指个人在一种组织结构中，利用自己特殊位置而获取利益的能力。一般就是指个人的亲戚、朋友、同学、老乡等关系，一个人能从这些关系中获取得利益越高，那么他的社会资本就越高。

在社会资本与职业流动之间的相互关系的理论中，比较流行的主要有格兰诺维特的“弱关系假设”、林南的“社会资源理论”，边燕杰对于社会网络与职业流动关系的研究以及据此提出的“强关系假设”。通过对关系强弱的界定，格兰诺维特提出“强关系”是群体内部连接的纽带，而弱关系则是群体之间的纽带。群体内部由于身份地位的相同性，导致信息重复性高，而由弱关系联系的不同的群体则掌握着不同的信息，弱关系充当着信息桥的作用。林南扩展和修正了弱关系假设，提出了“社会资源理论”。该理论认为，当人们追求工具性目标时，“弱关系”就为阶层地位低的人提供了连接高地位人的通道，从而获得社会资源。边燕杰针对中国的特殊情况，提出了强关系假设，边燕杰着重从中国文化的特点来寻求解释。由于中国社会的文化背景不同，承担着桥梁作用的是强关系而不是弱关系。求职者更经常地通过强关系而非弱关系寻找工作渠道，直接和间接关系都用来获取来自分配工作的实权人物的帮助。即最终帮助者的资源背景越高，对求职者的工作安排也越有利，求职者使用间接关系比直接关系更有可能得到较好的工作。

20 世纪 90 年代以来，我国学者开始引进西方的社会资本理论分析我国的职业流动现象，并形成了一些较有价值的理论成果。我国学者关于职业流动的社会资本分析，大概可以分为两类：一类是整体研究，即不区分研究对象，对个人的职业流动状况进行社会资本分析。如张宛丽从地位获得机制的视角分析了社会关系网络在中国当前职业流动中的作用。她认为，在中国社会的职业流动过程中，非制度因素（社会关系网络）具有独特的功能，是一种不可忽视的重要机制。另一类是以某一特殊的群体为研究对象，对他们的职业流动状况进行社会资本分析。比如对大学生、农民工群体等职业流动的社会资本分析。在社会学的职业流动研究中，人力资本被社会学家假定是不变的，其存在的意义就是对社会资本的积累有影响。实际上，这种假定是非常僵化的。一种更为合理的解决方式是把职业流动者的人力资本和社会资本同样视为变量，它们对职业流动都有影响，而且这些影响不是以另一种“资本”不变为前提的。

（二）人力资本与职业流动

人力资本（Human Capital）这一概念最早出现于经济学研究之中。20 世纪 60 年代，美国经济学家舒尔茨（T. W. Schultz）和贝克尔（Gary Beclcer）率先提出：人们花费在教育、健康、职业训练、移民、就业信息的收集与扩展等方面的投入本身都是一种有意识的投资行为，这些投资最终形成人力资本，它与其他资本一样，都能给所有者带来相应的收益，但特点在于不能与其所有者相分离。舒尔茨把“资本”分为“常规资本”和“人力资本”两种。“常规资本”指的是物质资本，也就是出资人的资本，人力资本指的是通过对人力的投资而形成的资本。

舒尔茨指出，之所以称这种资本是人力的，是由于它已成为人的一部分，又因为它可以带来未来的满足或者收入。在人力资本与职业流动之间的相互作用的理论中，卢汉龙认为，人力资源的竞争成为市场竞争中最关键的因素。越是在那些注重人力资本投入并以此来选取就业者的经济活动领域，其经济增长方式的集约化程度便越高，越具有现代经济的特征。就业者本身所具备的人力资源能力，已成为现代社会中十分重要的谋职因素。马和民认为，教育水平的差异成为自主跳槽与被迫下岗两种流动形式分化并存的主要原因。对于被迫下岗者而言，明显的年龄和知识技能劣势使其在激烈的竞争中处于最不利的地位。对于自主性极强的频频跳槽者来说，较高的受教育程度是其最有力的流动资本。李许单认为，随着我国由先赋性社会向获致性社会的过渡，教育水平和技能水平将成为影响人们职业流动的重要因素。良好的教育是实现职业流动的有力杠杆，熟练的专业技能是职业流动的推动器，同时，个人的心理素质也会影响职业流动。符健春、付萍认为，教育水平与任期对职业流动的影响受到社会资本的缓冲作用影响，教育水平在高社会资本条件下比在低社会资本条件下对职业流动的积极影响更大。任期在高社会资本条件下比在低社会资本条件下对职业流动的消极影响更明显。结果说明，人力资本对职业流动的影响是一种复杂关系，人力资本的各成分相对独立，社会资本在职业流动中起着关键的作用。另外，为避免人力资本概念过于抽象和泛化，学者们对人力资本作了具体分类：初级人力资本（体力、经验、生产知识和技能）与高级人力资本（天赋、才能和智慧）。为了发现人力资本与职业流动更深层的关系，不仅要从他们的健康状况、学历、技能与工作经验、信息与社会关系等客观人力资本方面进行研究，还要考虑他们的态度、认知、成就动机、规划与风险意识、努力程度等主观方面的人力资本。姚引妹等指出，主观人力资本是人的价值观念、意志、行为方式等因素的综合体。徐延辉认为，以往对人力资本的研究过于偏重教育、工作技能等可量化的客观性人力资本，既然考察的对象是“人”，那么就必须考察人的社会特性。传统的概念恰恰忽视了人力资本的社会学涵义，忽视了态度、意志力、自觉理性、个人偏好等主观性人力资本。而这些对劳动力就业、尤其是对受教育程度较低、缺乏现代部门就业所必需的技能的农村劳动力而言，其重要性绝不亚于客观性人力资本。

主、客观人力资本共同构成人力资本的整体结构，共同影响着人力资本的投资收益，由于不同学者的研究重点不同，对于人力资本的研究往往不全面。

三、新生代农民工的职业流动

新生代农民工的职业流动是一个主观决策的过程，这是由其就业心理与价值观主导的，所以其就业心理与价值取向是不可回避的问题。

（一）新生代农民工就业心理

1. 务工目的从谋生到寻求个人发展

从进城务工动因看，新生代农民工虽然也将赚钱作为重要目标，但更关注个人发展，并将此作为打工的首要目的。

2. 择业观念从体力型到技术型

新生代农民工在择业过程中，除了关心薪水外，还关心工作环境、就业培训、社会保障等条件，同时，他们更关心今后的个人发展。对于新生代农民工来说，“学技术、重发展”的技术型择业观已成为主流择业观。

3. 对城市认同感逐渐增强

在心态和观念上，新生代农民工已认同并在一定程度上融入了城市生活，他们渴望得到城市的进一步认可和接受。

4. 就业满意度达不到预期要求

虽然在就业环境、生活质量方面，新生代农民工比第一代农民工条件要优越得多，但新生代农民工满意度却不如第一代农民工。根据2006年11月浙江理工大学农民工问题课题组对浙江省农民工的一项问卷调查显示：在工作时间上，第一代农民工中有31.4%的人对目前的工作时间表示满意，而新生代农民工中只有20.6%的人表示满意；在工作的条件上，第一代农民工中有35.2%的人表示满意，而新生代农民工只有22.8%的人表示满意；在人际关系上，第一代农民工对雇主及同事的不满意率分别占8.6%和2.5%；而新生代农民工对雇主及同事的不满意率达到12.5%和6.3%。

5. 新生代农民工自尊心很强，强烈渴望被企业和他人尊重

根据2009年6月，南京师范大学调研团队在对南京市栖霞区和苏州工业园区的20多家企业的18～28岁年龄段的农民工进行的抽样调查显示：有97.6%的人表示，一旦被“过度漠视或者践踏”，会坚决选择跳槽。在工资相差并不悬殊（月薪的10%以内）的情况下，73%的农民工宁愿到一些工资稍低但对员工更加尊重的公司里工作。不要高薪要尊重，这种调查结果显然不是农民工的真实意思表达。在不能得到尊重的情况下，农民工不是选择了流动，就是被迫选择不要高薪要尊重。这种调查结果，真实地表明了现代农民工的生存困境。

（二）新生代农民工就业的稳定性

长期以来，学术界都认同这样的观点：就业流动性对经济增长、生产率提升乃至就业增加等都有着积极的影响。然而，近年来，部分国内外学者开始关注其负面影响，其核心观点是，存在一个最优的就业流动性水平，超过该水平则流动性将不利于生产率的提升和经济增长。农村剩余劳动力从农业向高附加值的第二、第三产业的大规模流动，成功解决了绝大多数农村剩余劳动力的就

业问题。与此同时，相关问题也日益暴露出来，例如农民工就业流动性过大、就业转换率较高、普遍缺乏就业培训和保障等，导致农民工在经济、政治、社会各方面被城市排斥，容易诱发社会冲突和犯罪问题。基于青年的过渡性特征，这些问题对青年农民工生产率增长和职业发展的负面影响将更为显著和深远。

（1）就业流动频率较高

从就业流动性来看，当代青年在就业方面普遍具有高流动性，例如美国青年在工作的前10年，平均每年要换一个工作，而我国青年农民工也呈现类似的特征。“农村劳动力流动的组织化特征”课题组调查显示，73.2%的农民工变换过工作单位，其中变换过1次的占17.4%，变换过两次的占23.1%，变换过3~4次的占25.0%，变换过5次以上的占7.7%，最高的变换过9次。进一步说，青年农民工的就业周转率更高、更换工作更为频繁。

（2）以低层次水平流动为主

从就业流动的行业、职业及所有制结构分布来看，青年农民工的就业流动多体现为以低层次水平流动为主。《中国青年就业调查报告2005》指出，与城市青年相比，青年农民工就业存在一定的“行业锁定”，主要集中于制造业和第三产业，在劳动密集型行业的低层次岗位就业，青年农民工主要从事体力操作性工作，而城市青年多位于经营管理、专业性和技术型工作；在职业层次上也普遍较低，其中50%的农村青年从事一线体力劳动，从事行政性事务及行政管理工作的不到4%；在行业分布上，近70%的农村青年在私营企业工作，比重远远高于城市青年，在国有单位工作的农村青年比例仅相当于城市青年的1/3。

基于上述分析，笔者认为新生代农民工的就业流动是低水平且无保障的。

（3）新生代农民工所特有的非理性主观因素也在推动着他们频繁的职业流动

他们缺少意志力、自觉理性、敬业精神、自我认知、生涯规划等的积累。所以，新生代农民工在职业流动中凸显出盲目和随意性。根据中国社会科学院社会学研究所等研究机构组织的一次调查显示，“80后”农民工的职业流动率是最高的，平均每人每年换工作0.45次，而上一代农民工仅为0.08次。这其中，近50%的新生代农民工是因为“生活、生产环境和闲暇时间不足”而跳槽，17%的人提出，“自己不喜欢那个工作”或者只是“想换个环境”。和老一代相比，新生代农民工思维活跃，但他们工作耐受率低，一旦遭遇现实生活中（生活、工作、人际关系等）的困惑，往往会被他们无限放大，最终依据自己的好恶判断是否流动。一般来说，新生代农民工通过职业流动来摒弃社会认同度差、劳动强度大、报酬低和升职潜力小的工作，而越来越注重个人效用的最大化、生活质量乃至精神文化生活，这是社会的进步。但是，合理的职业流动是建立在理性的目标规划之上的，新生代农民工职业流动频繁，跟他们自身浮躁的心态也不无关系。盲目的职业流动不仅会使得他们每一项职业技能停留在“学徒期”的水平，而且会伴有一定的风险。符平、唐有财认为，新生代农民工的流动频次与他们的社会流动之间却并非简单的线性关系，而是呈现出“倒 U 型”的曲线关系。即在前几次流动中，流动朝向的是更好的工作地点和更好的工种，体现为向上流动，但到第 3 或第 4 次流动之后，无论是流入地、职业类型、流动原因和寻找新工作的途径，都呈现了逆向选择或向下流动的特点。也就是说，过于频繁的流动反而不利于其个人的发展。这同时也说明，越是流动频繁的新生代农民工，越较少具有市场竞争力，也更缺乏从事稳定工作所需的就业技能和资本。

（三）农民工职业流动的研究视角

关于农民工的职业流动，主要存在着四种视角。

1. 社会结构与社会分层视角

结构研究偏重于从社会结构的层级出发，通过地位、身份、角色等概念确定研究对象在特定社会安排中的限制和作用。将社会流动放在社会结构中来探讨并且设定社会是以分层的方式构成的，然后再将流动的概念放入其间来考查社会成员因某些因素的影响而形成的流动驱动力。城市农民工的职业流动可分为初次职业流动和再次职业流动。初次职业流动又分为两种情况：一种是从农业向非农业的流动，另一种是在非农业劳动领域内发生的流动。城市农民工职业流动的特点有：（1）从职业流动的分层结构来看，以水平流动为主，不引起职业地位的升降；（2）从职业流动的次数来看，呈现出越来越频繁的趋势；（3）从职业流动的职业机会选择来看，缺乏足够的社会资源积累；（4）从职业流动的流动过程来看，缺乏良好的管理体制和服务机制；（5）从职业流动的性别影响来看，男性较女性更易于流动；（6）从职业流动的职业分布来看，以体力劳动的职业为主。同时，已有研究表明，农民工的初次职业流动后，其地位下降的只是极少数，但农民工在职业流动中，资本不能有效累积，社会地位上升途径单一，职业获得的相关性很弱，因此，农民工的职业始终维持在较低的层次。

2. 社会资本的视角

由于“关系”因素在中国非常重要，加之近年来国内外学者对于“社会资本理论”和“强、弱关系”的介绍，学术界运用社会资本理论对农民工职业流动的研究也很多。很多研究注意到在就业信息、求职、生活依赖等整个过程中，流动者对血缘、地缘等原有的社会关系非常依赖，这无疑降低了他们的流动风险和成本。或者说，社会关系成为了市场之外的一种资源配置方式。格兰诺维特认为，求职者要想得到一份职业，其获得信息的途径主要来自那些关系不亲密、交往不频繁的人群。显然这种理论在中国农民工这一群体上有所不同。所以边燕杰就提出，社会资本的作用因不同的经济体制而表现出不同的强度选择。强关系在中国表现为人情关系，其作用不仅是提供就业信息，更重要的是提供实质的帮助。还有观点认为，农民工在进城后才会逐渐使用弱关系来获得信息和资源。

另外，在分析人力资本和社会资本对求职的影响时，有学者强调教育水平等人力资本因素的作用，而有的则指出，即使在市场经济较为成熟的地区，社会资本也对个人职业地位的获得起着重要作用，其影响甚至会超过教育等其他人力资本因素，更不用说在人情关系如此重要的中国了。

3. 人力资本的视角

随着人力资本理论的发展，农民工职业流动与人力资本的关系研究日益增多，研究普遍认为教育、技能、工作经验、健康等人力资本要素能促进农民工的职业流动。赵耀辉利用多元 Logit 模型，考察了性别、年龄、婚姻状况、文化程度等外生变量对农村劳动力外出就业的概率影响，发现教育、年龄等人力资本因素对农村劳动力选择外出就业具有显著影响。蔡昉论述了教育水平与迁移概率以及人力资本与工资差异，指出农村中受教育程度较高的人，能够比别人掌握更多的信息并率先从农村转移出去。姚先国等把农民工的就业工种划分为六类，以职业为因变量，以教育年限、培训情况、性别、年龄等人力资本因素为自变量进行回归，分析了人力资本存量对于职业性质的影响，结果显示，教育和培训与职业性质显著相关，教育在初级劳动力市场职业中的作用非常显著，培训在二级劳动力市场职业中的作用显著。

这些研究表明，人力资本可以促进农民工的职业流动，而回流到农村的劳动力或者向下职业流动的农民工，主要是文化素质差，思想保守，不能适应新的环境和条件。

另外，主观性人力资本的提出。美国心理学家麦克利兰（David C. McClelland）于1973年提出的素质冰山模型，将人员个体素质的不同表现划分为表面的“冰山以上部分”和深藏的“冰山以下部分”：“冰山以上部分”包括基本知识和技能，“冰山以下部分”包括社会角色、自我形象、特质和动机，是人内在的、难以测量的部分，对人的行为与表现起着关键性的作用。在人力资本领域，“冰山以下部分”对人力资本投资的效果同样起关键性作用，农民工的主观性人力资本是“冰山以下部分”的核心。我国目前对农村劳动力的人力资本投资主要是义务教育和职业教育，以及工作阶段的职业技能培训，这些教育的共同点是偏重于客观性人力资本投资。而主观性人力资本却受到了忽视。厦门大学的孙梅将主观性人力资本理解为意志力、自觉理性，钻研精神、主动性与计划性、积极的态度、自我期望与成就动机等。她认为，80后农民工在实现初次职业流动后，随着打工时间的延长和再次职业流动次数的增多，他们的主观性人力资本却没有明显的提高。这使得80后农民工不具备足够的现代性品质，以适应现代社会的内在要求，也不具备足够的教育水平与技术含量，以适应结构调整和产业升级的外在要求。

因此，主观性人力资本存量低，最终导致新生代农民工在次级劳动力市场内部频繁流动，这也可以解释为什么新生代农民工的职业流动很难实现向上流动。

随着新生代农民工外出打工时间的延长和职业流动次数的增多，为什么他们的主观性人力资本并没有明显提高，以致于不能对向上职业流动产生显著性影响呢？孙梅运用布迪厄的“场域—惯习”理论，针对这一问题进行了社会学解释。她认为，不同的场域具有不同的惯习特征，城市化过程中的人口流动和社会融合使中国农村的传统文化场域发生了很大变化。但是，新生代农民工进入城市并实现了多次职业流动后，他们的思维深处由“知觉、评价和行动的图式”构成的价值观念、思维方式和行为模式仍深受农村场域的影响。惯习作为一种价值观、认知模式和行为取向，必然对主观性人力资本产生影响，这导致新生代农民工很难向上职业流动。

从以上分析可以看出，目前对于新生代农民工的职业流动问题的研究大都不太全面。但是有一点值得肯定，那就是在分析这一问题时，不能将社会资本与人力资本割裂开。

第二节 新生代农民工职业流动及其影响因素实证研究结果

一、研究对象

本研究以常州几家工厂企业的新生代农民工为研究对象，共发放400份问卷，回收383份，回收率为95.8%，有效问卷291份，有效率为75.9%。详细情况如表10－1所示。

表10－1 被试基本情况

类　别	样本分布	样本数	百分比（%）
性别	男	174	59.8
	女	117	40.2
年龄	17～21岁	21	7.2
	22～26岁	145	49.8
	27～31岁	125	43.0
文化程度	初中以下	107	36.8
	中专、职高、技校或高中	102	35.1
	大专	58	19.9
	本科及以上	24	8.2
普通话水平	不会	3	1.0
	会一点	25	8.6
	还不错	201	69.1
	很好	62	21.3
婚姻状况	未婚	114	39.2
	已婚	177	60.8
从小生活地方	城市	0	0.0
	农村	291	100.0
父亲文化程度	不识字	13	4.5
	小学	67	23.0
	初中	132	45.4
	中专或职高或高中	70	24.1
	大专	7	2.4
	本科及以上	2	0.7

续表

类　别	样本分布	样本数	百分比（%）
父亲工作	在家务农	124	42.6
	农村村干部	8	2.7
	农村技术员	4	1.4
	在农村经商	15	5.2
	在农村做老师	5	1.7
	外出打工	83	28.5
	在城市里做小生意	11	3.8
	其他	41	14.1

二、研究工具

本研究采用周加香等人的自编问卷，问卷共有43题，分为四个研究内容，一是调查对象的基本情况，二是调查对象的职业经历、流动动机和途径，三是调查对象的社会关系网，四是调查对象的工作满意度和对未来的期望。

通过对问卷的统计分析，可以描述出新生代农民工职业流动的基本情况，探讨人力资本和社会资本在新生代农民工职业流动过程中的影响作用。

三、研究结果

（一）新生代农民工职业流动的基本情况

1. 新生代农民工职业流动次数

表10－2　新生代农民工职业流动次数的描述统计

职业流动次数	人　数	百分比（%）	均　值	标准差
1次	14	4.8	3.2	1.4
2次	93	32.0		
3次	88	30.2		
4次	43	14.8		
5次	14	4.8		
5次以上	39	13.4		
合计	291	100.0		

从表10－2可知，新生代农民工流动次数的均值约为3.2，且次数在4次

及以上的有33.0%。

2. 新生代农民工职业流动的原因

（1）新生代农民工外出务工的原因

表10－3 新生代农民工外出务工原因的描述统计（多选）

外出务工原因	人 数	百分比（%）	排 序
习惯了外出生活，不习惯农村的生活	23	7.9	5
为了生存，在农村挣不到钱	136	46.7	2
在城市里才能学到技术，有更好的发展	155	53.3	1
羡慕城市人的生活，可以享受到很多农村没有的东西	24	8.2	4
其他	38	13.1	3

从表10－3中可以看出，在新生代农民工外出务工原因中，因为在城市里能学到技术有更好发展的所占比例最大，其次是为了生存。说明新生代农民工进城务工的动机既包括经济的因素，也包括人生发展的因素。

（2）新生代农民工进城后职业流动的原因

表10－4 新生代农民工上一次换工作情况的描述统计

换工作情况	人 数	百分比（%）	排 序
自己主动辞职	227	78.0	1
被辞退	9	3.1	4
事情做完了	12	4.1	3
其他原因	43	14.8	2
合计	291	100.0	

从表10－4可知，有近八成的新生代农民工在上次换工作时是自己主动辞职的，占的比例最高，而被辞退的和事情做完了的仅各占3.1%和4.1%，其他原因的占14.8%。

表10－5 新生代农民工主动辞职前是否有准备的描述统计

主动辞职前是否找好工作	人 数	百分比（%）
是	97	42.7
不是	130	57.3
合计	227	100.0

从表10－5可知，在主动辞职前，有超过半数以上的新生代农民工没有找

好工作，只有四成左右的人在主动辞职前找好了工作。总体来说，这反映了多数新生代农民工在职业流动上还处于盲目状态，有近六成的新生代农民工在辞职之前没有为自己做好打算。

表 10－6　新生代农民工主动辞职原因的描述统计

	选　项	人　数	百分比（%）	排　序
辞职原因	工资太低	111	38.1	1
	工作太辛苦	30	10.3	5
	没有发展前途	78	26.8	2
	有更好的工作可以做	34	11.7	4
	不喜欢目前的工作	46	15.8	3
	其他	29	9.9	6

从表 10－6 可知，新生代农民工职业流动的原因选择比例最高的是“工资太低”，占 38.1%；其次就是因为“工作学不到技术、没有发展前途”，占 26.8%。因为“不喜欢目前的工作”而辞职的比例占到 14.0%。因为“有更好的工作可以做”而辞职的比例占到 11.7%，说明有一部分新生代农民工并不安稳于眼前的工作，而是能在有更好的工作出现后进行积极的职业流动。因为“工作太辛苦”而辞职的比例占 10.3%。

3. 新生代农民工职业流动的特点

表 10－7　新生代农民工职业流动方向

流动方向	人　数	百分比（%）
向下流动	53	18.2
水平流动	119	40.9
向上流动	119	40.9
合计	291	100.0

从表 10－7 可知，实现职业流动方向中的水平流动与向上流动的新生代农民工各占了 40.9%，说明有四成的新生代农民工进行积极有效的职业流动。实现职业流动方向中的向下流动的新生代农民工占了 18.2%。说明也有一小部分新生代农民工在职业流动中处于下行趋势。

表 10－8 新生代农民工初次务工所从事的工作

	人 数	百分比（%）	排 序
非技术工人	76	26.1	2
技术工人	132	45.4	1
商业、服务业人员	40	13.7	3
公司办事员	20	6.9	4
单位负责人	2	.7	7
一般专业技术	14	4.8	5
个体户	1	.3	8
私营企业主	6	2.1	6
合计	291	100.0	

表 10－9 新生代农民工目前所从事的工作

	人 数	百分比（%）	排 序
非技术工人	34	11.7	3
技术工人	165	56.7	1
商业、服务业人员	15	5.2	5
公司办事员	39	13.4	2
单位负责人	0	0	8
一般专业技术	32	11.0	4
个体户	1	.3	7
私营企业主	5	1.7	6
合计	291	100.0	

通过对比表 10－8 和表 10－9 发现，新生代农民工初次外出务工从事体力劳动中的非技术工人的占到 26.1%，而在目前所从事的工作中，这部分人群的比例明显下降了，只占到 11.7%。体力劳动中技术工人的比例由 45.4% 上升到 56.7%，且所占比例最高。公司办事员、一般专业技术人员比例上升，而像商业，服务业人员类的比例却在下降。

4. 新生代农民工职业流动的途径

从表 10－10 可知，45.7% 的新生代农民工在城市里得到的第一份工作是靠亲属介绍的，占的比例最多；占 27.8% 的人是靠自己找到工作的；占 17.9% 的人是靠在家乡认识的外出务工者找到工作的；依靠包工头，城里的劳务组织及职业介绍所找工作的人，所占的比例都比较小；通过家乡的劳务组织介绍工作的可能性极小。

表 10－10　新生代农民工进城打工的途径

	选　项	人　数	百分比（%）	排　序
进城打工途径	亲属	133	45.7	1
	家乡认识的务工者	52	17.9	3
	家乡包工头	8	2.7	7
	家乡政府机构	5	1.7	8
	家乡劳务组织	10	3.4	6
	城里劳务市场	17	5.8	5
	自己找的	81	27.8	2
	其他	28	9.6	4

表 10－11　新生代农民工进城后换工作的途径（多选）

		人　数	百分比（%）	排　序
进城后换工作途径	老乡亲戚介绍	156	53.6	1
	打工认识的同事	64	21.9	4
	原来的老板介绍	11	3.8	7
	自己去劳务市场	69	23.7	3
	居委会或政府提供机会	2	0.7	8
	报纸或广告的职业信息	24	8.2	5
	自己找	117	40.2	2
	其他	23	7.9	6

从表 10－11 可知，新生代农民工在进入城市以后的职业流动过程中，有 53.6% 的人是依靠老乡、亲属这种“强关系”力量获得工作，与同样的途径获得首份工作比例大体相当。有 21.9% 的人依靠打工认识的同事，与初进城打工时相比，这种“弱关系”在职业流动中的利用率依然较高。而新生代农民工依靠劳务市场中的中介组织的比例占 24.4%，这个比例有明显的提高。40.2% 的新生代农民工是自己找，随着对于城市生活的熟悉，他们对于职业流动的自信心明显提升。

5. 新生代农民工职业流动的意愿与期望

（1）新生代农民工的职业满意度

从表 10－12 可知，从五个方面来看，对自己工作感觉一般的比例最高，其次是非常不满意和不满意的比例，满意和非常满意的比例整体不高。

表 10－12 新生代农民工的工作满意度

选 项	经济收入（%）	工作环境（%）	工作时间（%）	社会地位（%）	发展机会（%）
非常不满意	8.9	4.8	9.3	4.8	6.5
不满意	22.3	11.3	26.1	19.9	26.5
一般	62.2	61.9	42.3	64.6	55.0
满意	6.2	21.0	21.3	10.0	11.3
非常满意	0.3	1.0	1.0	0.7	0.7

从单方面来看，新生代农民工对自己的工作最不满意的在于工作时间，不满意和非常不满意的累加占 35.4%，其次是发展机会，累加占 33.0%，再次是工作收入、社会地位和工作环境，累加各有 31.2%，24.7% 和 16.1%。

（2）新生代农民工的职业流动意愿

表 10－13 新生代农民工的职业流动意愿

	选 项	人 数	百分比（%）
是否愿调换目前职业	没想过	64	22.0
	不愿意	25	8.6
	愿意	170	58.4
	非常愿意	32	11.0
	合计	291	100.0

从表 10－13 可知，新生代农民工中“不愿意进行职业流动”的仅占 8.6%，这部分人或因为对目前所从事的工作很满意，或是不愿意作出改变，怕承担风险。“愿意和非常愿意进行职业流动”的比例占 69.4%，可见，有近七成以上的新生代农民工想要通过职业流动找到自己较为理想的工作。而 22.0% 的人表示自己目前没有想过。这表明有将约 1/5 的新生代农民工没想过进行职业流动，但这也不代表这一部分人在出现更好的工作机会之后不会想要进行职业流动。

表 10－14 新生代农民工的职业流动结果

		人 数	百分比（%）
是否跳槽到理想工作	有	106	36.4
	没有	185	63.6
	合计	291	100.0

从表10－14可知，虽然有69.4%的新生代农民工有职业流动的意愿，但却只有36.4%的人能够通过职业流动找到自己觉得较为理想的工作。

表10－15　新生代农民工无法进行有效流动的原因

	选　项	人　数	百分比（%）
无法有效职业流动的原因	没有文化	60	20.5
	没有技术缺少资金支持	88	30.0
	没有关系	51	17.4
	户口限制	8	2.7
	其他	86	29.4
总　计		293	100.0

从表10－15可知，新生代农民工认为，无法通过职业流动找到理想工作的主要原因，在于他们自身条件和外在条件的限制。在新生代农民工自己的眼中，有30.0%的人认为，“没有技术，缺少资金支持”是他们无法实现有效职业流动的主要原因，相较于其他原因技术原因所占比例最大；20.5%的人认为，自己文化程度低，是限制其向上流动的主要障碍；有17.4%的人认为，他们在城市中缺乏有用的社会关系，限制了他们的职业流动；只有2.7%的认为，户口限制了其职业流动。

（3）新生代农民工的职业流动期望

表10－16　新生代农民工职业流动的期望

		人　数	百分比（%）	排　序
期望的职业类型	非技术工人	1	0.3	7
	技术工人	81	27.8	2
	商业、服务业人员	12	4.1	6
	公司办事员	18	6.2	5
	单位负责人	19	6.5	4
	一般专业技术人员、个体户	97	33.3	1
	私营企业主	44	15.1	3
	其他	19	6.5	4
	合计	291	100.0	

从表10－16可知，新生代农民工期望从事的职业类型，排列前三位的依次是一般专业技术人员、技术工人、私营企业。分别占33.3%、27.8%、15.1%。

（二）新生代农民工职业流动的影响因素分析

1. 人力资本对新生代农民工职业流动的影响

本研究所取的因变量为职业流动的方向，人力资本对新生代农民工职业流动方向的影响主要从性别、年龄、家庭背景等先赋性因素和文化程度、职业技能等自致性因素这两个方面来探讨。

（1）先赋因素的影响

表 10－17 性别对新生代农民工职业流动的影响

		流动方向			合计	χ^2	p
		向下流动	水平流动	向上流动			
性别	男	34	70	70	174	0. 512	0. 774
	女	19	49	49	117		
合计		53	119	119	291		

一是性别的影响。从表 10－17 可知，通过性别与职业流动方向的交叉表分析，卡方检验，$\chi^2 = 0.512$（$df=2$），$p=0.774>0.05$，表明性别在职业流动方向上不存在显著差异。但男性水平流动和向上流动的比例均比女性低，男女水平流动和向上流动的比例均为 40.2% 和 41.9%，男女向下流动的比例为 19.5% 和 16.2%，男性比女性高。

表 10－18 年龄对新生代农民工职业流动的影响

	选项	流动方向			合计	χ^2	p
		向下流动	水平流动	向上流动			
年龄	17～21 岁	7	10	4	21	15. 29	0. 004
	22～26 岁	15	62	68	145		
	27～31 岁	31	47	47	125		
合计		53	119	119	291		

二是年龄的影响。从表 10－18 可知，通过年龄与职业流动方向的交叉表分析，卡方检验，$\chi^2 = 15.29$（$df=4$），$p=0.004<0.01$，表明年龄在职业流动方向上存在非常显著的差异。其中，17～21 岁的新生代农民工，在职业流动方向上以水平流动居多；22～26 岁和 27～31 岁的新生代农民工，在职业流动方向上以水平流动和向上流动居多，22～26 岁和 27～31 岁的新生代农民工向上流动的比例分别为 42.8% 和 37.6%，比例相当。

表 10－19　婚姻状况对新生代农民工职业流动的影响

		流动方向			合计	χ^2	p
		向下流动	水平流动	向上流动			
婚姻状况	未婚	16	47	51	114	2.478	0.290
	已婚	37	72	68	177		
合计		53	119	119	291		

三是婚姻状况的影响。从表 10－19 可知，通过婚姻状况与职业流动方向的交叉表分析，卡方检验，$\chi^2 = 2.478$（$df=2$），$p=0.290>0.05$，表明在婚姻状况上，已婚与未婚者在职业流动方向上没有显著差异。

表 10－20　家庭背景对新生代农民工职业流动的影响

		流动方向			合计	χ^2	p
		向下流动	水平流动	向上流动			
父亲工作	在家务农	25	45	54	124	8.811	0.843
	农村干部	1	4	3	8		
	农村技术员	1	1	2	4		
	在农村经商	4	4	7	15		
	在农村做老师	0	4	1	5		
	外出打工	15	38	30	83		
	在城市做小生意	2	4	5	11		
	其他	5	19	17	41		
合计		53	119	119	291		

四是家庭背景的影响。从表 10－20 可知，通过家庭背景与职业流动的交叉表分析，卡方检验，$\chi^2 = 8.811$（$df=14$），$p=0.843 > 0.05$，表明家庭背景在新生代农民工职业流动上没有显著差异。

（2）自致因素的影响

一是文化程度的影响。从表 10－21 可知，通过文化程度与职业流动方向的交叉表分析，卡方检验，$\chi^2=7.085$（$df=6$），$p=0.313>0.05$，表明文化程度在新生代农民工的职业流动方向上不存在显著差异。但是，从表 4－20 可以发现，新生代农民工的文化程度越高，向上流动的比例就越大，按照文化程度从低到高的顺序，对应的向上流动比率各是 33.6%，42.2%，46.6%，54.2%。

表 10－21 文化程度对新生代农民工职业流动的影响

		流动方向			合计	χ^2	p
		向下流动	水平流动	向上流动			
文化程度	初中及以下	22	49	36	107	7.085	0.313
	中专、职高、技校或高中	20	39	43	102		
	大专	10	21	27	58		
	本科及以上	1	10	13	24		
合计		53	119	119	291		

表 10－22 务工时间对新生代农民工职业流动的影响

		流动方向			合计	χ^2	p
		向下流动	水平流动	向上流动			
进城打工时间	1～3 年	16	41	29	86	4.848	0.563
	4～6 年	18	36	42	96		
	7～9 年	7	17	25	49		
	9 年以上	12	25	23	60		
合计		53	119	119	291		

二是务工时间的影响。从表 10－22 可以看出，通过务工时间与职业流动方向的交叉表分析，卡方检验，$\chi^2 = 4.848$（$df = 6$），$p = 0.563 > 0.05$，表明务工时间在新生代农民工职业流动方向上不存在显著差异。但是，从表 4－21 可以发现，在务工时间不足 9 年的新生代农民工中，随着进城务工时间的延长，实现向上职业流动的比例越来越高，分别为 33.7%，43.8%，51.0%。

表 10－23 职业技能对新生代农民工职业流动的影响

		流动方向			合计	χ^2	p
		向下流动	水平流动	向上流动			
进城后参加几次技术培训	0 次	12	40	36	88	9.359	0.313
	1 次	17	29	23	69		
	2 次	7	22	31	60		
	3 次	4	10	9	23		
	4 次及以上	13	18	20	51		
合计		53	119	119	291		

三是职业技能的影响。从表10－23可知，通过职业技能与职业流动方向的卡方检验，$\chi^2=9.359$（$df=8$），$p=0.313>0.05$，说明职业技能在新生代农民工职业流动方向上不存在显著差异。

2. 社会关系网对新生代农民工职业流动的影响

表10－24　与不同社会关系网的联系情况

	强关系		弱关系	
	人　数	百分比（%）	人　数	百分比（%）
很少联系	23	7.9	50	17.2
偶尔会联系	103	35.4	89	30.6
经常联系	153	52.6	144	49.5
在城市无认识的亲戚或者城里人	12	4.1	8	2.7
合计	291	100.0	291	100.0

从表10－24中可以看出，在新生代农民工与强关系的联系上，有52.6%的人经常与强关系保持着联系，有35.4%的人偶尔会与强关系保持联系的，只有12%的新生代农民工不联系和没有强关系可联系。在新生代农民工与弱关系的联系上，有49.5%的人经常与弱关系保持联系，还有30.6%的人偶尔与弱关系保持联系的，仅有19.9%人很少或者没有与弱关系的联系。

表10－25　对不同社会关系网的利用情况

选　项	有困难找谁帮忙		谁最可能帮你	
	频　数	百分比（%）	频　数	百分比（%）
强关系	278	95.5	284	97.7
弱关系	13	4.5	7	2.3
总计	291	100.0	291	100.0

表10－25中的数据资料表明，不同的社会关系网对新生代农民工提供的作用是不同的。绝大多数被调查对象认为，有困难的时候愿意找“强关系”的帮助，而且“强关系”也可能提供自己需要的帮助。

从表10－26可知，有37.1%被调查的新生代农民工认为，强关系所能提供的最大帮助在于情感上的支持，40.5%的被调查新生代农民工认为，弱关系的最大帮助在于能够提供有效的就业信息，帮助他们找到更好的工作。

表 10-26 不同社会关系网的作用

	强关系		弱关系	
	人 数	百分比（%）	人 数	百分比（%）
生活上的帮助	58	19.9	62	21.3
情感上的支持	108	37.1	40	13.7
困难时的救助	64	22.0	31	10.7
提供就业信息	33	11.3	118	40.5
没有太多帮助	28	9.6	40	13.7
合计	291	100.0	291	100.0

第三节 新生代农民工职业流动研究结果分析讨论

一、新生代农民工职业流动频率的讨论

本研究发现，新生代农民工职业流动的次数均值约为 3.20，且次数在 4 次以上的占三成有余。从职业流动的频率次数来看，呈现出越来越频繁的趋势。

从正面的角度来看，这个结论体现了新生代农民工的职业流动已经成为一种常态，一方面，说明他们习惯于自己的职业处于不断流动的状态，当自己对目前的职业不满意时，会以变换工作来进行应对；另一方面，通过不断进行职业流动，来获得更多的职业技能，职业适应性水平也得以不断的提升，以融入城市生活。这不能不说是一种与时俱进的生活观念进步，是人生成长的体现。

从负面的角度来看，新生代农民工不断更换单位的原因，首先是可能导致其权益受损。当他们在遭遇不公平待遇时，首先考虑的并不是通过各种正当渠道去交涉，寻求解决问题的办法，而是辞工；其次是比较利益的驱动。当一个单位比另一个单位工资更高，一个领域比另一个领域获利更多，或一个城市比另一个城市就业机会更好时，如果个人已具备条件，就产生了“跳槽”的念头。这样有可能导致企业人力资源流失严重，留不住人才，而新生代农民工个人也无法在某一岗位或公司进行职业技能和资本的积累。

二、新生代农民工外出务工原因的分析讨论

本研究发现，从新生代农民工职业流动原因来看，新生代农民工进城务工

多是"为了生存，在农村挣不到钱"(46.7%)，"为了在城市里学习技术，将来有更好的发展"(53.3%)。这一结果说明，新生代农民工中仍有相当一部分是因为生存理性而进城务工。同时，新生代农民工也将流动看做是改变生活方式和寻求更好发展机会的契机，他们不但在城市里挣钱，更希望在城市里逐渐更新自己的价值观念和行为规范，融入城市的主流社会。

三、新生代农民工进城务工后职业流动的原因分析讨论

新生代农民工在城市就业后进行职业流动的原因中，比例最高的是"工资太低"(38.1%)，"工作学不到技术，没有发展前途"(26.8%)，这说明新生代农民工在选择职业时是经济理性与发展理性并存，既要争取眼前的经济利益，实现资本的积累，又要兼顾未来的发展。没有技术含量和发展前途的工作，即使能挣取高工资也不是新生代农民工的最佳选择。而因为"不喜欢目前的工作"而辞职的占15.8%，这说明新生代农民工在选择职业时已经开始考虑与个人的兴趣相结合。结合自己的兴趣进行职业选择，是新生代农民工职业发展上又一理性的表现，一旦他们找到合乎自己兴趣的工作，就很容易在这一领域内取得一定的成就。因为"有更好的工作可以做"而辞职的比例占到11.7%，说明有一部分新生代农民工并不安稳于眼前的工作，而是能在有更好的工作出现后进行积极的职业流动。因为"工作太辛苦"而辞职的比例占10.3%，说明新生代农民工也开始看重自己的工作条件和工作环境，他们不再像第一代农民工那样不怕吃苦。当然这并不能反映新生代农民工的职业素质不如第一代农民工，只是新生代农民工对自我的保护越来越重视，不再满足于卖苦力，而是在比较利益的趋势下，他们更愿意根据自身的条件进行职业选择，谋求以更轻松的劳动获取更高的利益，学到更多的东西。

当新生代农民工习惯于用辞职的方法来解决问题，又在主动辞职前没有找好工作的话，对新生代农民工进行有效职业流动有很大影响。在新生代农民工辞职前有否找好工作的情况上，有57.3%的人表示辞职前并没有找好工作，说明了多数新生代农民工在职业流动上还处于盲目状态。

四、新生代农民工职业流动的特点分析讨论

本研究主要从新生代农民工职业流动方向上来探讨这一人群职业流动的特点，职业流动方向上分为向上流动、水平流动、向下流动。李强教授曾将农民工在城市里所从事的职业按照职业声望从低到高排列依次是"非技术工人

(体力劳动)”“技术工人(体力劳动)”“商业、服务业人员”“公司办事员”“单位负责人”“一般专业技术人员”“个体户”“私营企业主”。其赋值从低到高依次是1、2、3、4、5、6、7、8。如果新生代农民工目前从事的职业的声望值与第一次从事的职业的声望值之差为正，说明其职业发展是向上的，即进入了更高层次的职业阶层；如果目前从事的职业的声望值与第一次从事的职业的声望值之差是负，说明其职业发展水平是下降的，新职业的层次低于过去所从事的职业；如果目前从事的职业的声望值与第一次从事的职业的声望值之差为零，那么其职业处于平移状态，即保持原来的职业水平。调查显示，在被调查的291名新生代农民工中，实现职业流动方向中的水平流动、向上流动的各占40.9%，说明新生代农民工在职业流动上还是趋于平稳，但相当一部分也有实现向上流动，只有小部分新生代农民工的职业流动处于下行趋势。同时，通过农民工进城初次务工所从事的工作与目前所从事的工作相比较得出，通过职业流动，大部分新生代农民工趋向于从事技术含量较高的职业。

五、新生代农民工职业流动途径的分析讨论

根据格拉诺维特（1973）的“弱关系力量假设”和边燕杰（2001）的“强关系假设”理论，以新生代农民工拥有的社会资本情况为依据，把人们之间的关系划分为强关系和弱关系。把朋友关系看作强关系，把一般的相识看作弱关系。强关系是群体内部的纽带，可获得的信息重复性高，而弱关系是群体之间的纽带，它提供的信息重复性低，充当着信息桥的角色。在本研究中，将“父母家人”“老乡”“亲戚”“朋友”界定为强关系；将在城市里结识的“同事”“老板”“同学”等界定为弱关系。同时将“包工头”、“非正规的职业介绍所”看做是“中介组织”；将政府机构开设的劳务市场和劳务组织看做是“政府支持”。

在新生代农民工进城打工途径的统计中，有一半以上的新生代农民工是依靠社会关系网中强关系，这说明新生代农民工在首次外出务工时是靠强关系的介绍为主，而弱关系和中介的力量发挥的作用很小。同时，政府在农民工就业上的扶持力量也很小，或者是工作没有取得显著成效。而从进城务工后换工作的途径上看，强关系在职业流动中的利用率依然起主要作用，且中介组织的利用率上升，说明新生代农民工在依靠强关系进入城市以后，倾向于利用中介的力量来实现职业流动。居委会或者其他的政府组织在农民工的职业获得过程中的利用率很小，说明城市政府在农民工的职业支持方面还属空白，没有发挥应

有的作用。

六、新生代农民工职业流动意愿与期望的分析讨论

本研究发现，大多数新生代农民工希望通过职业流动能够找到自己理想的工作，“非常愿意”和“愿意”的共占69.4%，但只有近四成的新生代农民工能实现。探究其中原因，没有技术、缺少资金支持是他们无法实现有效职业流动的首要原因，其次是文化因素。只有极少数的新生代农民工认为，户口问题限制了其职业流动。

这一现象说明，在新生代农民工自己看来，职业技能是其能够实现有效职业流动的第一要素，而户籍似乎并不是那么重要。由此可见，在新生代农民工的职业流动中，户籍制度的社会功能已经大大削弱了，技能、文凭等要素已经渐渐取代户籍的筛选功能。而我们知道，户籍是一种根据人们的先天指标进行筛选，确定人们不同地位和分工的制度，而技能和文化水平则是根据人们的后天活动确定地位和分工的制度。新生代农民工可以通过后天的努力，来获得技能和文凭。技能、文凭等要素取代户籍的筛选功能，表明新生代农民工在职业流动过程中将面临着更加公平的制度环境。新生代农民工想要实现向上的职业流动，还要不断努力，丰富自己的素质和职业技能，用过硬的个人素质来克服体制上的障碍，最大程度的追求自己在职业上的发展。

大多数新生代农民工期望能从体力劳动中脱离出来，往更高层次的职业上流动，但是公司办事员、单位负责人这两种职业的期望比例并不高，那是因为这两种职业更看重学历，而新生代农民工因为自身学历上的限制，在公司里不可能有很大的发展。这与林坚、葛晓巍（2007）研究结果基本一致。

七、新生代农民工个人资本对其职业流动影响的分析讨论

本研究发现，从总体上看，性别、年龄、婚姻状况、家庭背景在新生代农民工职业流动方向上均不存在显著差异，说明这些先赋因素对新生代农民工的职业流动不存在明显的影响。

其中，在对年龄因素对新生代农民工职业流动影响的统计中发现，17～21岁年龄组的农民工多以水平流动为主，22～26岁年龄段和27～31岁年龄段的农民工以水平流动和向上流动为主。出现这种现象是因为一般而言，21岁以下的新生代农民工务工时间短，他们对于城市的其他工作还不熟悉，社会关系网络很有限，因此，职业流动方向多以水平流动为主。而22～26岁和27～31

岁的新生代农民工，随着对城市生活的渐渐适应和工作经验的不断积累，加上可利用资源的增多，他们就会不断地调整自己的期望与追求，因此其职业流动向上流动的可能性也就更大。

另外，按照经验研究，家庭背景在成员的职业流动过程中具有重要作用。父亲的职业、地位对子女的职业、地位也会产生影响。父辈的地位，身份在很大程度上是一个人社会网络资本的反映，特别是在中国这样一个重视“人情”的国家，父亲具有较好的职业、较高的地位，其子女就拥有更多的社会资源，更容易实现职业流动。而统计分析发现，家庭背景对新生代农民工职业流动方向的影响不明显，这可能是因为对新生代农民工来说，他们这个群体的同质性很强，其家庭背景基本相似，父母多是在家务农，即使有些新生代农民工的父母是在外务工，由于其本身从事的工作地位较低，拥有的资源较少，很难能为子女的职业流动提供有用帮助。不过与父辈是在家务农的新生代农民工相比，其父辈在外务工的话，作为二代农民工，他们对城市生活可能更为熟悉，在寻找就业门路和适应城市生活上也具有一定的比较优势。

从自致因素中的文化水平来看，随着中国从先赋性社会向后致性社会逐步转变，教育水平成为影响社会成员自我发展和向上流动的最重要的资本。通过文化程度与职业流动方向的卡方检验，显示了文化程度在新生代农民工的职业流动方向上不存在显著差异，说明了文化程度对于新生代农民工的职业流动方向的影响不明显。但是，对于小学至本科及以上文化程度的新生代农民工来说，文化水平越高，向上流动的比例就越大，说明文化程度在一定程度上也影响着新生代农民工职业流动方向。

从自致因素中的务工时间来看，本研究发现，务工时间对于新生代农民工的职业流动方向的影响不明显。但是，在务工时间不足 9 年的新生代农民工中，随着进城务工时间的延长，实现向下职业流动的比例越来越低，实现向上职业流动的比例越来越高。这是因为随着新生代农民工进城务工时间的推移，他们对城市各方面有了更多的了解，工作经验越来越丰富，目标越来越明确，而且自身的人力资本和社会资本不断增加，从而更有可能选择找适合自己的工作，因此，其职业流动的频率也就越来越低，向上流动的机会也越来越多。

从自致因素中的职业技能来看，本研究发现，职业技能对于新生代农民工的职业流动方向的影响不明显，这一结论与本研究假设相悖。在实地调查中发现，新生代农民工在企业接受的培训，仅限于岗前规范性要求等内容，对于实质性的岗位职业技能培训的机会比较少。高质量的职业流动是离不开高水平的职业技能提升的支撑。因此，本研究认为，新生代农民工要实现职业理想，完成职业流动，职业技能的提升是最重要的必要条件之一。

八、新生代农民工社会关系网因素对其职业流动影响的分析讨论

社会关系网络是社会资本的重要构成之一，嵌入在个人社会关系网中的资源是重要的社会资本，拥有此种资源可以更好地满足个人生存和发展的需要。在劳动力市场发育不健全的情况下，社会关系网络是重要的求职渠道。

本研究发现，在新生代农民工的职业流动过程中，社会关系网络发挥着重要的作用，而劳动力市场发挥的作用很有限，少部分新生代农民工是从劳务市场和职业中介那里找到工作的。并且，在新生代农民工不断的职业流动过程中，对强关系的利用率逐渐减少，对弱关系的利用率不断增加。

从对新生代农民工与不同社会关系网的联系情况结果来看，新生代农民工拥有并联系强关系的比例很高，这是因为中国社会是个乡土社会，基于血缘和地缘关系形成的社会关系网络是新生代农民工在职业流动过程中的重要的社会资本。新生代农民工与他们的父辈一样，将这种先赋性的社会关系网作为重要的求职渠道，尤其是在其从农村走向城市进行第一次职业流动时。同时，从表中还可以看出，新生代农民工除了拥有丰富的强关系，也拥有较多的弱关系。这说明，新生代农民工除了拥有这先赋性的社会资本以外，更加努力地去构建新的社会关系网，不断扩大自身的社会交往半径，丰富自身的社会资本。拥有并联系弱关系的比例也很高，这说明新生代农民工除了拥有这先赋性的社会资本以外，更加努力地去构建新的社会关系网，不断扩大自身的社会交往半径，丰富自身的社会资本。

从对新生代农民工对不同社会关系网的利用情况来看，大多数新生代农民工会向强关系求助，而最有可能帮助他们的也是强关系。借鉴费孝通先生（2006）的差序格局理论，新生代农民工对强关系与弱关系的亲疏度和认同度是不一样的。对血缘关系的认同和依靠已经形成了一种习惯，在感情上更加的信任他们。但是弱关系不一样，新生代农民工对这种关系还处在摸索的阶段，弱关系内部的交往方式是以交换为目的的，互利互惠的。新生代农民工虽然在主观上努力地构建这种关系，不断地投入，这是希望将来有一天能有所回报，他们对这种关系做不到像强关系那种完全的信任。所以当他们在生活中遇到困难时会习惯性地向强关系求助，因为信任，他们也同样地能得到这种关系的支持和帮助。

从对不同社会关系网的作用接过来看，两种不同关系网络具体功能是不同的，在新生代农民工职业流动的过程中，对强关系的依赖依然强烈，但是，强关系提供的信息并不一定能为新生代农民工提供实质性的帮助。此时，在城市里构建新的社会关系网就成为一种必然的选择，打工时认识的朋友，同事，老板等都将可能为其提供重要的就业信息。不断开发和利用新的社会关系网，可以为新生代农民工在城市的发展创造条件。

第十一章

新生代农民工职业心理困境与成人心理教育对策研究

学术界在确定“农民工”概念内涵这一问题上，长期以来存在一种拔高的倾向。主流观点认为：农民工指的是那些在城市中从事工业活动但仍保留着农民身份的人，农民工概念的延伸，表示农民的社会地位提升，是中国社会进步的重要标志。这样的解释包含一种明显倾向：“农民工”概念中的“农民”表明的是户籍身份，“工”代表的是从事的职业，“农民工”中的“工”字具有“工业、产业工人”等含义；由于工业较之农业更为先进；而工人阶级在我国长期是领导阶级，所以“农民工”这一概念反映了农民追求先进的态度以及整个社会工业化程度不断加深的趋势。然而，现实的状况是，“农民工”的“工”字，主要由“打工”一词演化而来；“农民工”虽然是带有歧视含义的概念，但反映了某个社会阶层真实的生存状态；新生代农民工通常是指1980年代、1990年代出生的登记为农村户籍而在城镇就业的人群。与第一代农民工相比，新生代农民工实际上只是农民工二代，其相对社会位置基本未变。他们在城市居住“有居所没有家园”、在城市工作“有职业没有事业”、与城市市民共同生活“有交往没有交流”，农民工在城市处于一种“镶嵌式”状态。在城市生活、工作过程中，他们的职业心理存在较严重的困境，甚至影响了他们的生存。学术界关于新生代农民工的研究可谓汗牛充栋，但对其职业心理困境的研究极为少见。本研究主要就新生代农民工的职业角色认同、职业适应性、社会资本与人力资本、职业价值诉求、职业期望、职业选择、职业满意感和抗压能力等方面的困境进行分析，并从成人心理教育的角度提出应对策略，为维护新生代农民工心理健康、解决其职业问题提供新方法、新思路，对于解决农民工的就业问题具有重要的理论意义和现实意义。

第一节 新生代农民工职业心理困境的表现

一、职业角色认同危机

职业角色认同是一个演变的过程，可以为将来的自我发展指明方向，为个体提供指导、调节和维持个体行为的认知模式。新生代农民工更倾向于认为自己是城市中的一员，应该得到城里人同等的社会地位。调查显示，认为“农民工还是农民”的，第一代农民工占26.97%，新生代农民工占18.94%，认为“农民工不宜务农谋生，应该得到城里同等的社会待遇”的，第一代农民工占40.13%，新生代农民工占56.82%，很显然，新生代农民工比第一代农民工更多了自主和自觉意识。据2008年南京师范大学的调研小组调查，75%的新生代农民工认为，自己属于“工人群体”，应定位为“产业工人”，仅有8%的人认为，自己是农民。他们非常认同城市的生活方式，而且他们注重职业发展空间，对未来满怀憧憬。但这只是一种“单相思式”认同。

众多的农民工常年在城市务工，但户籍壁垒与城市对他们的“社会排斥”，给他们造成了诸多的生活和工作问题，他们俨然成为在夹缝中生存的群体。他们长期生活在城市，但不是城市人；他们有着城市的消费方式，却没有城市人的收入水平；他们喜欢城市，但城市不喜欢他们；他们把自己定位为“市民+工人”，城市把他们定位为“外来人口+打工者”。“单相思式”认同与受到的社会排斥，造成他们巨大的职业角色认同危机。而且，他们的生活水平并没有随着城市经济的快速增长而同步提高，容易出现强烈的心理反差，“不患寡而患不均”，势必增加其“认同困境”，导致“身份焦虑”。

二、职业适应性低下

适应性是指根据环境需求改变行为、感受和思维方式的意愿和能力。适应性的组成维度之一是预见性，具有预见性的个体更有能力影响环境使其发生改变，更容易取得成功。个体的适应性与自我定位、抓住机遇的能力、控制感、自我效能感、信息寻求等因素都存在着紧密的联系。个人适应性主要由乐观、乐于学习、开放、内控性和一般自我效能感五个因素构成。这些因素结合起来对工作机遇的认识和辨别产生重大的影响。

与老一辈农民工相比较，新生代农民工职业适应性有其长处，自我依赖感和自我效能感明显增强，更趋于开放，乐于学习。但也有明显的不足，有研究者认为新生代农民工心气高能力不足，工作期望值高与自身能力不够形成强烈反差；耐受力低，新生代农民工普遍要经历1~3年时间才能完全适应，有超过10%的人一直觉得不能很好地适应，时时有被城市职场繁重劳动压垮的感觉；耐挫性弱，新生代农民工没有经历过传统社会的深刻磨难，一旦遇到现实生活的不如意，工作的挫折，就容易垂头丧气，一蹶不振。这些不足之处在某些个体身上不恰当地放大，容易形成职业枯竭。

面对城市化、工业化和现代化进程，受体制和自身素质的约束，新生代农民工生存和发展的机会与挑战并存，理想与现实交织碰撞，在心理上往往处于尴尬的境地，极易出现各种心理问题：相对剥夺感和不满情绪强烈、过客心态和抵触情绪蔓延、自卑心理和孤独情绪明显，务实精神不足，敬业精神较差；工作持久性差，职业流动率较高。这些都阻碍了他们在城市职场的适应和人格的完善，也影响了企业对新生代农民工培训计划的实施。新生代农民工对所从事的工作的稳定性重视程度较低，他们在如何处理人际关系（特别是与雇主的关系）方面经验明显不足。

三、社会资本与人力资本缺失

社会资本反映了就业能力的内在层面，它强调正式的和非正式的人际交往，也就是说人际关系有助于形成个人的自我接纳和提供与职业相关的信息及资源。社交网络也可以是个体社会支持的重要来源，社会支持网在职场生涯中具有积极的作用。

新生代农民工正在逐渐摆脱对于传统乡土社会网络的依赖，逐渐建构起具有城市特征的新型社会关系网络。在新生代农民工社会网络的重组过程中，职业和居住点是两个相当关键的决定因素。应该看到，新生代农民工在城市遭受的社会排斥还是十分严重的，这使他们仍与城市有很大的社会距离，不能完全融入城市，基本上被排斥在城市主流社会支持网之外。可见，新生代农民工的社会支持网络孱弱，社会资本匮乏。

人力资本指的是个体会影响自身职业发展的变量，包括教育程度、工作经验、技能训练和知识等，是通过职业学习和专业发展活动获得的与职业相关的知识和技能。有研究表明，农民工人力资本特征对其职业选择具有显著影响。

新生代农民工更强的学习倾向，意味着在市民化过程中，新生代农民工于人力资本尤其文化程度方面原本起点就较高，后期的提升趋势也将更快。但是，新生代农民工职业技术依然相对薄弱，即便文化程度显著高于第一代农民工，依然无法满足企业的更高要求。我国产业结构转型升级对劳动力素质的要求越来越高，缺乏职业技能的农民工，其转移就业领域将受到很大限制。与城市人口相比，新生代农民工的文化程度依然处于劣势。在普遍竞争的城市职场，他们的职业选择和就业空间狭小，以及就业竞争力不强。因而，从长期来说，限制农民工提高就业地位和进入更高层次职业的主要障碍将是新生代农民工自身的人力资本。

对于新生代农民工来说，其人力资本和第一代农民工相比，有所提升，但和城市人口相比，依然处于劣势。社会资本则相当匮乏。凡此种种，势必影响新生代农民工在城市职场中进行职业选择的机会，也会影响他们的职业向上流动理想的实现。

四、职业价值诉求错位

新生代农民工群体因为地域差异、工作环境、地方政策等因素而分成不同的人群，而不同的农民工个体之间在认知水平和主观意识上又存有差异。因此，这些流动中的新生代农民工在价值诉求上因为利益追逐的动机、取向、方式不同而呈现出多样性。首先，新生代农民工中的少数人群和个体因为受到功利主义价值观的影响，在不同的场合表现出不同的人格特征。在公共场合，他们是公共道德和社会整体利益的拥护者，而在私下里的言论和行为有时却缺乏德行。在个人的本职工作上缺乏进取心和主动性，却对社会和他人总是提出过高的标准和要求，稍不如意就怪罪他人。第二，新生代农民工的价值诉求在时间上呈短期性和即时性。所谓价值诉求的短期性和即时性是指新生代农民工的价值诉求即个人追求注重眼前利益，流行及时行乐，对于个人、社会乃至国家的长远发展不管不问，认为与个人没有关系。第三，新生代农民工的价值取向整体上重心偏向于对物质利益的追求。

对于现代社会新生代农民工频繁流动过程中所出现的职业价值诉求错位问题，如果不加以正确的引导和规范，势必对其职业生涯产生长久的负面影响。

五、职业期望高与职业声望低的矛盾

职业声望是指人们对各种职业所做的主观评价，由德国社会学家马克斯·

韦伯最早提出。中国社会学学者李春玲在其理论的影响下进一步研究发现，在当前中国社会，决定人们声望地位的主要因素是教育、收入、权力、就业单位性质以及是否从事受歧视的职业。新生代农民工受正规教育的年限平均为9.75年，大多从事城市人不愿做的高强度、收入低甚至有身体危害的建筑业与制造业之类的工作。这给他们带来的不是收入水平的提高亦不是工作的满足感和成就感，而是来自外界的歧视和排斥。他们曾是家人的骄傲，有着极高的职业期望却遭遇较低的职业声望，这极易造成他们的心理落差，影响健康心理的形成。

六、强烈的职业动机与职业满意感不足的矛盾

新生代农民工进城务工的目的，不再仅仅是为了生存，更是为了谋求自身的发展。待遇是他们关注的一方面，但更吸引他们目光的，是自身技能的提高与权利的实现。刘传江、徐建玲的研究结果显示，新生代农民工外出目的排名依次为“出门学技术”占20.45%，“提高生活水平”占19.70%，“不愿意干农活”占18.18%，第二代农民工考虑得更多是自己未来的前途。因而，可以认为新生代农民工的职业动机较强，蕴含了他们较丰富的权利诉求，包括生存权利、经济权利、社会权利，还包括发展权利。

但是，新生代农民工常常处于失业、半失业状态，工作变换频繁。调查发现，被调查新生代农民工流动次数最少的是1次，最多的是15次，平均达到2.72次。频繁的流动在一定程度上说明农民工对自己的处境不满意。而且，现实中农民工的各项权益都在一定程度上受到损害。第一，就业权受限制，许多企业和地方在户籍制度的影响下剥夺了他们的就业竞争权和自由择业权。第二，劳动报酬权受侵害，主要表现是同工不同酬和企业拖欠甚至拒付工资。第三，休息、休假权得不到保障。农民工劳动超时十分普遍，29.6%的农民工每天工作超过12小时，72.5%的农民工每周工作7天。第四，劳动安全缺失。安全保护品及必要的安全培训缺失致使其职业发病率和工伤事故发生率增加。第五，社会保障权缺失。户籍制度的壁垒使他们不能享受同城市人相同的医疗、失业、住房、教育等社会保障。频繁的职业流动和各项权益不断地受伤害，致使新生代农民工职业满意感不足，可能或导致其心理失衡。

七、抗压能力明显不足

新生代农民工先天身份的差别而导致的不平等很容易使新生代农民工产生

自卑心理。虽然新生代农民工从心里非常希望得到城市的接纳和承认，但是自卑心理使得他们自觉或不自觉地回避与城里人的交往，形成自我隔离的状态。他们虽然生活在城市，但在精神上从未融入城市，因而新生代农民工是一个孤独的群体。新生代农民工在心理上受到了城市居民的歧视，又感受到制度方面的排斥，容易产生“镜中边缘人”心理、“受偏见”心理、“被剥夺”心理。当这些负面、消极心理过于强烈而又无处宣泄时，可能直接伤害新生代农民工的个人尊严，很容易导致他们的反抗行为，或产生“族群对立”，伤害他人，伤害社会，或者发生类似于“富士康连跳”事件，伤害自己，伤害家庭。

第二节 新生代农民工职业心理教育对策

农民工的职业心理困境或者不适，主要归因于两点：首先，二元体制双轨演进下的现实制度体系与城市、农村劳动力需求之间的矛盾。现有的城市制度体系没有代表农民工的利益诉求，缺乏对于农民工群体的政策支持。主要表现在城市户籍制度、社会保障制度、社会福利制度和教育与就业培训制度不够完善。其次，传统与现代话语观念的冲突。农民工深受我国传统农村社会影响，重视血缘、地缘关系，信守平均主义和经济上的狭义的功利主义，而农民思维在遇到城市资源分配体系时，以前封闭的精神世界受到极大的刺激。由于自身因素的受限，在面对许多城市较好机会时只能羡慕。在经济上收入微薄；政治上未形成有力的组织联盟来捍卫自己的权益；精神上需求匮乏，心理压抑不言自明。而城市固有的服务政策和规章制度在面对农民工时，其调整转向的速度过慢，这在客观上成为歧视性的条款，也在一定程度上伤害了农民工的感情。

农民工作为中国社会转型期形成的特殊社会群体，是伴随着中国农村经济体制改革的深化和城市化进程的加快而出现的。当前看来，在寻求解决新生代农民工职业心理困境的路径时，除了从政治、经济制度层面作出努力外，对农民工心理教育的关注明显不够，甚至属于空白状态，由此，加强新生代农民工心理教育工作，迫在眉睫。

一、职业咨询与心理咨询相结合

职业咨询（Career consultation or counseling），主要指针对咨询对象（来访者、咨客）在职业选择、职业适应、职业发展等方面遇到的问题，以平等交往、商讨的方式，运用心理学、管理学（人力资源管理）、社会学（职业社会学）的理论和心理咨询的方式、方法，启发、帮助、引导咨询对象正确认识社会需求、正确认识自己、从心理和行为上更好地完成学习、工作与生活角色转变的过程。开展新生代农民工职业心理辅导和职业心理危机干预，提高他们的职业适应性，更显迫在眉睫。或借助于社会（包括高校）的力量，或在企业内部的人力资源部门规范化建设职业咨询机构，开展专业的、科学的职业咨询，解决新生代农民工的职业心理困惑，指导其职业生涯规划，提升其职业素养，培养其职业能力，促进其职业适应。

由于新生代农民工缺少应对能力，失业、患病等生活事件很容易导致心理压力。当受到不公正的待遇或无力应对危机时，很容易选择极端的方式表达自己的情绪，有的还会产生报复社会的心理和行为，具有较大的破坏性。因此，应完善社会心理咨询体系，在其生活的社区和工作的企业设有专业心理咨询机构。当遭遇心理危机时，使他们不是一个人独自面对，而是可以找到可以倾诉和帮助自己的人，这样可以使他们缓解心理压力，看到生活的希望。

通过职业咨询，帮助新生代农民工实现“人职匹配”，摆脱职业困境；通过心理咨询，舒缓新生代农民工心理压力，进行心理危机干预，达到助人自助的目标。

二、网络咨询与现实辅导相结合

广义的网络心理咨询包括求助者通过专业网站提供的信息，学习掌握有关心理健康的知识和技能；主持网络的咨询者通过网站的各种互动功能，向求助者介绍心理学知识，提供心理咨询服务和心理援助的一种活动。随着网络沟通方式的发展，咨询师也在不断探索各种网络心理服务方式，目前应用的比较多的网络心理服务模式有 E－mail（包括同时或即时聊天）咨询、网上团体咨询和家庭治疗、网络支持团体以及网上心理健康信息资源等。网络心理咨询具有隐蔽性，可打消来询者的种种疑虑；网络心理咨询具有开放、便捷性的特点，能较好地满足新生代农民工的咨询要求；网络心理咨询更能体现平等性。网络心理咨询的这些特点也许更适合于新生代农民工职业心理咨询的需求，同时，他们又具备上网的能力、兴趣和条件，因而，网络咨询是新生代农民工解决职业心理困惑可供选择的有效途径。

新生代农民工生活的社区及其供职的企业还要开展现实的心理辅导，为其提供科学的、贴心的心理咨询服务。（1）职业心理咨询。职业心理咨询是通过一对一的方式了解新生代农民工的职业心理困惑，经过平等协商，探讨解决其职业心理问题的方法，使新生代农民工能清楚地认识自我，认识职业社会，使他们能更好地适应城市职场生活。（2）职业心理素质拓展。主要是培训新生代农民工个体的职业心理素质，弥补其自身能力和学识方面的不足，着重培养其积极心态、交往能力、抗挫折能力、心理调整能力和健全人格等，以增强其职业自信心。（3）心理测评。主要是测量新生代农民工的心理健康、职业兴趣、职业价值观、职业能力、职业能力倾向、职业人格特征等，对测评结果进行个体分析，出具职业测评报告，并建立心理健康档案和职业心理档案。（4）团体心理辅导训练。主要是运用团体辅导的手段和方法对团体进行训练，着重训练培养新生代农民工的职业道德、自主意识、团体意识、沟通技能、意志力、适应力、领导力和信任感。（5）职业规划指导。职业咨询师协助新生代农民工设计好职业规划，使其明确自己预期的目标，并以此为依据不断主动开发潜能，提高综合职业素养。（6）职业心理危机干预。在新生代农民工陷入心理危机时，进行及时、高效、规范、科学的危机干预。

网络咨询和现实辅导有机结合，相互作用，才能相得益彰，促进新生代农民工有效解决职场生涯中的职业困惑和心理问题。

三、自我调适与社会支持相结合

自我调适能力是指个体根据客观需要和主观愿望，调节心理过程，完善心理结构，以与社会发展、周围环境变化和自身生理、心理成熟相一致的能力。自我调适能力是在现实生活环境中维持一种良好的、有效的生存和发展状态的需要，是心理健康的重要标志之一。自我调适，一是对整个机体的适应，二是对外界作用的适应。积极的调适就是发展，就是人格的成长与成熟。消极的调适有时会导致心理冲突或停滞不前。学会自我调适是个体获得健康生活、自我发展的前提和基础。实践证明，要想根本地解决人的心理健康问题，不能依靠他人，而应该依靠自己，因为他人的帮助是受时间、地点等条件制约的，是暂时的、外在的、有限的。从另一个角度来说，个人的心理障碍与疾病不是被传染的，也不是外伤得来的，在某种意义上可以说是由个人自己“制造”出来的。这样，它也只能通过个人的调适，包括在他人协助下的自我调适，才能走向康复。培养个体的自我调适能力，依靠自己的力量，才是解决心理健康发展的根本。因而，对于新生代农民工来说，培养自我调适的意识，发展自我调适的能力，才能真正解决职场中遇到的职业困惑和心理困惑。

强化新生代农民工的城乡社会支持网，可以有效转变导致新生代农民工职业困惑的压抑性环境，促进新生代农民工形成健康的职业心理。加强社会支持网建设对于防范青年农民工职业心理危机极为重要。第一，维护新生代农民工输出地原有的支持网。尤其是正式组织中的社会支持网，如输出地的基层政府和党团组织，应该对进城务工的农村青年始终保持联系，进行心理关怀，密切关注他们的工作和生活，消除他们心理上的“无根感”。第二，促进新生代农民工城市社会支持网的建设。发挥企业（雇主）、大学生（志愿者）、研究机构、政府部门、学校与法律事务所等城市社会支持网的优势，为青年农民工提供就业信息、法律援助、子女教育、素质培训、心理扶持等多方面的服务。这样，可在一定程度上缓解新生代农民工社会支持网弱化，减轻城市社会排斥对新生代农民工负面影响。第三，加强新生代农民工内部社会支持网的建设，比如引导和帮助成立“青年打工者之家”等，以此为依托，定期开展打工者的公共活动，为青年农民工提供加强社会联络的机会。这可以直接起到疏解职场压力，有效防范职业心理危机的作用。

社会支持系统的建立，是进行自我调适的基础。两者紧密结合，才能使新生代农民工的心理教育工作达到事半功倍的效果。

注释：

①“社会排斥”一词最早出现在20世纪70年代的法国，拉诺尔1974年在一本著作中首先提到“受排斥者”，这部分人如残疾人、越轨者、多问题家庭、边缘人、反社会的人等，处于社会保险的保护之外，他称这是一种“社会排斥”。从20世纪90年代起，在欧盟，社会排斥成为社会政策的焦点。为了整合各成员国在意识形态方面的差异，欧洲委员会采用折中的办法将社会排斥定义为对基于公民资格的权利，主要是社会权利的否认，或者这些权利未充分实现。本文主要在后者的定义上运用“社会排斥”概念。

附录一　参考文献

[1] 鲍琳，刘延军，常海芹．国有企业青年知识型人才成才障碍研究［J］，河北工程大学学报（社会科学版），2008，(4)：14－16.

[2] 卞桂平，张朝霞，焦晶．新生代农民工主体意识问题研究［J］．理论探索，2010(3)：95－97.

[3] 边燕杰，洪询．中国和新加坡的关系网和职业流动［J］．国外社会学，1999 (4).

[4] 边燕杰．找回强关系：中国的间接关系、网络桥梁和求职［J］．国外社会学，1998(2).

[5] 边燕杰，张文宏．经济体制、社会网络与职业流动［J］．中国社会科学，2001 (2).

[6] 边燕杰，张文宏．经济体制、社会网络与职业流动［J］．中国社会科学，2001 (2)：77－87.

[7] 卜长莉．社会资本与社会和谐［M］．北京：社会科学文献出版社，2005 .

[8] 曹晖，曹聘，王鹤．教师教学效能、应对效能、职业枯竭关系的比较研究［J］．四川职业技术学院学报，2008，18 (4)：56－61.

[9] 曹威麟，朱仁发，郭江平．心理契约的概念、主体及构建机制研究［J］．经济社会体制比较，2007 (2)：132－137.

[10] 曹杨．社会排斥视角下的新生代农民工心理压力问题研究［J］．安徽农业科学，2011，39 (14)：8757－8759.

[11] 晁粉芳．大学生心理韧性与人格、社会支持的关系［D］．东北师范大学硕士学位论文．2010.

[12] 常友善．新生代农民工身心健康状况调研［J］．湖北广播电视大学学报，2011，31(10)：71－72.

[13] 陈华利，颜军．身体锻炼对心理应激、心理适应及应对效能研究的分析与展望［J］．四川体育科学，2008，3 (1)：54－57.

[14] 陈加州，凌文辁，方俐洛．员工心理契约结构维度的探索与验证［J］．科学学与科

学技术管理，2004 (3)：94 -97.

[15] 陈加州，凌文辁，方俐洛. 企业员工心理契约的结构维度 [J]. 心理学报，2003，35 (3)：404 -410.

[16] 陈加州，凌文栓，方俐洛. 组织中的心理契约 [J]. 管理科学学报，2001 (4)：38 -40.

[17] 陈科宇，吴秀敏. 新生代农民工务工满意程度影响研究 [J]. 人力资源管理，2010 (3)：34 -39.

[18] 陈兰萍. 自我调适能力：个体心理和谐、健康发展的基石 [J]. 黑龙江高教研究，2005 (6)：149 -151.

[19] 陈珍珍，吴亮. 农民工工作满意度的影响因素分析——基于Probit模型的估 [J]. 生产力研究，2010，26 (5)：55 -58.

[20] 程虹娟，张春和，龚永辉. 大学生社会支持的研究综述 [J]. 成都理工大学学报 (社会科学版)，2004，12 (1)：88 -91.

[21] 崔澜骞，姚本先. (). 新生代农民工社会支持与生活满意度研究 [J]. 湖南农业大学学报 (社会科学版)，2012，13 (4)：41 -44.

[22] 崔丽霞，雷雳，蔺雯雯，郑日昌. 网络心理咨询的疗效与展望 [J]. 心理科学进展，2007，15 (2)：350 -357.

[23] 范丹，洪琳，李文川. 新生代农民工心理契约结构维度实证研究 [J]. 软科学，2011 (25)：120 -127.

[24] 范美琴. 社会支持研究评述 [J]. 江苏技术师范学院学报，2009 (9)：95 -99.

[25] 方翰青，谭明. 新生代农民工职业心理特点探析 [J]. 人大复印报刊资料 (成人教育学刊) 2012 (4).

[26] 方翰青，谭明. 新生代农民工就业能力现状分析与远程职业教育作为 [J]. 现代远距离教育，2011 (4)：72 -75.

[27] 方翰青. 高校职业咨询的设计与操作 [J]. 重庆工学院学报 (自然科学版)，2007 (6).

[28] 方翰青，谭明. 当代青年就业困境与成人教育对策 [J]. 中国成人教育，2011 (12).

[29] 方翰青，谭明. 长三角地区农民工工作压力与心理健康的调查分析 [J] 中国成人教育，2012 (11).

[30] 方翰青，谭明. 新生代农民工职业生涯阻碍调查研究 [J]. 职教论坛，2012 (22).

[31] 方翰青，谭明. 我国职业咨询理论与实践的研究综述 [J]. 人大复印报刊资料 (职业技术教育) 2012 (4).

[32] 方翰青，谭明. 新生代农民工工作满意度与成就动机的关系研究 [J]. 人大复印报刊资料 (成人教育) 2013 (8).

[33] 方翰青，谭明. 新生代农民工职业决策困难实证研究［J］. 职业技术教育，2012（31）.

[34] 方翰青，谭明. 新生代女性农民工职业流动现状的研究［J］. 职教论坛，2013（36）.

[35] 冯虹，陈士俊，张杨. 初中教师工作满意度的调查研究［J］. 心理与行为研究，2010，8（2）：141-145.

[36] 封子奇，刘钊. 经济危机形势下大学生职业决策困难及对策［J］. 河北学刊，2009，29（4）：219-222.

[37] 付崇明. 中小学教师职业倦怠的研究［D］. 硕士论文. 济南：山东师范大学，2006.

[38] 符健春，付萍. 人力资本与职业流动的关系研究：社会资本的角色［J］. 人类工效学，2008（3）.

[39] 符平，唐有财. 倒“U”型轨迹与新生代农民工的社会流动——新生代农民工的流动史研究［J］. 浙江社会科学，2009（12）.

[40] 傅琇悦. 年轻女性工作者生涯阻隔、生涯动机与因应策略之关系［D］. 台湾：国立政治大学硕士论文，2001.

[41] 甘满堂. 社会学的内卷化理论与城市农民工问题［J］. 福州大学学报，2005（1），33-37.

[42] 高荣政. 对“新生代农民工”问题的聚焦和探究［J］. 农村经济，2011（12）：9-12.

[43] 高顺成. 企业基层员工眼里现状的问卷调查：由“富士康连环跳”带来的思考［J］. 华东经济管理，2011，25（4）：132-137.

[44] 高艳，乔志宏，张建英. 基于适应力的就业能力研究与启示［J］. 山西大学学报（哲学社会科学版），2010（3）：70-74.

[45] 耿甦. 关于女性馆员提高职业素质，开发职业生涯的思考［J］. 大学图书情报学刊，2005，（5）：30-31.

[46] 郭根山，刘玉萍. 提高城市中新生代农民工素质的研究［J］. 安徽农业科学，2007，35（30）：9729-9730.

[47] 郭根山，刘玉萍. 提高城市中新生代农民工素质的研究［J］. 安徽农业科学，2007，35（30）.

[48] 郭根寿. 新生代农民工市民化的制约因素［J］. 内蒙古煤炭经济，2008（2）.

[49] 郭建平. 新生代农民工在流动境遇中的价值诉求与现实对策［J］. 社会主义新农村建设理论月刊，2011（1）：177-179.

[50] 郭怡熠. 企业员工成就动机与工作绩效关系研究［J］. 继续医学教育，2008，22（6）：34-36.

[51] 郭志文，B. I. J. M. 范·德·赫登. 无边界职业生涯时代的就业能力：一种新的

心理契约 [J]. 心理科学，2006，29（2）.

[52] 龚会. 心理契约及其与工作满意度的关系初探 [J]. 社会心理科学，2006（2）：69 - 73.

[53] 龚军姣. 创业活跃区农民人力资本与心理资本对创业决策的影响 [J]. 经济纵横，2011（12）：125 - 129.

[54] 顾成钢. 农民工生活压力产生的社会根源及应对策略 [J]. 农业考古，2011（6）：153 - 155.

[55] 顾远东. 工作满意度 [J]. 社会心理科学，2004，19（1）：39 - 43.

[56] 韩金芝. 银行业 80 后员工职业倦怠及影响因素研究 [D]. 山东大学硕士学位论文，2011.

[57] 贺汉魂，皮修平. 农民工概念的辩证思考 [J]. 求实，2006（5）：56 - 58.

[58] 何建华，周海鸿，谢晋宇. 女性 MBA 毕业生职业生涯障碍因素的调查分析 [J]. 人口与经济，2006，（2）：33 - 39.

[59] 何立萍，肖余春. 高星级酒店员工职业倦怠与其社会支持的关系研究 [J]. 旅游论坛，2008（6）：389 - 392.

[60] 何瑞鑫，傅慧芳. 新生代农民工的价值观变迁 [J]. 中国青年研究，2006（4）.

[61] 贺雯. 中学教师教学风格和工作满意度的研究 [J]. 心理科学，2007，30（3）：596 - 599.

[62] 何晓红. 挣扎与弥补：构建新生代农民工精神生活的关怀体系 [J]. 中国青年研究，2010（9）：30 - 33.

[63] 赫云鹏，高等师范生成就动机取向特点的研究 [J]. 心理科学，2005，28（3）：697 - 698.

[64] 侯典牧，刘翔平. 谈心理资本对工作满意度与分配公平感的影响 [J]. 商业时代，2010（23）：101 - 109.

[65] 胡斌. 人力资本、社会资本对农民进城就业行业选择影响的实证分析 [D]. 南京农业大学硕士学位论文，2007.

[66] 胡宏伟，王金鹏，曹杨. 新生代农民工心理问题与求助行为研究 [J]. 西北人口，2011，32（5）：59 - 60.

[67] 胡娜. 员工工作压力研究综述 [J]. 中国证券期货，2011，（2）：158 - 159.

[68] 胡兴旺. 对知识型员工工作满意度的实证研究 [J]. 企业活力，2005（4）：23 - 25.

[69] 黄建新. 农民工职业流动：现状、问题与对策 [J]. 重庆工学院学报（社会科学版），2008（12）.

[70] 黄文兰，曾天德，朱淑英. 新生代农民工社会支持、心理健康与主观幸福感的关系研究 [J]. 漳州师范学院学报（自然科学版），2012（4）：127 - 132.

[71] 黄丽，于光，谭桂娟，等. 大学生职业决策困难研究进展的综述 [J]. 社会心理科

学，2011，16（4）：115－117.
[72] 霍夫曼．劳动力市场经济学［M］．上海：三联书店出版社，1989．
[73] 贾凤芹，葛晓娜，冯成志．连锁超市员工职业倦怠现状与影响因素研究［J］．现代预防医学，2011，(4)：608－610.
[74] 加里·贝克尔．人力资本［M］．梁小民译．北京：北京大学出版社，1987.
[75] 江玲．心理资本与员工组织公民行为关系研究［J］．中国商贸，2010（8）：62－63.
[76] 蒋平．城市农民工工作满意度影响因素研究［D］．厦门大学硕士学位论文，2009.
[77] 蒋善，张璐，王卫红．重庆市农民工心理健康状况调查［J］．心理科学，2007，30（1）：216－218.
[78] 蒋一斌，高宏飞．基层军官人格特质、应对方式与应对效能的关系研究［J］．皖西学院学报，2007，23（5）：1－3.
[79] 姜勇，钱琴珍，鄢超云．教师工作满意度的影响因素结构模型研究［J］．心理科学，2006，29（1）：162－164.
[80] 焦晓波，张小兵．企业女性员工职业倦怠成因探析—基于上海企业女性员工的调查［J］．吉林工商学院学报，2010，(1)：38－43.
[81] 金盛华，李雪．大学生职业价值观：手段与目的［J］．心理学报，2005，（5）：650－657.
[82] 金盛华，孙娜，史清敏，田丽丽．心理学探新［J］．2003，23（8）：30－34.
[83] 金盛华，辛志勇．中国人价值观研究的现状及发展趋势［J］．北京师范大学学报(社会科学版)，2003（3）：56－64.
[84] 李姝洁．新生代农民工职业技能培训问题研究［D］．广西师范大学硕士学位论文，2011.
[85] 靳宇倡，秦启文．心理资本的理论研究［J］．生产力研究，(2010（5）：33－34.
[86] 井世洁．职业决策困难结构的研究综述［J］．人类工效学，2007，13（1）：56－58.
[87] 江红艳，孙配贞，何浏．工作资源对企业研发人员工作投入影响的实证研究——心理资本的中介作用［J］．科技进步与对策，2012，29（6）：137－141.
[88] 康绍霞．论农民工再次职业流动中的关系强度［J］．社会工作，2007（3）：46－49.
[89] 柯江林，孙健敏，石金涛，顾琴轩．人力资本、社会资本与心理资本对工作绩效的影响——总效应、效应差异及调节因素［J］．管理工程学报，2012（4）：29－35&47.
[90] 黎甲．心理疏导对海关官员职业生涯开发的启示——以皇岗海关心理疏导试点工程为例［D］．对外经济贸易大学硕士学位论文，2010.
[91] 李怀．社会网视域下的农民工求职研究［J］．广东社会科学，2007（6）：182－187.
[92] 李建华，郭青．新生代农民工特点分析与政策建议［J］．农业经济问题，2011（3）：42－45.
[93] 李晶彤．论乐观、应对效能与健康的关系［J］．边疆经济与文化，2012（22）：

165－166.
[94] 李娟. 企业员工职业倦怠的心理归因及对策［J］. 山东社会科学，2009，（11）：128－130.
[95] 李娟. 新生代农民工就业观调查［J］. 金华职业技术学院学报，2010，10（1）：58－62.
[96] 李珂. 新生代农民工职业流动的特征分析［J］. 调研世界，2012（8）：38－41.
[97] 李敏，黄翠龙. 心理契约对农民工工作绩效影响的实证研究［J］. 管理学报，2012，9（4）：522－528.
[98] 李霓. 新生代农民工职业流动及经济规律探讨［J］. 农村经济，2012（4）：104－107.
[99] 李强. 中国大陆城市农民工的职业流动［J］. 社会学研究，1999（3）：93－101.
[100] 李文东，时勘，何丹，庄锦英，梁建春，徐建平. 工作满意度、情感承诺和工作投入对工作技能评估结果的影响［J］. 心理学报，2007，39（1）：146－154.
[101] 李霞，赵梅. 略论企业员工的职业生涯阻碍及应对策略［J］. 华东经济管理，2008，（11）：125－128.
[102] 李霞，张伶，谢晋宇. 组织文化的影响：心理资本的中介作用［J］. 华南师范大学学报（社会科学版），2011（6）：120－126.
[103] 李西营. 国外职业决策困难研究进展［J］. 人类工效学，2008，6（1）：57－60.
[104] 李晓东，汪元宏，林飞. 新生代农民工孤独感与应对方式和社会支持的关系［J］. 齐齐哈尔医学院学报，2011，32（23）：3877－3878.
[105] 李晓东，汪元宏，林飞，等. 新生代农民工主观幸福感与自尊、社会支持和归因的关系［J］. 蚌埠医学院学报，2013，38（1）：81－83.
[106] 李许单. 人力资本社会资本与中国人的职业流动［J］. 安阳师范学院学报，2006（4）.
[107] 李雪松. 工作压力与高职教师工作满意度：心理资本的调节作用［J］. 职业技术教育，2011，32（28）：57－59.
[108] 李雅儒，汪抒. 全国大学生职业生涯阻碍因素调查研究［J］. 中国特色社会主义研究，2007（5）：50－54.
[109] 李原. 员工心理契约的结构及相关因素研究［D］. 首都师范大学博士学位论文，2002.
[110] 李原，郭德俊. 组织中的心理契约［J］. 首都师范大学学报（社会科学版），2002（1）：108－113.
[111] 李昱. 融城农民工心理障碍问题透视［J］. 求索，2009（2）：84－85.
[112] 李贞. 硕士研究生适应性、社会支持与职业决策自我效能的关系研究［D］. 江西师范大学硕士学位论文. 2010.

[113] 李中华，蒋娟. 论新生代农民工心理冲突及认知辅导［J］. 黑龙江史志，2011，(9)：59－60.

[114] 联合国青年就业网络中国项目合作办公室，劳动和社会保障部劳动科学研究所，国际劳工组织. 中国青年就业调查报告——中国从“学校向工作过渡”调查分析报告［R］，2005.

[115] 林娣，新生代农民工市民化问题的产生［D］. 吉林大学博士学位论文，2012.

[116] 林坚，葛晓巍. 我国农民的职业流动及择业期望［J］. 浙江大学学报，2007，37(2)：111－117.

[117] 林静，熊华. 中等职业学校教师职业倦怠实证研究［J］. 贵州师范大学学报（自然科学版），2011（2）：52－55.

[118] 林南. 建构社会资本的网络理论［J］. 国外社会学，2002（3）.

[119] 凌子山，李招忠. 农民工的职业培训与政府责任［J］. 经济导刊，2010（4）.

[120] 刘艾玉. 劳动社会学教程［M］. 北京：北京大学出版社，2004.

[121] 刘冰. 企业在职培训与农村转移劳动力的人力资本形成［D］. 浙江大学博士学位论文，2009.

[122] 刘传江. 新生代农民工的特点、挑战与市民化［J］. 人口研究，2010（2）：34－39.

[123] 刘传江，程建林. 第二代农民工市民化：现状分析与进程测度［J］. 人口研究，2008，32（5）.

[124] 刘传江，徐建玲. 第二代农民工及其市民化研究［J］. 中国人口环境与资源，2007（17）4：6－10.

[125] 刘广珠. 577 名大学生获得社会支持情况的调查说明［J］. 中国心理卫生杂志，1998，12（3）：175.

[126] 刘慧. 大学生职业生涯阻碍因素之比较研究［J］. 河北师范大学学报（教育科学版），2008，10（4）：105－108.

[127] 刘慧，徐朝亮，黄三生. 女大学生的职业生涯阻碍因素及对策探析［J］. 华东交通大学学报，2009，(1)：116－120.

[128] 刘珺，葛连峰，王莉莉. 食道癌患者的社会支持与希望的相关性研究［J］. 中国健康心理学杂志，2006（1）：68－72

[129] 刘俊彦，胡献忠. 新一代农民工发展状况研究报告［J］. 实证调研 2009（1）.

[130] 刘克俭，顾瑜琦. 职业心理学［M］. 北京：中国医药科技出版社，2005.

[131] 刘妮娜. 企业员工积极压力及其影响因素研究［D］. 硕士论文. 广东：暨南大学，2011.

[132] 刘寿堂. 继续教育：成就新生代农民工发展的必由之路［J］. 继续教育研究，2009（11）：70－71.

[133] 刘卫春. 青少年的应对方式、应对效能与心理适应的关系 [J]. 苏州科技学院学报(自然科学版), 2010, 27 (2): 76-80.
[134] 刘卫春. 青少年应对效能的培养 [J]. 安阳师范学院学报, 2011 (1): 139-141.
[135] 刘闻佳. 由富士康事件透视中国新生代农民工的心理特征及对策 [J]. 社会研究, 2010, 37 (4): 63-67.
[136] 刘金钵, 邢明杰. 工作满意度测量在纺织企业中的应用 [J]. 山东纺织科技, 2001, 16 (4): 43-45.
[137] 刘秀芬. 新生代农民工就业倾向研究——以沧州地区为例 [D]. 中国农业科学院研究生院硕士学位论文, 2012.
[138] 刘轩, 包海兰, 章建石. 企业员工职业倦怠及其与组织公民行为关系的研究 [J]. 中国健康心理学杂志, 2006, (3): 330-333.
[139] 刘永芳, 陈霞. 成就动机和任务框架对职业生涯决策风险偏好的影响 [J]. 心理学探新, 2009, 29 (2): 76-80.
[140] 卢晖蓉. 广东省职业培训现状与发展对策的探讨 [D]. 暨南大学硕士学位论文, 2012.
[141] 陆铭. 劳动经济学 [M]. 上海: 复旦大学出版社, 2002.
[142] 龙立荣, 彭永新. 国外职业决策困难研究及其启示 [J]. 人类工效学, 2000, 6 (4): 45-49.
[143] 楼玲娣. 高校大学生职业决策困难四大特征分析 [J]. 消费导刊, 2009 (9): 242-243.
[144] 卢汉龙. 劳动力市场的形成和就业渠道的转变: 从求职过程看中国市场化变化的特征 [J]. 上海社会科学院学术季刊, 1997 (2).
[145] 芦霞. 归因风格对大学生职业决策困难的影响研究 [J]. 河南机电高等专科学校学报, 2011, 19 (4): 86-89.
[146] 陆学艺. 农民工问题要从根本上治理 [J]. 特区理论与实践, 2003 (7): 31-36.
[147] 栾贻福, 周晶. 高职生职业决策困难的影响因素及应对措施分析 [J]. 当代教育论坛, 2010, 6: 58-59.
[148] 罗恩立. 新生代农民工的就业能力研究 [J]. 中国人力资源开发, 2010 (2).
[149] 罗锡莉, 张进辅. 大学生职业成熟度结构及问卷编制 [J]. 心理学探新, 2008 (2).
[150] 卢威. 公务员组织公平感和工作满意度对关联绩效影响实证研究 [D]. 大连理工大学博士学位论文, 2011.
[151] 吕薇, 英玉生. 高职生自尊与应对方式探析 [J]. 滨州职业学院学报, 2009, 6 (2): 15-17.
[152] 马和民. 当前中国城乡人口社会流动与教育之关系 [J]. 社会学研究, 1997 (4).

[153] 马玉凤，孙健敏，潘胜原. 制造业企业员工心理契约现状分析 [J]. 软科学，2010，24 (6)：94 - 105.

[154] 毛丰勤. 成就动机理论与应用研究中国化面临的问题 [J]. 湖北社会科学，2002 (9)：54 - 56

[155] 孟慧. 职业心理学 [M]. 北京：中国轻工业出版社，2009.

[156] 孟凡华. 新生代农民工：新特性新培训 [J]. 职业技术教育，2010 (30)：58 - 61.

[157] 孟晓斌. 管理者工作压力、自我效能感与工作绩效关系研究 [D]. 硕士论文. 浙江：浙江大学，2004.

[158] 南京师范大学调研组. 江苏省当代农村进城务工青年价值观研究——基于江苏省苏南、苏北新生代农民工群体的抽样调查 [R]. 南京：南京师范大学，2008.

[159] 潘孝富，秦启文. 中学组织气氛与教师工作满意度的相关分析 [J]. 心理学科学，2006，29 (1)：185 - 188.

[160] 彭茂清. 新生代农民工对培训内容的新需求解读——基于社会学视角 [J]. 职教论坛，2010 (1).

[161] 彭燕. 医护人员应对方式和社会支持与职业倦怠相关性分析 [J]. 齐鲁护理杂志，2011，17 (18)：55 - 56

[162] 齐心. 延续与建构：新生代农民工的社会网络 [J]. 江苏行政学院学报，2007 (3)：74 - 79.

[163] 钱文荣，陶然. 农民工职业流动的意愿及其影响因素研究 [J]. 统计与信息论坛，2012，27 (5)：99 - 105.

[164] 钱文荣，张黎莉. 农民工的工作—家庭关系及其对工作满意度的影响——基于家庭式迁移至杭州、宁波、温州三地农民工的实证研究 [J]. 中国农村经济，2009，20 (5)：70 - 78.

[165] 乔超. 城市经济发展与新生代农民工“认同困境” [J]. 特区经济，2010 (8)：145 - 146.

[166] 秦红芳，朴婷姬. 中日大学生气质性乐观与生活满意度：情绪和应对效能的中介作用 [J]. 中国临床心理学杂志，2011，19 (2)：259 - 264.

[167] 全国总工会新生代农民工问题课题组. 关于新生代农民工问题的研究报告 [J]. 江苏纺织，2010 (8)：8 - 11.

[168] 全宏艳. 社会支持研究综述 [J]. 重庆科技学院学报 (社会科学版)，2008 (3)：69 - 70.

[169] 任太增，刘新争. 进城农村劳动力代际差异的实证研究 [J]. 经济问题，2009，18 (1)：80 - 83.

[170] 沙莲香. 社会心理学 [M]. 北京：中国人民大学出版社，2011：305 - 307.

[171] 屈稚丹. 基于心理契约的员工工作满意度的研究 [D]. 中南大学硕士学位论

文. 2006.

[172] 沈利敏，施林松，曾吉，邱香，张艳. 农民工的压力感受与应对方式 [J]. 中国临床康复，2005，9 (48)：15 - 17.

[173] 沈烈敏. 初中男生考试失败对成就动机的影响等研究 [J]. 心理科学，2001，24 (1)：102 - 103.

[174] 石蕾. 知识型员工职业倦怠研究 [D]. 天津大学博士学位论文，2011.

[175] 石林. 工作压力的研究现状与方向 [J]. 心理学科，2003 (3)：494 - 497.

[176] 石庆新，冯维. 新生代农民工心理问题探析 [J]. 宁夏党校学报，2010，3 (12)：94 - 96.

[177] 师曙光，孙立虎. 心理契约对工作满意度的影响研究 [J]. 中共太原市委党校学报，2011 (1)：62 - 65.

[178] 舒晓兵，孙健敏，史茜. 工作压力研究：国内二十年的回顾与评析 [C]. 第四届 (2009) 中国管理学年会 - 组织行为学与人力资源管理分会场文集.

[179] 舒晓兵，廖建桥. 工作压力研究：一个分析的框架——国外有关压力的理论综述 [J]. 华中科技大学学报，2002 (5)：121 - 124.

[180] 司稳霞. 公务员职业倦怠问题研究 [J]. 沧桑，2010，(12)：84 - 85.

[181] 苏方国. 心理契约：概念、理论模型以及最新发展研究 [J]. 心理科学，2004，27 (2)：456 - 458.

[182] 苏琦. 新生代农民工心理弹性与心理健康的关系及相关的对策研究 [D]. 河南大学硕士学位论文，2011.

[183] 孙汉银，李虹，林崇德. 中学教师的工作满意度状况及其相关因素 [J]. 心理与行为研究，2008，6 (4)：260 - 265.

[184] 孙梅. 80 后农民工的主观性人力资本及其在职业流动中的作用 [D]. 厦门大学硕士学位论文，2009.

[185] 宋卫芳，王鹏飞. 大学生职业决策困难结构及其应对方式 [J]. 社会心理科学，2010 (11)：132 - 138.

[186] 谭佳. 大学生主动性人格和职业决策困难的关系研究 [J]. 广西教育学院学报，2011 (3)：54 - 57.

[187] 谭明，方翰青. 新生代农民工就业能力及其提升 [J]. 人大复印报刊资料（成人教育学刊），2011 (10)：38 - 44.

[188] 谭明，方翰青. 我国职业适应性研究综述 [J]. 中国职业技术教育，2012 (18).

[189] 谭明，方翰青. 新生代农民工职业心理困境与成人心理教育对策研究 [J]. 职教论坛，2012 (4)：47 - 51.

[190] 谭明，方翰青. 新生代女性农民工心理资本与社会支持的关系研究 [J]. 现代远距离教育，2013 (6)：79 - 86.

[191] 谭雪青. 幼儿教师职业生涯阻碍的特点与影响因素研究 [D]. 沈阳师范大学硕士学位论文, 2012.

[192] 汤国杰. 普通高校体育教师职业认同与工作满意度的关系研究 [J]. 心理科学, 2009, 32 (2): 475-477.

[193] 陶金. 广东新生代农民工压力管理探讨 [J]. 广州番禺职业技术学院学报, 2010, 9 (5): 51-54.

[194] 陶沙, 李伟. 抑郁倾向大学生社会支持结构及其满意度的研究 [J]. 中国心理卫生杂志, 2003, 11 (1): 39-41.

[195] 陶新华, 朱艳, 张卜林. 聋生心理健康与成就动机、行为方式的相互影响 [J]. 心理学报, 2007, 39 (6): 1074-1083.

[196] 滕少霞. 心理资本、组织气候与员工工作态度关系的实证研究 [J]. 统计与决策 2010 (4): 88-90.

[197] 田喜洲, 谢晋宇. 组织支持感对员工工作行为的影响: 心理资本中介作用的实证研究 [J]. 南开管理评论, 2010, 13 (1): 23-29.

[198] 童辉杰. 应对效能: 问卷的编制及理论模型的建构 [J]. 心理学报, 2005, 37 (3): 413-419.

[199] 佟丽君, 张守臣. 高校青年教师成就动机研究 [J]. 心理科学, 2008, 3 (4): 861-865.

[200] 万奇峰. 西南地区水电行业员工职业倦怠的实证研究 [D]. 硕士论文. 重庆: 重庆大学, 2010.

[201] 王春光. 农民工: 一个正在崛起的新工人阶层 [J]. 中国社会科学院. 2005 (1): 38-43.

[202] 王春光. 农民工的社会流动和社会地位的变化 [J]. 江苏行政学院学报, 2003 (4): 51-56.

[203] 王春光. 新生代的农村流动人口 [J]. 民主与科学. 2000 (1): 18-20.

[204] 王春光. 新生代农村流动人口的社会认同和与城乡融合的关系 [J]. 社会学研究, 2001 (3): 63-76.

[205] 王春光. 中国职业流动中的社会不平等问题研究 [J]. 中国人口科学, 2003 (2).

[206] 王春兰, 丁金宏, 杨上广. 大城市青年农民工的就业特征及存在的若干问题——以上海闵行区为例 [J]. 华东师范大学学报 (哲学社会科学版), 2006 (5).

[207] 王洪礼, 潘运, 胡寒春. 1种少数民族大学生成就动机与成功恐惧的研究 [J]. 心理学探新, 2007, 27 (3): 66-70.

[208] 王建. 心理契约违背与员工工作态度及组织公民行为的关系研究 [D]. 浙江大学硕士学位论文, 2005.

[209] 王剑飞. 新生代农民工职业发展中学习力研究 [D]. 华东师范大学硕士学位论

文，2009.
[210] 王玲凤. 特殊教育教师的职业压力、应对方式及职业倦怠［J］. 中国特殊教育，2010（1）：55－59.
[211] 王敏. 女硕士生成就动机与职业生涯规划状况关系的实证研究［J］. 煤炭高等教育，2011，29（1）：89－91.
[212] 王世斌，兰玲. 产业升级背景下新生代农民工补偿教育主要障碍及路径选择［J］安徽农业科学，2008，36（22）.
[213] 王坚杰，张洪波，许娟等. 合肥市小学生心理复原力与社会支持的关系［J］. 中国心理卫生杂志，2007，21（3）：162－164.
[214] 王伟华. 公务员职业倦怠成因分析及其规避——以天津市公务员职业倦怠状况调查研究为例［J］. 内蒙古农业大学学报（社会科学版），2009（2）：275－277.
[215] 王先凤. 大学生职业决策困难及人格对其影响研究［J］. 兰州教育学院学报，2011（12）：176－178.
[216] 汪向东，王希林，马弘. 心理卫生评定量表手册：增订版［M］. 北京：中国心理卫生杂志出版社，1999.
[217] 王兴周. 结构转型，期望值与工作满意——对民工荒成因及对策的新视角［J］. 南方人口，2006，21（2）：46－47.
[218] 王兴周. 新生代农民工的群体特性探析——以珠江三角洲为例［J］. 广西民族大学学报（哲学社会科学版），2008（30）4：51－56.
[219] 王燕. 大学生乐观与社会支持的关系研究［D］. 河南大学硕士学位论文，2008
[220] 王雁飞. 社会支持与身心健康关系研究述评［J］. 心理科学，2004（5）：1175－1177.
[221] 王毅杰，童星. 流动农民职业获得途径及其影响因素［J］. 社会学研究，2003（5）：86－90.
[222] 王正中. “民工荒”现象与新生代农民工的理性选择［J］. 理论学刊，2006（9）：75－76.
[223] 魏峰，张文贤. 国外心理契约理论研究的新进展［J］. 外国经济与管理，2004，26（2）：12－16.
[224] 魏映双. 中国女性经理人职业生涯中的障碍与对策研究［D］. 南开大学硕士学位论文，2005.
[225] 闻英. 新生代农民工特点的实证分析［J］. 山东青年政治学院学报，2011，27（5）：34－38.
[226] 沃建中，黄华珍，林崇德. 中学生成就动机的发展特点研究［J］. 心理学报，2001，33（2）：160－169.
[227] 沃特·谢弗尔. 压力管理心理学［M］. 方双虎译. 北京：中国人民大学出版

社，2009.
[228] 吴翠珍. 构建有效心理契约提升员工满意度［J］. 合作经济与科技，2007（11）：36－37.
[229] 吴贵明. 员工满意的形成机理与提升策略［J］. 福建农林大学学报（哲学社会科学版），2006（9）：34－37.
[230] 吴美华. 论知识员工的满意度与心理契约的机制［J］. 生产力研究，2007（7）：123－124.
[231] 吴庆松，游达明. 员工心理资本、组织创新氛围和技术创新绩效的跨层次分析［J］. 系统工程，2011，29（1）：69－77.
[232] 吴漾. 论新生代农民工的特点［J］. 东岳论丛，2009，30（8）：57－59.
[233] 肖鸿. 试析当代社会网研究的若干进展［J］. 社会学研究，1999（3）.
[234] 肖海军，陈旭，张淑琴. 试析影响女大学生成就动机的因素［J］. 教育探索，2007，21（3）：140－145.
[235] 肖水源. 社会支持对身心健康的影响［J］. 中国心理卫生杂志，1987，1（4）：183－188.
[236] 肖水源. "社会支持评定量表"的理论基础与研究应用［J］. 临床精神医学杂志，1994，2（2）：98－100.
[237] 谢建社. 新生代农民工的社会抗压能力亟待加强［J］. 福建论坛. 人文社会科学版，2010（8）：138－144.
[238] 解鹏. 苏州市高职生职业价值观调查研究［D］. 苏州大学硕士学位论文，2007
[239] 谢倩，陈谢平，翟瑞，辛勇. 汶川地震后灾区初中生乐观应对效能与应对方式的关系［J］. 中国学校卫生，2011，32（11）：1376－1377.
[240] 新生代农民工基本情况研究课题组. 新生代农民工的数量、结构和特点［J］. 数据，2011（4）.
[241] 刑冀湘. 河北省某建筑国企农民工工作压力问题研究［D］. 首都经济贸易大学硕士学位论文，2008.
[242] 熊勇清，屈雅. 心理契约与员工满意度关系的实证研究［J］. 企业技术开发，2007（1）：73－75.
[243] 徐辰. 大学生社会支持、心理资本与职业决策困难的关系研究［D］. 哈尔滨工程大学硕士学位论文，2012.
[244] 许传新. 农民工的进城方式与职业流动—两代农民工的比较分析［J］. 青年研究，2010，（3）：1－12.
[245] 许传新，许若兰. 新生代农民工与城市居民社会距离实证研究［J］. 人口与经济，2007（5）：39－44.
[246] 徐红. 基于心理契约的员工满意度分析［J］. 人力资源・档案，2007（11）：

112－113.

[247] 许丽君，黄华珍．心理护理在艾滋病患者领悟社会支持中的应用［J］．当代护士，2011（6）：150.

[248] 许若兰，许传新．新生代农民工现代性人格发展状况及影响因素［J］．南京人口管理干部学院学报，2007，23（3）：19－24.

[249] 徐延辉．“人力资本剩余”：农村劳动力转移的可能性与局限性［J］．青年研究，2008（11）.

[250] 徐莺．新生代农民工相关概念辨析［J］．安徽农业科学，2010，38（31）：17880－17882.

[251] 袁浩．构建我国新生代农民工培训的远程教育机制［J］．成人教育，2010（11）：31－32.

[252] 严翅君．警惕：新生代农民工成“职业枯竭”早发人群［J］．江苏社会科学，2010（1）：125－131.

[253] 闫凤武．齐齐哈尔新生代农民工心理健康状况调查［J］．中国健康心理学杂志，2011，8（19）：937－939.

[254] 阎云翔．礼物的流动：一个中国村庄中的互惠原则与社会网络［M］．上海：上海人民出版社，2000.

[255] 杨杰，凌文铨，方俐洛．论管理学中心理契约的界定与形成过程［J］．学术研究，2003（10）：54－57.

[256] 杨健，蓝海林．心理资本理论及其研究新进展［J］．科技管理研究，2010（2）：132－134.

[257] 杨颖，叶一舵．应对效能、归因方式与大学生心理求助态度之关系研究［J］．宁波大学学报（教育科学版），2008，30（2）：45－50.

[258] 杨真龙．论提高员工工作满意度［J］．中国科技信息，2006（3）：64－68.

[259] 姚上海．新生代农民工现代性培养与全面发展问题探析［J］．理论月刊，2008（4）：179－182.

[260] 姚先国，俞玲．农民工职业分层与人力资本约束［J］．浙江大学学报（人文社会科学版），2006，39（5）.

[261] 姚引妹，俞洁．主观人力资本与浙江经济持续增长［C］，中国农村劳动者素质问题研讨会，2005.

[262] 姚先国，俞玲．农民工职业分层与人力资本约束［J］．浙江大学学报，2006（5）.

[263] 叶文振，叶妍，葛学凤．流动妇女的职业发展及其影响因素——以厦门市流动人口为例［J］．人口研究，2005，29（1）：67－73.

[264] 易小年．毁害型领导与员工职业倦怠关系的实证研究［D］．中南大学硕士论文，2010.

[265] 尹小龙，邹琼，刘祚等. 中国企业青年职工心理资本的因果关系验证 [J]. 科技管理研究，2012 (6)：109 - 113.

[266] 殷建平，鄢尚军，王波. 新生代农民工的压力管理模型研究 [J]. 商业研究，2011 (6)：158 - 163.

[267] 殷晓清. 农民工就业模式对就业迁移的影响 [J]. 人口研究，2001 (3).

[268] 余琛. 不同心理契约满足状态下员工结果变量比较研究 [J]. 科学研究，2003 (12)：173 - 176.

[269] 郁建兴，瞿志远. 就业能力理论及其中国应用 [J]. 毛泽东邓小平理论研究，2010 (9).

[270] 于敏丽，农民工消费行为影响因素研究 [D]. 中南大学博士学位论文，2010.

[271] 于文宏，李焰. 工作压力研究综述 [J]. 沈阳教育学院报，2006，1 (8)：67 - 70.

[272] 俞文钊，吕建国，孟慧. 职业心理学 [D]. 大连：东北财经大学出版社，2007.

[273] 于泳红，汪航. 职业决策困难研究新进展及对我国职业指导教育的启示 [J]. 宁波大学学报（教育科学版），2006，28 (1)：23 - 24.

[274] 苑国栋. 需求导向视角下农民工职业培训问题研究 [D]. 华东师范大学硕士学位论文，2011.

[275] 袁浩. 构建我国新生代农民工培训的远程教育机制 [J]. 成人教育，2010 (11)：31 - 32.

[276] 袁淑萍，蔺新葱，刘永恒. 借鉴心理契约思想提高员工工作满意度 [J]. 商场现代化，2006 (5)：67.

[277] 曾斌. 心理契约、工作满意度与离职倾向的关系实证研究——以浙江国美电器有限公司为例 [D]. 浙江理工大学硕士学位论文，2010.

[278] 曾垂凯，时勘. 工作压力与员工心理健康的实证研究 [J]. 人类工效学，2008，14 (4)：33 - 37.

[279] 曾丽. 珠三角新生代农民工就业能力及其影响因素研究 [D]. 广东商学院硕士学位论文，2011.

[280] 曾晓娟. 大学教师工作压力研究 [D]. 大连理工大学博士学位论文，2010.

[281] 张德，赫文彦. 关于成就动机的几个问题 [J]. 心理科学，2001，24 (1)：94 - 95.

[282] 张宏如. (2010). 心理资本对工作绩效影响的实证研究. 江西社会科学，(12)：228 - 232.

[283] 张静. (2008). 新生代农民工工作满意度影响因子研究. 西南交通大学硕士学位论文.

[284] 张丽. 基于 SWOT 分析的新生代农民工心理问题研究 [J]. 长春理工大学学报，2011，6 (9)：41 - 42.

[285] 张琳琳，孔媛媛. 阶层流动视角下的新生代农民工教育与培训研究 [J]. 成人教育，2012 (1).

[286] 张奇，王锦. 大学生自尊与社会支持的关系 [J]. 心理与行为研究. 2007 (2)：93-98.

[287] 张宛丽. 非制度因素与地位获得—兼论现阶段中国社会分层结构 [J]. 社会学研究，1996 (1).

[288] 张玮，杨永康. 心理契约构建中的效率研究 [J] 统计与决策，2008 (21)：174-177.

[289] 张晓慧. 两个不同群体职业地位获得的比较研究 [D]. 上海大学硕士论文，2002 .

[290] 张兴祥，金超. 青年农民工的职业技能培训：问题与对策 [J]. 中国青年研究，2010 (7).

[291] 张旭. 成就动机的心理机制探究 [J]. 江西社会科学，2003，12 (3)：72-73.

[292] 张旭敏. 群社会关注新生代农民工的现实意义 [J]. 中国集体经济，2012 (4)：191-192.

[293] 张艳萍，张开金，邱晓艳. 外贸企业员工职业倦怠流行因素分析 [J]. 江苏卫生保健，2009 (4)：5-6.

[294] 张永红. 高校网络心理咨询的必要性、可行性与原则性分析 [J]. 内蒙古师范大学学报（教育科学版），2009 (11)：86-88.

[295] 张煜. 我国公务员职业倦怠问题研究 [D]. 硕士论文. 开封：河南大学，2010.

[296] 张宇，肖凤翔. 职业教育救助新生代农民工的途径 [J]. 职教论坛，2010 (34)：31-33.

[297] 张跃进，蒋祖华. “农民工”的概念及其特点研究初探 [J]. 江南论坛，2007 (8)：16.

[298] 张永敏. 新生代农民工如何逐步融入城市 [J]. 经济导刊，2010 (10)：30-31.

[299] 张智，陈镇雄，乔粉，倪安琪. 大学生应对效能、学习倦怠与学习投入的关系 [J]. 中国健康心理学杂志，2009，17 (3)：282-283.

[300] 赵斌，付庆凤，李新建. 科技人员心理资本对创新行为的影响研究：以知识作业难度为调节变量 [J]. 科学学与科学技术管理，2012，33 (3)：174-180.

[301] 赵春阳. 教师职业倦怠相关因素的研究 [D]. 东北师范大学硕士论文.，2005.

[302] 赵慧军. 阻碍女性职业发展的因素分析 [J]. 经济与管理研究，2006 (2)：26-29.

[303] 赵简，张西超. 工作压力与工作倦怠的关系：心理资本的调节作用 [J]. 河南师范大学学报，2010，38 (3)：139-143.

[304] 赵连圣. 新生代农民工的不协调压力研究——基于富士康（昆山）的调查分析 [D]. 南京大学硕士学位论文，2011.

[305] 赵晓艳，商临萍，胡晓瑾等．三级甲等医院护士心理资本及影响因素调查［J］．中华护理教育，2012，9（4）：147－149.

[306] 赵雪．大学新生学校适应、社会支持及其关系研究［D］．东北师范大学硕士论文，2007.

[307] 赵燕．国有商业银行员工职业规划与发展的探讨［D］．上海大学硕士论文，2006.

[308] 赵延东，王奋宇．流动民工的经济地位获得及其影响因素［J］．中国人口科学，2002（4）.

[309] 赵耀辉．中国农村劳动力流动及教育在其中的作用［J］．理论观察，1997（2）.

[310] 赵永乐，张新岭，俞宪忠．农民工就业能力研究［J］．调研世界，2007（11）：6－9.

[311] 赵玉华．女性成就动机与构建和谐社会［J］．湖南社会科学，2010，34（2）：206－208.

[312] 赵智晶，吴秀敏，陈科宇，杨易．新生代农民工工作满意度实证分析——基于结构方程模型的研究［J］．四川农业大学学报，2010，28（2）：245－251.

[313] 甄美荣，彭纪生．心理资本理论及其最新研究进展［J］．生产力研究，2011（7）：206－208.

[314] 甄月桥．农民工就业心理透视［M］．北京：科学出版社，2009.

[315] 植凤英，张进辅．苗族初中生学习乐观现状及其与社会支持的关系［J］．中国特殊教育．2007（11）：76－80

[316] 钟慧．大学生时间管理倾向与成就动机的相关研究［J］．心理科学，2003，26（4）：747－749.

[317] 仲理峰．心理资本对员工的工作绩效、组织承诺及组织公民行为的影响［J］．心理学报，2007，39（2）：328－334.

[318] 周浩．心理资本对任务绩效、关系绩效的影响效应研究［J］．中国科技论坛，2011（7）：122－128.

[319] 周厚余，田学红．公务员的主动性对工作满意度、组织公民行为的作用［J］．心理科学，2010，33（2）：482－484.

[320] 周可，王厚俊．两代农民工流动动因与择业期望代际差异的比较［J］．统计与决策，2009（16）：86－89.

[321] 周坤．论人力资本的特征及其价值实现［J］，中国科技论坛，1997（3）.

[322] 周晓虹．流动与城市体验对中国农民现代性的影响——北京“浙江村”与温州一个农村社区的考察［J］．社会学研究，1998（5）.

[323] 周兆透．大学教师成就动机与工作绩效关系的实证研究［J］．现代大学教育，2008，4（3）：189－191.

[324] 周运清，王培刚．农民工进城方式选择及职业流动特点研究［J］．青年研究，2002

(9): 44-48.

[325] 朱力. 中国民工潮 [M]. 福州: 福建人民出版社, 2002.

[326] 朱晓妹, 王重鸣. 中国背景下知识型员工的心理契约结构研究 [J]. 科学学研究, 2005, 2 (23): 118-122.

[327] 朱晓庆. 初中生心理资本及其影响因素的研究 [D]. 南京师范大学硕士学位论文. 2010

[328] 朱新秤. 就业能力: 内涵、结构及其培养 [J]. 广东社会科学, 2009 (4).

[329] 朱燕. 昆明市公务员职业倦怠、自我效能感和工作绩效关系研究 [D]. 浙江大学硕士学位论文, 2007.

[330] Albert K. A., Luzzo D. A. The role of perceived barriers in career development; A social cognitive perspective [J]. *Journal of Counseling and Development*, 1999 (77): 431-436.

[331] Argyris. Understanding organizational Behavior [M]. London: Tavistock Publication, 1960: 354-356.

[332] Avey J. B., Patera J. L., West, B. J. The implications of positive psychological capital on employee absenteeism [J]. *Journal of Leadership and Organizational Studies*, 2006 (13): 42-60.

[333] Bandura A. Self-efficacy: The exercise of control [M]. New York: Freeman, 1997.

[334] Beason J. H. Identification of career barriers faced and professional strategies used by female secondary school principals [M]. Ed. D., Arizona State University, 1992.

[335] Bi Xianping et, . The employment problem of young peasant workers and its early-warning: an inspiration from French riot [M]. ISCRAM proceedings, ISTP, 哈尔滨工程大学出版社, 2007.

[336] Bian Yanjie. Bringing Strong Ties Back In: Indirect Connection, Bridges, and Job Searches in China [J]. *American Sociology Review*, 1997, 62 (2): 266-285.

[337] Blau P. M., Duncan. The American Occupational Structure [M]. New York: Wiley, 1967.

[338] Blau P. M., Duncan. Getting A Job: A Study of Contacts and Careers [M]. *Chicago: The University of Chicano Press*, 1995 (2): 251-254.

[339] Burt, R. S. Structural Holes: The Social Structure of Competition [M]. *Cambridge MA: Harvard University Press*, 1992: 35-38.

[340] Claudia M. Van Der Heijde and Beat Rice. A Competence - based and Multidimensional Operationalization and Measurement of Employability [J]. Human Resource Management, 2006, 45 (3): 449-476.

[341] Collard B., Epperheimer J. W., Saign D. Career resilience in a changing workplace [M]. Colum bus, OH: ERIC Clearinghouse on Adult, Career and Vocational Education, 1996.

[342] Ferri A. J., Keller J. E. Perceived career barriers for female television news anchors [J].

Journalism Quarterly, 1986, 63 (3): 463 - 467.

[343] Forrier A, Sels L. The Concept Employability: a Complex Mosaic [J]. *International Journal of Human Resourece Development and Management*, 2003, (2): 102 - 123.

[344] Freudenberger H. J. Staff burn - out [J]. Journal of Social Issues, 1974, 30 (1): 159 - 165.

[345] GatiL, Saka N. Internet - based versus paper - and - pencil assessment: Measuring career decision - making difficulties [J]. Joumal of Career Assessment , 2001 (9): 397 - 416.

[346] Gazier, B. Employability: From Theory to Practice [M]. New Brunswick, NJ: Transaction Books, 2001: 3 - 23.

[347] Granovetter M. The Strength of Weak Ties [J]. *American Journal of Sociology*, 1973, 78 (6): 1360 - 1380.

[348] Granovetter M. The Strength of Weak Ties: A Network Theory Revisited [J]. *Sociological Theory*, 1984 (1): 201 - 233.

[349] Granovetter M. "Economic Institutions as Social Constructions: A Framework for Analysis" [J]. Actasociological, 1992 (35): 3 - 11.

[350] Harkness M. B, Long B. C, Bermbach N, et al. Talking about work stress: discourse analysis and implications forstress interventions [J]. Work&Stress, 2005, 19 (2): 121 - 136.

[351] Herriot P. , Pemberton C. "Contracting Careers" [J]. Human Relations, Jun, 1996: 757 - 790.

[352] Hillage J. , Pollard E. Employ ability: Developing a Framework for Policy Analysis [M]. London: DfEE, 1998.

[353] Jensen S. M. , Luthaiis, F. Relationship between entrepreneurs' psychologal capital and their authentic leadership [M]. Journal of management Issues, 2006.

[354] Kelly K. R, Lee W. C. Mapping the Domain of Career Decision Problems [J]. Journal of Vocational Behavior, 2002, 61 (2): 302 - 326.

[355] Lin Nan. Social Resources and Instrumental Action in Social Structure and Networks Analysis [M]. CA: Sage Publications Inc, 1982: 46 - 131.

[356] London M. Career barriers: how people experience, overcome, and avoid failure [M]. New Jersey: Lawrence Erlbaum Assciates, 1998.

[357] London M. Overcoming career barriers: a model of cognitive and emotional process for realistic appraisal and constructive coping [J]. Journal of career development, 1997, 24 (1): 25 - 38.

[358] Luthans F. , Avolio B. J. , Walumbwa, F. O. , Li, W. The psychological capital of Chinese workers: Exploring the relationship with performance [J]. *Management and Organization Review*, 2005, (1): 247 - 269.

[359] Luthans F. The need for and meaning of positive organizational behavior [J]. Journal Of

Organizational Behavior, 2002.

[360] Maierhofer N. I, Kabanoff B, Griffin M. A. The influence of values in organizations: linking values and outcomes at multiple levels of analysis [J]. International Review of Industrial and Organizational Psychology, 2002 (17): 217 - 263.

[361] Mel Fugate, Angelo J. Kinicki, Blake E. Ashforth1 Employability: A psycho - social construct, its dimensions, and applications [J]. Journal of Vocational Behavior, 2004 (65): 14 - 381.

[362] Morrison E. W., Robinson S. L. "When employees feel betrayed: A model of how Psychological contract violation develops" [J]. Academy of Management Review, Feb, 1997: 226 - 256.

[363] Murtagh N., Lopes P., Lyons E. What makes a career barrier? [J]. Industrial and commercial training, 2007 (6): 332 - 338.

[364] Patrick. Causes and consequences of psychological contracts among knowledge workers in the high technology and financial services industries [J]. *International Journal of Human Resource Management*, 2001, 12 (7): 1152 - 1165.

[365] Robinson S. L. Trust and breach of the psychological contract [J]. Administrative Science Quarterly, 1996, 41 (4): 574 - 599.

[366] Roe R. A., Ester P. Values and Work: Empirical Findings and Theoretical Perspective [J]. Applied Psychology: An International Review, 1999, 48 (1).

[367] Ronald W. Mc Quaid and Colin Lindsay. The Concept of Employability [J]. Urban Studies, 2005, 42 (2): 197 - 219.

[368] Rousseau D. M. Psychological and implied contracts in organizations [J]. employee Responsibilitics and rights jounal, Feb , 1989: 121 - 138.

[369] Rousseau D. M. "New hire Perspectives of their own and their employer' s obligations: A study of Psychological Contracts" [J]. Journal of organizational Behavior, Dec, 1990: 389 - 401.

[370] Ryan, Paul. The school - to - work transition: a cross - national perspective [J]. Journal of Economic Literature, 2001: 39.

[371] Schalk R, Freese C. New facets of commitment in response to organizational change research trends and the Dutch experience [J]. Trends in organizational behavior, 1997 (4): 107 - 317.

[372] Schwartz S. H. A theory of Cultural Values and Some Implications for Work [J]. Applied Psychology: An International Review, 1999, 48 (1).

[373] Simon H. Administrative Behavior, NewYork: Macmillan, 1957.

[374] Siu Lan Shelley Tien. Career Decision - Making Difficulties Perceived by College Students

in Taiwan [J]. Bulletin of Educational psychology, 2001, 33 (1): 87 -98.

[375] Snyder C. R, Lopez, 5. (Eds.) Handbook of Positive Psychology [M]. Oxford, UK: Oxford University Press, 2002.

[376] Sparrow P. R. Reappraising psychological contracting : Lesson for the field of human - resource development from cross - cultural and occupational psychology research [J]. International studies of management and organization, 1998, 28 (1): 30 -63.

[377] Stajkovie A., Luthans F. Social cognitive theory and self - efficacy: Going beyond traditional motivational and behavioral approaches. Organizational Dynamics, 1998.

[378] Swanson J. L., Tokar D. M. College students perceptions of barriers to career development [J]. Journal of vocational behavior, 1991, 38 (1): 92 -106.

[379] Swanson J. L., Tokar D. M. Development and initialvalidation of the career barriers inventory [J]. Journal of vocational behavior, 1991, 39 (3): 344 -361.

[380] Tiger L. Optimism: The biology of hope. New York: Simon and Schuster, 1979.

[381] Thomas. Consequences of the Psychological Contract for the Employment Relationship: A Large Scale Survey [J]. *Journal of Management Studies*, 2000, 37 (7): 903 -925.

[382] Wright H. A, Cropanzano R, Bonett D G. The moderating role of employee positive well being on the relation between job satisfaction and job performance [J]. Journal of Occupational Health Psychology, 2007 (12): 93 -104.

[383] While H. D. Chains of opportunity: system models of mobility organizations [M]. Cambridge: Harvard University Press, 1970.

附录二　调查问卷

（一）新生代农民工就业能力调查问卷

第一部分：个人基本信息：

1. 性别：(1) 男　(2) 女

2. 出生年月：________ 年________月

3. 学历：(1) 小学及以下　(2) 初中　(3) 高中/职校/中专/技校　(4) 大专及以上

4. 婚姻状况：(1) 已婚　(2) 未婚　(3) 离异

5. 工作年限：(1) 一年以下　(2) 一至三年　(3) 四至八年　(4) 八年以上

第二部分：

1. 您在获取就业机会的时候最重要的渠道

(1) 同乡和亲友介绍　(2) 通过中介机构或参加人才交流会　(3) 自己到单位或打电话询问　(4) 其他求职路径

2. 您在选择就业目的地时，主要依靠

(1) 随亲友带领　(2) 自己有目的的流动　(3) 学校毕业推荐　(4) 其他途径

3. 您对自己的职业性向

(1) 了解很清楚　(2) 了解比较清楚　(3) 了解一般　(4) 基本不了解　(5) 很不了解

4. 您在就业过程中，情感支持主要来源于

(1) 亲友、同学、老乡　(2) 家人　(3) 就业所在地社区　(4) 家乡政府相关部门　(5) 其他方面　(6) 感受不到任何情感支持

5. 您在入职前，受过职业技能培训水平

(1) 受过专门的专业技能训练　(2) 受过简单操作训练　(3) 从未受过职业技能训练

6. 在现在的工作岗位上，您感到自己的岗位工作能力

(1) 很强　(2) 较强　(3) 一般　(4) 较差　(5) 很差

7. 在企业不断调整产业结构的过程中，您觉得自己的工作匹配能力

(1) 很强　(2) 较强　(3) 一般　(4) 较差　(5) 很差

8. 您现在的工作身份是

(1) 短期合同工　(2) 临时雇佣员工　(3) 正式员工　(4) 自由职业者

(5) 无业状态　(6) 其他

9. 您觉得自己的学习愿望

(1) 强烈　(2) 较强烈　(3) 一般　(4) 较弱　(5) 没有

10. 您认为自己学习能力

(1) 很强　(2) 较强　(3) 一般　(4) 不足　(5) 很不够

11. 在遇到工作问题或生活事件时，您主要依靠的是

(1) 完全靠自己　(2) 基本靠自己　(3) 适当寻求他人帮助　(4) 完全依赖他人

12. 您对于自己的职场生涯发展的自信程度

(1) 强烈自信　(2) 比较自信　(3) 说不清楚　(4) 缺乏自信

(5) 非常缺乏自信

13. 您认为未来生活

(1) 会越来越好　(2) 前途渺茫，没什么希望　(3) 对未来持有无所谓的态度，过一天算一天

14. 您认为是否可以在城市买房安居

(1) 完全不可能　(2) 不确定　(3) 完全有可能

15. 您对自己的职业生涯的规划

(1) 有明确的职业生涯规划　(2) 暂短的职业计划　(3) 没有任何职业打算

16. 您在求职时所关心的内容（多项选择）

(1) 工资和福利待遇　(2) 有发展前景　(3) 职业培训　(4) 工作时间和休息休假　(5) 社会保险　(6) 劳动安全与卫生　(7) 是否受到尊重　(8) 劳动合同期限　(9) 工作内容和地点　(10) 能够和老乡朋友在一起

17. 您对寻找新的工作机会的做法

(1) 总是想寻求发展更好的工作机会　(2) 有时会想寻找发展更好的工作机会

(3) 想老老实实干好眼下的工作

18. 跨行业变换工作，您感到压力程度

(1) 很大压力　(2) 压力一般　(3) 压力很小

第三部分：

1. 凭我的手艺或技能找工作不困难

(1) 非常不符合　(2) 比较不符合　(3) 不确定　(4) 比较符合　(5) 非常符合

2. 我总是能不断寻求发展更好的工作机会

(1) 非常不符合　(2) 比较不符合　(3) 不确定　(4) 比较符合　(5) 非常符合

3. 我的工资水平在不断地增长

(1) 非常不符合　(2) 比较不符合　(3) 不确定　(4) 比较符合　(5) 非常符合

4. 我不会有随时丢掉工作的危险

(1) 非常不符合　(2) 比较不符合　(3) 不确定　(4) 比较符合　(5) 非常符合

5. 我能够融入当地的语言环境

(1) 非常不符合　(2) 比较不符合　(3) 不确定　(4) 比较符合　(5) 非常符合

6. 我能够融入当地人的业余生活

(1) 非常不符合　(2) 比较不符合　(3) 不确定　(4) 比较符合　(5) 非常符合

7. 变换工作不会让我感到很大压力

(1) 非常不符合　(2) 比较不符合　(3) 不确定　(4) 比较符合　(5) 非常符合

8. 我总是试图不断改善自己的生活条件

(1) 非常不符合　(2) 比较不符合　(3) 不确定　(4) 比较符合　(5) 非常符合

9. 我愿意主动接受一些技能培训

(1) 非常不符合　(2) 比较不符合　(3) 不确定　(4) 比较符合　(5) 非常符合

10. 我的生活习惯随着环境的变化而改变

(1) 非常不符合　(2) 比较不符合　(3) 不确定　(4) 比较符合　(5) 非常符合

11. 过去我主动寻找过其他工作机会

(1) 非常不符合　(2) 比较不符合　(3) 不确定　(4) 比较符合　(5) 非常符合

12. 我总能在工作中不断提升自己的做事技巧

(1) 非常不符合　(2) 比较不符合　(3) 不确定　(4) 比较符合　(5) 非常符合

13. 遇到拖欠工资等不公平待遇时总是与大家一起想办法积极解决

(1) 非常不符合　(2) 比较不符合　(3) 不确定　(4) 比较符合　(5) 非常符合

14. 我懂得用法律知识维护自己的权益

(1) 非常不符合　(2) 比较不符合　(3) 不确定　(4) 比较符合　(5) 非常符合

15. 在工作中，遇到困难我不会轻易放弃

(1) 非常不符合　(2) 比较不符合　(3) 不确定　(4) 比较符合　(5) 非常符合

16. 我希望从事有技术含量的工作

(1) 非常不符合　(2) 比较不符合　(3) 不确定　(4) 比较符合　(5) 非常符合

17. 如果工友遇到困难，我愿意主动帮助他们

(1) 非常不符合　(2) 比较不符合　(3) 不确定　(4) 比较符合　(5) 非常符合

18. 我不排斥城里人，愿意和他们交朋友

(1) 非常不符合　(2) 比较不符合　(3) 不确定　(4) 比较符合　(5) 非常符合

19. 我认为自己的工作很有前途
（1）非常不符合 （2）比较不符合 （3）不确定 （4）比较符合 （5）非常符合

20. 我总是能与工友们相处融洽
（1）非常不符合 （2）比较不符合 （3）不确定 （4）比较符合 （5）非常符合

21. 我会留心老板做生意的技巧或工头处理事情的技巧
（1）非常不符合 （2）比较不符合 （3）不确定 （4）比较符合 （5）非常符合

22. 我会随时关注自己所从事行业的市场行情
（1）非常不符合 （2）比较不符合 （3）不确定 （4）比较符合 （5）非常符合

23. 我工作起来得心应手
（1）非常不符合 （2）比较不符合 （3）不确定 （4）比较符合 （5）非常符合

24. 我的朋友圈很广，不仅仅是老乡
（1）非常不符合 （2）比较不符合 （3）不确定 （4）比较符合 （5）非常符合

25. 我交往的人工作岗位差别很大
（1）非常不符合 （2）比较不符合 （3）不确定 （4）比较符合 （5）非常符合

26. 工作中遇到困难时，朋友会提供帮助
（1）非常不符合 （2）比较不符合 （3）不确定 （4）比较符合 （5）非常符合

27. 朋友常帮我提供工作机会
（1）非常不符合 （2）比较不符合 （3）不确定 （4）比较符合 （5）非常符合

28. 我在这个城市认识很多人
（1）非常不符合 （2）比较不符合 （3）不确定 （4）比较符合 （5）非常符合

29. 我交往的人来源地区差别很大
（1）非常不符合 （2）比较不符合 （3）不确定 （4）比较符合 （5）非常符合

30. 我结识了一些社会地位比较高的人
（1）非常不符合 （2）比较不符合 （3）不确定 （4）比较符合 （5）非常符合

31. 亲属对我找工作有很大帮助
（1）非常不符合 （2）比较不符合 （3）不确定 （4）比较符合 （5）非常符合

32. 工作中遇到困难时，亲属会提供帮助
（1）非常不符合 （2）比较不符合 （3）不确定 （4）比较符合 （5）非常符合

33. 亲属为我提供有价值的社会关系网
（1）非常不符合 （2）比较不符合 （3）不确定 （4）比较符合 （5）非常符合

34. 一些关系一般的人为我提供很多有价值的信息
（1）非常不符合 （2）比较不符合 （3）不确定 （4）比较符合 （5）非常符合

35. 我有些熟人是本地人
（1）非常不符合 （2）比较不符合 （3）不确定 （4）比较符合 （5）非常符合

36. 工作中遇到困难时，与我关系一般的人会提供帮助

（1）非常不符合　（2）比较不符合　（3）不确定　（4）比较符合　（5）非常符合

（二）职业价值观量表

请您填写：就选择职业来说，下列条目重要性如何，评价分数的涵义为：5 = “很重要”、4 = “较重要”、3 = “一般”、2 = “较不重要”、1 = “很不重要”。选择最合适的一个数字代表自己实际情况相符的程度，并在相应题号上边打“√”

1. 工作能使我方便照顾父母
2. 工作能和家庭不相冲突
3. 工作能使我和（未来）配偶在一个城市
4. 工作能使我容易晋升到高地位
5. 工作能使我有高于一般水平的年薪
6. 工作能使我受到重视
7. 工作能使我享受高地位的个人空间
8. 工作能使我周围人羡慕我
9. 工作能带给人激情
10. 工作能使我发挥自己的创造性
11. 工作能使我是实现个人抱负和目标
12. 工作环境能免我的个人能力
13. 工作环境能使我施展个人能力和特长
14. 工作能使我提高我国在该行业的世界竞争力
15. 工作能使我改变令人担忧的社会现状
16. 工作能使我为社会发展创造价值
17. 单位少有改革或风险
18. 工作不要经常出差或到异地工作
19. 工作强度或压力不能大
20. 自己再该领域有天分
21. 与自己的性格相符
22. 符合自己的兴趣爱好
23. 领导的性格人品符合期待
24. 环境不容易使人变得腐败或虚伪
25. 工作不常发生道德困境
26. 初始的职位较高
27. 单位企业规模大
28. 一开始的薪酬就比较高

29. 单位有很好的发展前途
30. 单位的上司和同事好相处
31. 在该领域积累了一定的朋友圈子
32. 单位提供住房或住宿
33. 单位解决户口问题
34. 单位提供的保险齐全

（三）职业决策困难调查问卷

与我的情况很不相似——————————————————与我的情况非常相似

1　2　3　4　5　6　7　8　9

（选择最合适的一个数字代表自己实际情况与以下描述相符的程度，并写在相应题号的后面。）

1. 我不想现在就决定未来的职业发展方向。
2. 工作并不是我生命里最重要的一件事。
3. 船到桥头自然直，等时候到了，自然会有一个适合我的决定。
4. 我觉得自己是个很难做决定的人。
5. 通常在他人的肯定或支持之后，我才敢做成决定。
6. 我平常就很少对任何事情做承诺。
7. 我很害怕面对失败。
8. 我相信只要有一份工作，连带我的个人问题也能得到解决。
9. 我相信有一份理想的工作可以满足我所有的期望。
10. 一次的决定就可能影响我一辈子的发展，我必须非常谨慎。
11. 我不知道做决定要经历哪些步骤。
12. 做决定时，我不知道应该考虑哪些因素。
13. 我不知道如何将对自己的认识以及对职业的认识作一连接。
14. 我不清楚自己具备哪些能力。
15. 我不了解自己的人格特质。
16. 我不知道自己究竟适合什么样的工作。
17. 我不清楚自己有哪些与职业相关的兴趣爱好。
18. 我不确定自己未来是否能学得在工作上所需具备的能力。
19. 我不知道自己的人格特质在未来会有什么改变。
20. 我不知道在未来还有哪些职业选择会是适合自己的。
21. 我不知道自己未来还会发展出哪些职业兴趣。
22. 我不知道目前可以接触哪些不同的职业或训练机会。
23. 我不清楚在不同的职业或训练机会里，有哪些内容会是自己感兴趣的。

24. 我不清楚工作世界未来会有哪些不同的职业或训练机会。
25. 我不清楚未来的职业或职业训练机会会有哪些不同的内容。
26. 我不知道还有哪些方式可以更了解自己。
27. 我不清楚还有哪些管道可以增进对工作世界的认识。
28. 我觉得我对自己能力的认识是不完全正确的。
29. 我觉得我对自己人格特质的认识是不完全正确的。
30. 对于自己适合从事哪方面的职业，我觉得我的看法并不是十分可靠的。
31. 我对自己职业兴趣的认识并不是完全正确的。
32. 我不确定是否有某一项特定的职业或训练机会。
33. 我对职业或训练机会的所得资料并不是完全正确的。
34. 对于我个人内在的冲突或不一致，我不太愿意做妥协。
35. 有好几个同样吸引我的职业，让我不知道如何做决定。
36. 对目前可得的几个工作机会或发展方向，我都不喜欢。
37. 在我喜欢的职业选择里，有一两个地方是我不喜欢的。
38. 我的不同爱好无法在同一个职业选择里同时得到。
39. 我知道自己喜欢做什么，但觉得自己在那方面能力不够。
40. 我的能力远超过我所喜欢职业所应具备的能力。
41. 我所期望的职业选择与家人对我的期望有所不同。
42. 在我所偏好的工作性质方面，家人的看法与我的看法不同。
43. 家人及师长对我的职业选择有不同的看法。
44. 家人及师长对我所期望的工作特质有不同的看法。

（四）应对效能量表

请根据您的实际情况作答，答案没有好坏之分。“1”表示很不符合，“2”表示比较不符合，“3”表示比较符合，“4”表示非常符合。

1. 我觉得自己是脆弱的。
2. 我担心我应付不了。
3. 我觉得自己活得太累了。
4. 我能承受挫折与打击。
5. 我能将压力变成动力。
6. 我觉得自己是坚强的。
7. 我敢于向挫折与打击挑战。
8. 我是不轻易向挫折与打击屈服的。
9. 我敢于扼住命运的咽喉。
10. 我有信心战胜任何困难。

11. 挫折与打击不可能使我垮掉。
12. 我会理智的分析挫折和打击。
13. 我会积极地寻求解决的办法。
14. 我认为人生不如意是常有的事。
15. 我认为天无绝人之路。
16. 我相信一切都会过去的。4
17. 我不会自暴自弃的。

（五）社会支持量表

下面的问题用于反映您在社会中所获得的支持，请按各个问题的具体要求，根据您的实际情况写，谢谢您的合作。

1. 您有多少关系密切，可以得到支持和帮助的朋友？（只选一项）

（1）一个也没有　（2）1－2个　（3）3－5个　（4）6个或6个以上

2. 近一年来您：（只选一项）

（1）远离家人，且独居一室　（2）住处经常变动，多数时间和陌生人住在一起

（3）和同学、同事或朋友住在一起　（4）和家人住在一起

3. 您和邻居：（只选一项）

（1）相互之间从不关心，只是点头之交　（2）遇到困难可能稍微关心

（3）有些邻居很关心您　（4）大多数邻居都很关心您

4. 您和同事：（只选一项）

（1）相互之间从不关心，只是点头之交　（2）遇到困难可能稍微关心

（3）有些同事很关心您　（4）大多数同事都很关心您

5. 从家庭成员得到的支持和照顾（在合适的框内画“√”）

	无	极少	一般	全力支持
A、夫妻（恋人）				
B、父母				
C、儿女				
D、兄弟姐妹				
E、其他成员（如嫂子）				

6. 过去，在您遇到急难情况时，曾经得到的经济支持和解决实际问题的帮助的来源有：

（1）无任何来源

（2）下列来源（可选多项）

A、配偶；B、其他家人；C、亲戚；D、同事；E、工作单位；F、党团工会等官方或半官方组织；G、宗教、社会团体等非官方组织；H、其他（请列出）＿＿＿＿＿＿＿＿

7. 过去，在您遇到急难情况时，曾经得到的安慰和关心的来源有：

(3) 无任何来源

(4) 下列来源（可选多项）

A、配偶；B、其他家人；C、亲戚；D、同事；E、工作单位；F、党团工会等官方或半官方组织；G、宗教、社会团体等非官方组织；H、其他（请列出）____________

8. 您遇到烦恼时的倾诉方式：（只选一项）

(1) 从不向任何人诉讼　(2) 只向关系极为密切的1~2个人诉讼

(3) 如果朋友主动询问您会说出来　(4) 主动诉讼自己的烦恼，以获得支持和理解

9. 您遇到烦恼时的求助方式：（只选一项）

(1) 只靠自己，不接受别人帮助　(2) 很少请求别人帮助

(3) 有时请求别人帮助　(4) 有困难时经常向家人、亲友、组织求援

10. 对于团体（如党组织、宗教组织、工会、学生会等）组织活动，您：（只选一项）

(1) 从不参加　(2) 偶尔参加　(3) 经常参加　(4) 主动参加并积极活动

（六）心理资本测量量表

下列各题，请根据您的实际情况作答，答案没有好坏之分。“1”表示非常不同意，“2”表示比较不同意，“3”表示有点不同意，“4”表示有点同意，“5”表示比较同意，“6”表示非常同意。

1. 我相信自己能分析长远的问题，并找到解决方案。
2. 与管理层开会时，在陈述自己工作范围之内的事情方面我很自信。
3. 我相信自己对公司战略的讨论有贡献。
4. 在我的工作范围内，我相信自己能够帮助设定目标。
5. 我相信自己能够与公司外部的人（比如，供应商，客户）联系，并讨论问题。
6. 我相信自己能够向一群同事陈述信息。
7. 如果我发现自己在工作中陷入了困境，我能想出很多办法来摆脱。
8. 目前，我在精力饱满地完成自己的工作目标。
9. 任何问题都有很多解决方法。
10. 眼前，我认为自己在工作上相当成功。
11. 我能想出很多办法来实现我目前的工作目标。
12. 目前，我正在实现我为自己设定的工作目标。
13. 在工作中遇到挫折时，我很难从中恢复过来，并继续前进。
14. 在工作中，我无论如何都会去解决遇到的难题。
15. 在工作中如果不得不去做，可以说，我能独立应战。
16. 我通常对工作中的压力能泰然处之。
17. 因为以前经历过很多磨难，所以我现在能挺过工作上的困难时期。

18. 在我目前的工作中，我感觉自己能同时处理很多事情。
19. 在工作中，当遇到不确定的事情时，我通常期盼最好的结果。
20. 如果某件事情会出错，即使我明智地工作，它也会出错。
21. 对自己的工作，我总是看到其光明的一面。
22. 对我的工作未来会发生什么，我是乐观的。
23. 在我目前的工作中，事情从来没有像我希望的那样发展。
24. 工作时，我总相信“黑暗的背后就是光明，不用悲观”。

（七）心理契约问卷

1. 下面是一些关于企业应为员工承担的责任与义务描述，请根据您所在企业的履行的实际情况作答。（请在符合您实际情况的选项打“√”，下同）

题目	非常不符合	不太符合	不确定	比较符合	完全符合
1. 企业为我们提供合理的工资并及时支付。	1	2	3	4	5
2. 给优秀员工提供多种方式的奖励。	1	2	3	4	5
3. 提供稳定的社会保障和良好的福利待遇。	1	2	3	4	5
4. 不断改善员工的工作条件。	1	2	3	4	5
5. 提供升职加薪的机会。	1	2	3	4	5
6. 尊重员工的权利。	1	2	3	4	5
7. 提倡公平竞争。	1	2	3	4	5
8. 关心员工的工作和生活状况。	1	2	3	4	5
9. 重视员工的意见。	1	2	3	4	5
10. 创造良好的人际交往氛围。	1	2	3	4	5
11. 给员工提供培训以提高工作能力。	1	2	3	4	5
12. 鼓励员工学习新知识。	1	2	3	4	5
13. 为员工在企业中的发展提供机会。	1	2	3	4	5
14. 支持员工创造更好的业绩。	1	2	3	4	5

2. 下列是员工应对所在企业承担的责任与义务描述，请您按照自己在实际工作中的情况作答。

题目	非常不符合	不太符合	不确定	比较符合	完全符合
1. 对企业忠诚。	1	2	3	4	5
2. 保质保量完成本职工作。	1	2	3	4	5

续表

题目	非常不符合	不太符合	不确定	比较符合	完全符合
3. 保守公司的机密。	1	2	3	4	5
4. 遵守公司的规章制度。	1	2	3	4	5
5. 维护企业形象。	1	2	3	4	5
6. 积极帮助同事解决工作中的问题。	1	2	3	4	5
7. 主动为上司排忧解难。	1	2	3	4	5
8. 主动承担额外的工作而不计较报酬（如加班等）。	1	2	3	4	5
9. 对企业具有认同感和信任感。	1	2	3	4	5
10. 为公司节约资源。	1	2	3	4	5
11. 主动为企业的发展提供建议。	1	2	3	4	5
12. 主动提高自己的职业技能以适应自己岗位的需求。	1	2	3	4	5
13. 理解并服从公司为工作需要而安排的岗位轮换。	1	2	3	4	5
14. 对公司有信心。	1	2	3	4	5

（八）自编工作压力测量问卷

项目	没有压力	有点压力	一般	压力较大	压力很大
1. 不得不超长时间工作。					
2. 公司没有明确我的工作在整体目标完成中的作用。					
3. 公司提供的培训和学习的机会很少。					
4. 工作中要接受多个上司的领导而他们的命令经常冲突。					
5. 工作需要不断学习新技术、新业务。					
6. 同时负责很多工作，几乎忙不过来。					
7. 工作影响了我照顾家庭。					
8. 部门间缺乏有效沟通。					
9. 组织内层次太多，办事缺乏效率。					
10. 工资不能满足我的日常需要。					
11. 与配偶关系不融洽。					
12. 工作任务数量过大。					
13. 工作性质使我失去许多与家人聚会交流的机会。					

续表

项目	没有压力	有点压力	一般	压力较大	压力很大
14. 我觉得我的工资收入偏低。					
15. 工作任务期限的限制或速度上的要求高。					
16. 与父母关系不融洽。					
17. 工作复杂性程度较高。					
18. 公司里缺乏晋升和发展机会。					
19. 我需要花很多时间处理家庭关系。					
20. 公司没有明确我的工作职责范围。					
21. 自己的技术或知识已经过时了。					
22. 公司内部勾心斗角。					
23. 领导或主管对我的工作没有正确的反馈或没有反馈。					
24. 总是要加班。					
25. 与同事相处有摩擦或不愉快。					
26. 我的工作得不到家人的理解与支持。					
27. 我时常感到潜在的经济压力					
28. 目前公司的工作岗位使我的个人能力无法发挥。					
29. 对如何开展自己的工作（工作时间、工作方式）没有决定权。					
30. 觉得企业发展前景不乐观。					
31. 我总是有做不完的工作。					
32. 要同时兼顾工作和家庭让我觉得很累。					
33. 权利集中在少数管理者身上，员工未被充分授权，缺乏决策参与性					

（九）SCL 问卷——躯体、抑郁和焦虑维度

以下表格中列出了有些人可能会有的问题，请仔细地阅读每一条，然后根据最近一星期以内（或过去一个月内）下述情况影响您的实际感觉，在 5 个选择中选一个。

	没有	很轻	中等	偏重	严重
1. 头痛	1	2	3	4	5
2. 神经过敏，心中不踏实	1	2	3	4	5

续表

	没有	很轻	中等	偏重	严重
3. 头昏或昏倒	1	2	3	4	5
4. 对异性的兴趣减退	1	2	3	4	5
5. 脚痛	1	2	3	4	5
6. 感到自己的精力下降，活动减慢	1	2	3	4	5
7. 想结束自己的生命	1	2	3	4	5
8. 发抖	1	2	3	4	5
9. 容易哭泣	1	2	3	4	5
10. 感到受骗．中了圈套或有人想抓住你	1	2	3	4	5
11. 无缘无故地突然感到害怕	1	2	3	4	5
12. 腰痛	1	2	3	4	5
13. 经常责怪自己	1	2	3	4	5
14. 感到孤独	1	2	3	4	5
15. 过分担忧	1	2	3	4	5
16. 对事物不感兴趣	1	2	3	4	5
17. 感到害怕	1	2	3	4	5
18. 心跳得很厉害	1	2	3	4	5
19. 恶心或胃部不舒服	1	2	3	4	5
20. 肌肉酸痛	1	2	3	4	5
21. 呼吸有困难	1	2	3	4	5
22. 一阵阵发冷或发热	1	2	3	4	5
23. 身体发麻或刺痛	1	2	3	4	5
24. 喉咙有梗塞感	1	2	3	4	5
25. 感到前途没有希望	1	2	3	4	5
26. 感到身体的某一部分软弱无力	1	2	3	4	5
27. 感到紧张或容易紧张	1	2	3	4	5
28. 感到手或脚发重	1	2	3	4	5
29. 感到任何事情都很困难	1	2	3	4	5
30. 一阵阵恐惧或惊恐	1	2	3	4	5
31. 感到在公共场合吃东西很不舒服	1	2	3	4	5
32. 感到自己没有什么价值	1	2	3	4	5
33. 感到熟悉的东西变成陌生或不像是真的	1	2	3	4	5
34. 感到要赶快把事情做完	1	2	3	4	5

（十）成就动机问卷

根据您个人的想法，在仔细阅读每一个问题后，将最接近您个人实际情况的答案，在题目后面的空格内打“√”。

项目	非常同意	比较同意	说不清楚	不大同意	非常不同意
1. 我宁愿做一些自己觉得有信心与轻松的工作，而不愿做那些具有挑战性与困难度的工作。					
2. 对我来说，尽我所能把工作做好是最重要的，即使这样做并不讨同事的喜欢。					
3. 我乐于在竞争激烈的情境中工作。					
4. 在工作上表现得比别人好，对我来说是重要的。					
5. 尽力把工作做好，会令我感到满足。					
6. 如果我对某事不擅长，我宁愿继续奋斗到我胜任为止，而不愿只做那些我擅长的事。					
7. 一旦我承担一件工作，我会坚持下去，把它完成。					
8. 我觉得胜过别人是重要的，在工作内如此，在工作外活动也是如此。					
9. 我喜欢在具有挑战与高超技巧的情境中做事。					
10. 我觉得与同事关系良好，比工作表现本身更加重要。					
11. 我经常去尝试自己不确定能否胜任的工作，而不常去尝试我有自信能够做好的工作。					
12. 我时常在繁忙的工作中得到乐趣。					
13. 当我所属的团体计划举办一个活动时，我宁愿亲自去指导，而不愿只站在一旁协助，让别人策划。					
14. 我宁愿学习简单而有趣的工作，而不愿学习比较困难而且需要思考的工作。					
15. 我会担忧别人因为我的成功而不喜欢我。					
16. 我避免讨论我的成就，因为别人可能会因此而忌妒。					
17. 把工作圆满完成，本身就具有满足感。					
18. 有时候我并未尽全力去做好自己的工作，因为我觉得别人可能会因为我的良好表现，而生我的气。					
19. 纵使我的工作表现不比别人好，但如果我的表现比以前好，我就会觉得满足。					

续表

项目	非常同意	比较同意	说不清楚	不大同意	非常不同意
20. 我喜欢努力地工作。					
21. 我从做事上得到的快乐，有一部分是来自改进自己过去的表现。					
22. 别人表现得比我好，我会觉得不是滋味。					
23. 和别人在工作上竞争时，我会更努力。					

（十一）明尼苏达满意度短式量表

以下项目是叙述您对于企业的一些真实的感受，请您在详细阅读后，在题目后面的空格内打“√”。

项目	非常满意	比较满意	说不清楚	不大满意	非常不满意
1. 对于目前所从事的工作忙碌程度（工作量），我感觉到					
2. 对于我的工作能给我单独发挥能力的机会，我感到					
3. 对于我的工作能让我常经历不同事情的机会，我感到					
4. 对于目前工作带来的社会地位，我感到					
5. 对于上司对待下属的方式，我感到					
6. 对于上司做决定的能力，我感到					
7. 对于这个工作提供我的工作稳定性，我感到					
8. 对于我在工作中能替他人服务的机会，我感到					
9. 对于我在工作中有指导别人做事的机会，我感到					
10. 对于在工作中有发挥自己能力或技术的机会，我感到					
11. 对于公司执行政策的方法，我感到					
12. 就我做的工作量，跟每个月能得的薪资相比较，我感到					
13. 对现任工作给予我升迁的机会，我感到					
14. 对在工作中能自由运用自己判断力的机会，我感到					
15. 对在工作中能以自己的方式处理事情，我感到					
16. 对目前工作的环境（例如：设备、照明、空间），我感到					
17. 同事之间相处的状况，使我感到					
18. 对于在工作中表现良好所能得到的赞许与肯定，使我感到					
19. 对于工作中所得到的成就感，使我感到					
20. 对于目前这个工作不会违背我的道德原则的程度，我感到					

（十二）职业生涯阻碍测验

以下表格中列出了有些人可能会有的问题，请仔细阅读每一条，然后根据最近一星期以内下述情况影响你的实际感觉，在5个选项中选择一项，请不要漏题。这些问题要求你按自己的实际情况回答，不要猜测怎样才是正确答案。因为这里不存在正确或错误的问题，也没有捉弄人的问题，因此不要花很多时间去想。

1. 我已经决定自己将来所要从事的事业，并且很满意自己的决定

   1. 完全不符；2. 大都不符；3. 部分符合；4. 大都符合；5. 完全符合

2. 我认为自己的职业发展方向不明确

   1. 完全不符；2. 大都不符；3. 部分符合；4. 大都符合；5. 完全符合

3. 我不了解自己，以至于很难对自己的发展方向作选择

   1. 完全不符；2. 大都不符；3. 部分符合；4. 大都符合；5. 完全符合

4. 我想发展的方向太多了，使自己没办法作选择

   1. 完全不符；2. 大都不符；3. 部分符合；4. 大都符合；5. 完全符合

5. 我对自己的职业发展方向有很好的规划

   1. 完全不符；2. 大都不符；3. 部分符合；4. 大都符合；5. 完全符合

6. 一旦习惯一个地方的生活习惯之后，我就很难离开它

   1. 完全不符；2. 大都不符；3. 部分符合；4. 大都符合；5. 完全符合

7. 我担心在外地工作，以后的工作与生活会比较艰难

   1. 完全不符；2. 大都不符；3. 部分符合；4. 大都符合；5. 完全符合

8. 我只喜欢在自己熟悉的地方工作

   1. 完全不符；2. 大都不符；3. 部分符合；4. 大都符合；5. 完全符合

9. 由于家庭条件不好的原因，我无法从事自己感兴趣的事情

   1. 完全不符；2. 大都不符；3. 部分符合；4. 大都符合；5. 完全符合

10. 由于家庭条件不佳的影响，我实现自己的目标更艰难一些

    1. 完全不符；2. 大都不符；3. 部分符合；4. 大都符合；5. 完全符合

11. 我为了承担家庭责任不得不放弃某个目标

    1. 完全不符；2. 大都不符；3. 部分符合；4. 大都符合；5. 完全符合

12. 一些单位的人才聘用方式缺少公正，会限制我的个人发展

    1. 完全不符；2. 大都不符；3. 部分符合；4. 大都符合；5. 完全符合

13. 社会上对某些职位的不良评价，阻碍了我的职业选择

    1. 完全不符；2. 大都不符；3. 部分符合；4. 大都符合；5. 完全符合

14. 待就业人员的数量对我的就业机会产生了不良影响

    1. 完全不符；2. 大都不符；3. 部分符合；4. 大都符合；5. 完全符合

15. 社会上的人才评价机制缺少公平，对我的职业发展有不良影响

1. 完全不符；2. 大都不符；3. 部分符合；4. 大都符合；5. 完全符合

16. 户口限制了我的职业选择

1. 完全不符；2. 大都不符；3. 部分符合；4. 大都符合；5. 完全符合

17. 我觉得我的宗教信仰限制了我对有关职业发展信息的获取

1. 完全不符；2. 大都不符；3. 部分符合；4. 大都符合；5. 完全符合

18. 我觉得我所属的民族限制了我对有关职业发展信息的获取

1. 完全不符；2. 大都不符；3. 部分符合；4. 大都符合；5. 完全符合

19. 我觉得我的宗教信仰对我的谋职或升迁有不好的影响

1. 完全不符；2. 大都不符；3. 部分符合；4. 大都符合；5. 完全符合

20. 我觉得我所属的民族对我的谋职或升迁有不好的影响

1. 完全不符；2. 大都不符；3. 部分符合；4. 大都符合；5. 完全符合

21. 我所做的某些事是为了做给亲友、领导或父母看

1. 完全不符；2. 大都不符；3. 部分符合；4. 大都符合；5. 完全符合

22. 我会因为亲友、领导或父母而改变自己原本选择的职业方向

1. 完全不符；2. 大都不符；3. 部分符合；4. 大都符合；5. 完全符合

23. 我会受亲友、领导或父母的影响而轻易选择自己的职业方向。

1. 完全不符；2. 大都不符；3. 部分符合；4. 大都符合；5. 完全符合

24. 听到亲友、领导或父母对某工作的负面评语，会使我减低原本对此工作的兴趣

1. 完全不符；2. 大都不符；3. 部分符合；4. 大都符合；5. 完全符合

25. 我的人际关系网中的人员类型很单一

1. 完全不符；2. 大都不符；3. 部分符合；4. 大都符合；5. 完全符合

26. 我的人际关系网中的人的数量很少

1. 完全不符；2. 大都不符；3. 部分符合；4. 大都符合；5. 完全符合

27. 我跟属于自己的人际关系网中的人往来很少

1. 完全不符；2. 大都不符；3. 部分符合；4. 大都符合；5. 完全符合

28. 我担心自己的年龄大小会限制自己的职业发展

1. 完全不符；2. 大都不符；3. 部分符合；4. 大都符合；5. 完全符合

29. 我对自己的外貌感到自卑

1. 完全不符；2. 大都不符；3. 部分符合；4. 大都符合；5. 完全符合

30. 我的身体健康程度对我的谋职或升迁造成了不良影响

1. 完全不符；2. 大都不符；3. 部分符合；4. 大都符合；5. 完全符合

31. 我的某些生理特征（如身高、体重等）使我无法从事自己喜欢的职业

1. 完全不符；2. 大都不符；3. 部分符合；4. 大都符合；5. 完全符合

32. 我经常因为没有主见，以致做不好事情

1. 完全不符；2. 大都不符；3. 部分符合；4. 大都符合；5. 完全符合

33. 确实有一些发展机会因为我的性格缺陷而丧失了

1. 完全不符；2. 大都不符；3. 部分符合；4. 大都符合；5. 完全符合

34. 生活是空虚的，它对我来说毫无意义

1. 完全不符；2. 大都不符；3. 部分符合；4. 大都符合；5. 完全符合

35. 我认为自己做事情不够主动与积极

1. 完全不符；2. 大都不符；3. 部分符合；4. 大都符合；5. 完全符合

36. 我的依赖心很重，我很少会主动去想自己职业发展方面的问题

1. 完全不符；2. 大都不符；3. 部分符合；4. 大都符合；5. 完全符合

37. 我经常感到自卑

1. 完全不符；2. 大都不符；3. 部分符合；4. 大都符合；5. 完全符合

38. 我很内向，不喜欢跟人沟通

1. 完全不符；2. 大都不符；3. 部分符合；4. 大都符合；5. 完全符合

39. 我的兴趣过于广泛或过于狭窄

1. 完全不符；2. 大都不符；3. 部分符合；4. 大都符合；5. 完全符合

40. 我的知识面太狭小，使我没有足够的信息找出自己未来的发展方向

1. 完全不符；2. 大都不符；3. 部分符合；4. 大都符合；5. 完全符合

41. 我很少接触那些与自己职业发展有关的信息

1. 完全不符；2. 大都不符；3. 部分符合；4. 大都符合；5. 完全符合

42. 我的信息来源很闭塞

1. 完全不符；2. 大都不符；3. 部分符合；4. 大都符合；5. 完全符合

43. 我很少积极地去探索与自己职业发展有关的信息

1. 完全不符；2. 大都不符；3. 部分符合；4. 大都符合；5. 完全符合

44. 我不知道如何去得到与自己职业发展有关的信息

1. 完全不符；2. 大都不符；3. 部分符合；4. 大都符合；5. 完全符合

45. 我可能因为不是主管所期待的性别而无法被录取

1. 完全不符；2. 大都不符；3. 部分符合；4. 大都符合；5. 完全符合

46. 我的能力会因为我的性别而没有受到重视，甚至被低估

1. 完全不符；2. 大都不符；3. 部分符合；4. 大都符合；5. 完全符合

47. 我的主管可能因为性别的关系而给我较低的薪水

1. 完全不符；2. 大都不符；3. 部分符合；4. 大都符合；5. 完全符合

48. 过去从事过的工作种类限制了我未来的职业发展方向

1. 完全不符；2. 大都不符；3. 部分符合；4. 大都符合；5. 完全符合

49. 已有的工作经历没有让我学到更多的专业知识或工作技能

1. 完全不符；2. 大都不符；3. 部分符合；4. 大都符合；5. 完全符合

50. 已有的工作经历没有让我找到适合自己的职业发展方向

1. 完全不符；2. 大都不符；3. 部分符合；4. 大都符合；5. 完全符合

51. 已有的工作经历没有让我积累更多的社会经验

1. 完全不符；2. 大都不符；3. 部分符合；4. 大都符合；5. 完全符合

52. 我现在所获得的薪酬高低对我的职业生涯发展有不良影响

1. 完全不符；2. 大都不符；3. 部分符合；4. 大都符合；5. 完全符合

53. 我所在的单位没能提供给我适合自身的发展空间

1. 完全不符；2. 大都不符；3. 部分符合；4. 大都符合；5. 完全符合

54. 我所在的单位的规模或者行业限制了我的职业发展

1. 完全不符；2. 大都不符；3. 部分符合；4. 大都符合；5. 完全符合

55. 和单位领导或者同事的关系对我的事业发展产生了不良影响

1. 完全不符；2. 大都不符；3. 部分符合；4. 大都符合；5. 完全符合

56. 单位领导的个人特点或工作风格对我的职业发展产生了不良影响

1. 完全不符；2. 大都不符；3. 部分符合；4. 大都符合；5. 完全符合

57. 我所在的单位的工作氛围对我的职业发展有不好的影响

1. 完全不符；2. 大都不符；3. 部分符合；4. 大都符合；5. 完全符合

58. 我所在的单位的工作条件限制了我的职业生涯发展

1. 完全不符；2. 大都不符；3. 部分符合；4. 大都符合；5. 完全符合

59. 我很认真的回答以上问题

1. 完全不符；2. 大都不符；3. 部分符合；4. 大都符合；5. 完全符合

（十三）青年流动人口职业流动状况调查问卷

请您根据实际情况逐题填答以下问卷内容，一般每题只能选择一个答案，标记为多选题的可以选择多个答案，请在符合您实际情况的选项上打“√”。

A. 基本情况

1. 您的性别是：①男；②女
2. 您的年龄：________周岁
3. 您的文化程度：①初中及以下；②中专、职高、技校或高中；③大专；④本科及以上
4. 您的普通话水平：①不会；②会一点；③还不错；④很好
5. 您的婚姻状况：①未婚；②已婚；③其他
6. 您从小是生活在城市还是农村？①城市；②农村
7. 您父亲的文化程度是：①不识字；②小学；③初中；④中专或职高或高中；⑤大专；⑥本科及以上

8. 您父亲的工作是：①在家务农；②农村村干部；③农村的技术员；④在农村经商；⑤在农村做老师；⑥外出打工；⑦在城市里做小生意；⑧其他

B. 职业经历、流动动机和途径

9. 您进城打工之前参加过几次职业技术培训？（参加职业技术培训就是学习手艺，包括自己花钱学习的，也包括政府单位组织的）

①0 次（即没有参加过）；②1 次；③2 次；④3 次；⑤4 次及以上

10. 您进城打工之后参加过几次职业技术培训？

①0 次（即没有参加过）；②1 次；③2 次；④3 次；⑤4 次及以上

11. 您离开家乡到城市打工有多长时间了：________年

12. 你目前从事的工作是你打工以来的第几份工作？

①1 次；②2 次；③3 次；④4 次；⑤5 次；⑥5 次及以上

13. 您外出打工的原因是什么？（多选题）

①习惯了外出生活，不习惯农村的生活；②为了生存，在农村挣不到钱；③在城市里才能学到技术，有更好的发展；④羡慕城市人的生活，在城市可以享受很多农村没有的东西；⑤其他________

14. 您第一次离开家乡外出打工，从事的是什么工作？

①非技术工人（体力劳动）；②技术工人（体力劳动）；③商业，服务业人员；④公司办事员；⑤单位负责人；⑥一般专业技术；⑦个体户；⑧私营企业主

15. 您目前从事的什么工作？

①非技术工人（体力劳动）；②技术工人（体力劳动）；③商业，服务业人员；④公司办事员；⑤单位负责人；⑥一般专业技术；⑦个体户；⑧私营企业主

16. 来城市后，您先后做过哪些工作？______________、____________、______________、______________等。

17. 您第一次进城打工是通过什么途径找到工作的？（多选题）

①亲属；②在家乡认识的外出务工者；③家乡的包工头；④家乡的政府机构；⑤家乡的劳务组织；⑥城里的劳务市场和职业介绍所；⑦自己找的；⑧其他______________

18. 进城打工之后，多数情况下，您是通过什么途径找到新工作的？（多选题）

①老乡，亲戚介绍；②打工时认识的同事介绍；③原来的老板介绍；④自己去劳务市场或职业介绍所找到的；⑤居委会或者政府提供的就业机会；⑥报纸或者广告上的信息；⑦自己找的；⑧其他__________

19. 进城打工以后，有没有遇到过失业的情况？

①没有；②有

20. 您上一次换工作是什么情况？（此题选择①的请继续回答 21、22 题；选择②的请跳过 21、22 题，直接做 23 题）

①自己主动辞职；②被辞退了；③事情做完了，没有工作可做自然就要找新工作了；

④其他原因（请自己说明一下情况）__________

21. 如果上一次换工作，是您主动辞职的，那么您在辞职之前就已经找好新的工作了吗？

①是；②不是

22. 如果您是主动辞职的，那么您辞职的原因是什么？（多选题）

①原来的工作工资太低；②工作太辛苦；③这份工作学不到技术，没有发展前途；④有一份更好的工作可以去做；⑤自己不喜欢目前的工作；⑥其他__________

23. 如果能够在农村为您提供一个很好的工作，跟在城市打工赚取相同的收入，您是否愿意回农村？

①没想过，看情况而定；②不愿意；③愿意

24. 每一次工作变动以后，您的收入会发生什么变化？

①基本没有变化；②有时候好有时候差，说不准的；③基本上会变好；④变得越来越差了

25. 您目前的月收入是多少？

①1500 元以下；②1500～2000 元；③2000～3000 元；④3000～4500 元；⑤4500 元以上

26. 每次换工作的时候您的家人对您的行为是否支持？

①他们不了解情况，一般不管，我自己做决定；②不支持，他们认为有个工作做就可以了，不要老是换；③支持，我们每次都一起商量

C. 社会关系网

27. 您平时是否经常主动与家乡来的亲戚、朋友和老乡联系？

①很少联系；②偶尔会联系；③经常联系；④在这个城市里没有认识的亲戚、朋友和老乡

28. 您平时是否积极主动的与城市里新认识的朋友，同事或者其他城里人联系？

①很少联系；②偶尔联系，但是都是业务上的联系；③经常联系，大家是朋友；④在这个城市我没有认识的城里人

29. 您认为老家的亲戚、朋友和老乡能带给你的最大的帮助是什么？

①生活上的帮助；②情感上的支持；③困难时的救助；④提供就业信息，能帮助找到工作；⑤没有太多的帮助

30. 您认为在城市里新认识的朋友、同事或者老板，以及政府人员能给您带来的最大的帮助是什么？

①可以提供一份更有效的就业信息，找到一份更好的工作；②生活上的伙伴；③困难时候可以找他们帮忙；④可以通过他们认识更多的人，积累自己的人脉；⑤没有太大的帮助

31. 当你在城市里遇到麻烦以及在经济上遇到困难的时候主要去找谁帮忙？________谁最有可能帮你？________（此题是两空，请把合适的选项写到横线上）

①父母家人；②老家的亲戚朋友或者老乡；③同学；④打工认识的同事，朋友；⑤老

板；⑥居委会干部；⑦城里新认识的熟人；⑧房东；⑨当地政府；其他________

D. 工作满意度和对未来的期望

32. 你对自己目前从事的工作的以下几个方面是否满意？（纵列是工作的五个方面，请在每行选择一个合适的空格处打“√”）

	非常不满意	不满意	一般	满意	非常满意
经济收入					
工作环境					
工作时间					
社会地位					
发展机会					

33. 如有可能，你愿意调换目前从事的职业吗？

①没想过；②不愿意；③愿意；④非常愿意

34. 你是否在寻找机会调换现在的职业？

①没有；②有时；③经常

35. 工作之余的闲暇时间，您是否做过以下事情？

	没做过	偶尔会做	经常做
自学技术，看技术性的书籍			
参加职业培训			
去人才市场了解就业信息			
看报纸上的招工信息			
联系朋友，从各个方面打探就业信息			

36. 您是否通过跳槽找到了比较理想的工作？（选择①的继续做 37 题，选择②的跳过 37 题，直接做 38 题）

①有；②没有

37. 如果您没有得到自己希望做的工作，您认为自己无法实现职业流动的原因是什么？（多选题）

①没有文化；②没有技术缺少资金支持；③没有关系介绍；④户口的限制；⑤其他

38. 您期望从事的职业类型是？

①非技术工人（体力劳动中没有技术的）；②技术工人（体力劳动中有技术的）；③商业，服务业人员；④公司办事员；⑤单位负责人；⑥一般专业技术人员；个体户；⑦私营企业主；⑧其他____________

39. 您最看重的是职业的哪方面？（最多可以选择三个答案）

①增加收入；②改善工作条件；③改善福利条件；④增加晋升的机会；⑤提高社会地

位；⑥做符合本人兴趣的工作；⑦发挥本人的能力和专长；⑧增长见识；⑨学习技能；⑩其他______________

40. 您对自己能在城市里找到一份很好的工作有信心吗？

①没有信心；②有点信心；③很有信心

41. 您对自己的未来的设想是什么？

①挣够钱回农村；②学门技术，养家糊口；③积累资本，然后自己创业；④要在城市买房子，留在城市；⑤先过着再说，没考虑太多；⑥其他

42. 您目前所从事的工作是否享有医疗，失业等社会保障政策？

①有；②没有；③不清楚

43. 您最需要政府提供的帮助是什么？

①和本地人享有相同的户籍政策；②招工信息和统一的劳务市场；③住房和医疗保障；④子女入托上学；⑤其他

后 记

早春二月，经过五个月的努力，这本书终于完成了。

回想过去的四年，我们在关于农民工职业心理方面的研究倾注了大量的心血 。好在天道酬勤，随着我们的研究成果陆续公开发表，我们的研究已得到职成教及相关学术界认可。这表明我们的研究工作是有实际意义和学术价值的。本书采用了质性研究的路径，以参与式观察、深度访谈等作为收集数据的主要方法，在农民工工作和培训的现场对之进行深度的访谈和系统的研究。这既有别于单纯的定性论述，也区别于单一的问卷调查。因此，我们也经常有意外的收获，很多重要的观点就产生在现场与农民工的近距离交流互动中。本书的每一章内容都凝聚了我们二人的共同努力和艰辛付出。本书最后由谭明统稿、定稿。

尽管本书是我们二人劳动成果，但也参考了大量的著作和论文，吸收并参考了许多学者的观点和论述，以及许多实际工作者和部门的实践经验。在此对他们表示深深的谢意。同时，我们还要对为本研究给予极大帮助的常州亚邦齐晖药业、常州光宝电子等企业，以及吴江就业指导中心、宜兴和桥中等专业学校等表示衷心的感谢。

本书的出版得到了江苏理工学院职教研究院的资助；作为 2013 年教育部人文社会科学规划基金项目（项目编号：13YJA880069，主持人：谭明）“新生代女性农民工职业心理实证研究”的阶段性研究成果，也得到了该项目的资助。在此一并致谢。

我们期待本书能为所有关心新生代农民工职业心理健康的朋友打开一扇窗口，期待更多的志同道合者与我们同行。我们深知本书还有一些论题应该更深入地探讨，书稿中难免还有疏漏之处及未尽如人意的地方，也敬请同行不吝赐教，读者批评指正，以利于我们今后进一步完善。

谭　明　方翰青

2014 年 2 月于江苏理工学院